推定東山道

　砂町遺跡は上野国内で推定されている東山道のうち、牛堀・矢野原ルートと呼称されているルートに接続する可能性がある。写真は第2次調査時のもの。浅間山を望む。

（写真提供：玉村町教育委員会）

古代交通研究

第 9 号

編集・発行　古代交通研究会／発売　八木書店
1999年

第 9 号 目 次

論 文

高知県香美郡野市町下ノ坪遺跡とその性格について ……………森　公　章（ 3 ）

最近の発掘で検出された古代の道路状遺構について
　　―筑前・筑後・豊前・肥前4国の場合― ……………………日　野　尚　志（ 27 ）

研究ノート

古代駅伝路における道代の幅員について ……………………………吉　本　昌　弘（ 45 ）

報 告

群馬県砂町遺跡の古代道路遺構 ……………………………………中　里　正　憲（ 64 ）

東京都国分寺市恋ヶ窪谷低地の道路遺構 …………………………上　村　昌　男（ 71 ）

新潟県岩船郡朝日村元屋敷遺跡の道
　　―縄文時代の砂利敷きの道― ……………………………………滝　沢　規　朗（ 78 ）

古代吉野川下流の条里再検討に基づく交通路の復原 ……………木　原　克　司（ 84 ）

長崎県における古代遺跡の調査―現状と課題― …………………川　口　洋　平（ 95 ）

日向峠越えルートについて …………………………………………瓜　生　秀　文（109）

特 集

絵図・地図のなかの交通―行基図と中世絵図を中心に― ………青　山　宏　夫（119）

多賀城方格地割と交通 ………………………………………………山　中　　　章（137）

書 評

神奈川東海道ルネッサンス推進協議会
　　『神奈川県の東海道』（上）―時を越えた道への旅― …………山　近　久美子（151）

木下良著『道と駅』 …………………………………………………佐　藤　美知男（154）

筑紫野市教育委員会編『岡田地区遺跡群Ⅱ』 ………………………近　江　俊　秀（156）

道路跡一覧(1999年8月現在) ………………………………………近　江　俊　秀（160）

本会評議員足利健亮氏の逝去を悼む ………………………………木　下　　　良（166）

入会案内ほか ……………………………………………………………………………（167）

口絵　群馬県砂町遺跡

古 代 交 通 研 究 会

高知県香美郡野市町下ノ坪遺跡と
その性格について

森　　公　章

はじめに

　1995・96年度における農業経営の合理化・農作業の省力化などを目的とする「農業農村活性化農業構造改善事業上岡地区区画整理工事」の実施に伴う発掘調査によって、高知県香美郡野市町上岡字下ノ坪の地で検出された下ノ坪遺跡は、奈良・平安時代の掘立柱建物や倉庫など15棟以上の建物を含んでおり、古代の土佐国の官衙遺跡としては、土佐国衙、曽我遺跡、深淵遺跡、十万遺跡などに続く数少ない事例であり、遺跡の全体像が判明する例としても希有なものであるといって過言ではない。また下ノ坪遺跡の中心建物と目される西庇付の5×8間の南北棟掘立柱建物は、県内で検出されたこの時代の建物としては最大の大きさを誇り、この遺跡の性格が注目されるところである[1]。

　下ノ坪遺跡からは、8世紀の土器編年の基本資料となる大量の土師器・須恵器とともに、銅鋺、革帯装飾具、各種陶硯（円面硯・風字硯・転用硯）、緑釉陶器（火舎と見られるものを含む）、赤彩土師器、丁寧に磨いて仕上げられた土師器、製塩土器（六連島式）、唐式鏡たる「四仙騎獣八稜鏡」（但し、原形の四分の一強。ＳＢ20の東側棟柱の北側より二番目の柱穴から出土）など、これまで高知県内の発掘では希少な遺物が出土している。これらのうち、鏡・緑釉陶器や円面硯・鉈尾などは、8～9世紀では当時の役人や豪族が使用したものと推定され、検出された建物跡のあり方とも相俟って、下ノ坪遺跡の官衙的性格を窺わせるものである。その他、鞴羽口・碗状鉄滓・鍛冶滓、被熱した多量の石やそれらが出土する土坑の存在にも注目され、少なくとも金属器の生産や修理が行われていたことがわかり、古代の鍛冶を裏付ける県内での初例となるという。したがって国府や各郡の郡家の考古学的な様相が不明な高知県において、下ノ坪遺跡は古代の官衙遺跡のあり方を検討する際の依拠材料として、その重要性を強調しておかねばならないと考える次第である。

　以上のような特色を持つ下ノ坪遺跡は、物部川左岸に形成された完新世段丘上に立地しており、河口部からの距離は3キロメートル、標高は海抜12メートルである。そして、その立地や下ノ坪遺跡の南に「中津」の小字が存することなどから、水運と関係の深い施設ではないかと

想定されている。とすると、古代史の史料の中では「津」と記される施設の具体例となるのではないかと考えられ、大いに注目せねばならないのである。

古代の水上交通については、研究史の整理も試みられている[2]が、海上交通や水駅に関する分析が中心で、下ノ坪遺跡のような河川に沿う津の研究は少ない[3]。河川の津の実例としては、静岡県浜松市伊場遺跡（遠江国敷智郡の津か）、富山県新川郡入善町じょうべのま遺跡（9世紀の荘園の津か）、富山県高岡市中保B遺跡（8世紀中葉～10世紀前葉の国郡関連施設または荘園関係施設か）、そして最近「立屋津長」と記された木簡が出土した福島県いわき市荒田目条里遺跡（立屋津は陸奥国磐城郡の郡津か）などが知られている[4]が、官衙としての津のあり方に関わる考察材料としては不足するところが大きい。後述のように、下ノ坪遺跡は津の様相をより具体的に窺わせるものとして興味深い素材であり、その検討によって古代の津の姿を少しでも明らかにしたいと考える。

周知のように、古代の土佐国に関わる文献史料は少ない[5]が、今回の下ノ坪遺跡の発見に刺激をうけて、従来の史料にも新たな考究を試み、土佐国の地方支配のあり方や在地豪族の存在形態にも言及したいと思う。以下、津に関する研究成果や下ノ坪遺跡周辺の歴史環境を整理しつつ、下ノ坪遺跡の性格究明、古代の津についての知見の深化を図りたい。

I 津および津長の研究成果

ここでは津についての知見を整理し、下ノ坪遺跡の性格を考える手がかりとする。難波津や淀・山埼など平安京とも関係するもの、また海上交通に伴う津を除くと、本稿で検討しようとする河川の津の史料は多いとは言えないが、まず律令条文を掲げることから始めたい。

　　a 営繕令津橋道路条
　　凡津・橋・道路、毎年起九月半、当界修理、十月使訖。其要路陥壊停水、交廃行旅者、不拘時月、量差人夫修理。非当司能弁者申請。
　　b 雑令要路津済条
　　凡要路津済、不堪渉渡之処、皆置船運渡。依至津先後為次。国郡官司検校、及差人夫、充其度子、二人已上、十人以下、毎二人、船各一艘。
　　c 獄令婦人産条
　　凡流移囚、在路有婦人産者、并家口、給仮廿日。（家女及婢、給仮七日。）若身及家口遇患、或津済水長不得行者、並経随近国司、毎日検行、堪進即遣。（下略）
　　d 厩牧令水駅条
　　凡水駅不配馬処、量閑繁、駅別置船四隻以下、二隻以上、随船配丁＊。駅長准陸路置。
　　＊集解

謂、船有大小、故隨船配人、令応堪行。若応水陸兼送者、亦船・馬並置之。（中略・令釈、古記）跡云、仮令卅里之内有津済者、船・馬並合置。駅長猶一人在耳。又雖有船、而馬数不合減。

　先には海上交通に伴う津、河川の津という言い方をしたが、明法家諸説には、「凡泊処謂津、渡処謂之済」（職員令民部省条集解古記）とあり、津には船が停泊する船津と渡河点としての渡津が存したといわれる[6]。史料a～cによると、日本の律令条文が主に規定しようとしたのは、これらのうちの渡津の方であると考えられる。この点は唐・関市令一乙〔開三〕「諸度関津、及乗船筏、上下経津者、皆当有過所」と、唐制では津の通過にも過所が必要であったのに対して、日本では、関市令欲度関条の対応部分「若船筏経関過者、亦請過所」に付された義解「謂、長門及摂津。其余不請過所者、不在此限」によって、特定の津以外は過所が不要であったという相違と符合しているのである。陸上交通においても頻繁な河川の渡河が不可避の日本においては、渡津でいちいち過所をチェックする必要がなかったという事情が存し、渡津を主要な対象としている令文でも、過所を不要と説明したという訳である。その他、日本では河川そのものが京への貢進ルートとはなり得ていないので、関門之禁の取締りを目的とする過所は必要なかったとも指摘されている[7]。

　次に河川の渡河を中心とする津の管理・運営に関しては、まず民部省の職掌に「津済」がある（職員令民部省条）のは、「橋道」・「山川」などと同様、地図による把握であったと思われるので、bに記されているように、やはり国郡司の検校に委ねられたと理解されよう。天平六年度出雲国計会帳には「津守帳一巻、公私船〔　〕」（『大日本古文書』1－598）が見え、国司はこれらの公文によって津や渡船の管理を行うとともに、津の治安維持にも気を配らねばならなかった（『三代実録』貞観9年3月22日条、『三代格』巻19 寛平6年7月16日官符。但し、これらは海賊や王臣家使による運船の強雇に対する取締りを命じたもので、9世紀以降発展する海上交通に関わる船津を対象としたものである）。また郡司は、bの度子に関する集解諸説に度子は雑徭を差発して充てるとあるので（但し、「古記云、人夫充其度子、謂量戸内免雑徭也」という書きぶりは、単純に雑徭を充当するというよりは、もう少し度子としての固定を含ませた解釈とも考えられる）、地方行政上の位置からも、度子の徴発など、より直接的に津の管理に関与したと推定される（その他、津長の掌握については後述する）。事実、時代は下るが、永延2年11月18日尾張国郡司百姓等解文（『平安遺文』339号）では、守藤原元命が維持費を出そうとしなかった「海道第一之難処」馬津渡（馬津駅）を機能させるために、郡司が尽力した様子が描かれている[8]。

　ところで、今、「馬津渡（馬津駅）」と記したが、渡河点としての津と駅路との関係は如何であろうか。ここでdの水駅の認定基準が問題となる。現在、水駅の定義については、河川交通

の要衝に駅馬を配さず、船のみを置いたものとするのが優勢であり、この理解では水駅の実例は延喜兵部式の出羽国の最上川の交通に伴うものに限定されてしまう[9]。しかし、上述のように、陸上交通でも渡河が不可避の状況においては、馬津渡と馬津駅のように、駅家が渡河機能を有していた例が存し、こうした馬・船の両方を備えた水陸兼備の駅を水駅と称する理解も、d集解には見えている。その他、『常陸国風土記』信太郡条の榎浦津（榎浦駅）、行方郡条の板来駅や下総国の茜津駅、また『出雲国風土記』島根郡条・巻末記の千酌駅（隠岐国への渡・津）なども、立地上水陸兼備の駅家と考えられる[10]。とすると、こうした水陸兼備の駅家を水駅と解することも可能であるという立場を支持したいと思う[11]。馬津渡と馬津駅などは正確に同一場所か否か不明であるが、少なくとも渡津が船を供給することで、駅路の円滑な運営が実現していたという関係には注意しておく必要があろう。

　最後に近年史料が付加された津長について概観し、津の直接的管理者のあり方や津の景観に触れておきたい[12]。

　　　e 荒田目条里遺跡出土木簡（9世紀中葉頃のもの）
　　・郡符　立屋津長伴マ福麿　可□召
　　　右為客料充遣召如件長宜承
　　・［　　　　　　　　　　］　　　　　　　（230）・42・3　019

f 延暦十二年四月十七日播磨国坂越・神戸両郷解案
（郡判・国判の前の署名）
坂越郷刀祢外従八位下川内入鹿
　　　　　　若湯坐倉足
　　　　　　川内夫凡君
　　　　　　神戸里神人廣永
　　　　　　　他田祖足
　　　　　　　神人乙□（公ヵ）
　　　　　　　六人マ□（福ヵ）人
　　　　　　　里長他田真□
　　　　　　坂越郷収納長□□
　　　　　　　津長若鳥里足

　津長に関してはかつてはfしか史料がなく、郡司の下にあって郡務を担う郡雑任であることはわかっていたものの[13]、その具体的な様相には不明の部分が多かった。近年のeの付加によって、fについても新たな言及が可能となり、以下、津長の知見を整理する。まずeによると、津長は郡符によって命令を受けており、郡司の下にあって津（地域の拠点となる特定・単数の津＝郡津ヵ）を管理する郡雑任であったことが確認できる。eは陸奥国磐城郡に属するもので、同郡の譜第郡領は磐城臣、fは播磨国赤穂郡で、郡領は秦造、主帳として播磨直が知られる[14]ので、津長の氏姓は彼らが郡司クラスよりも下位の者であったことを推定させよう。

次に津長の役割に関しては、先述の律令条文でも津には度子が存したことがわかるが、こうした雑徭による度子の役使・管理は直接には津長が担当したものと考えられる。eでは津長は「客料」(津を利用する官人などか)として郡司の命令で人夫差発にあたることが窺われ、津近辺に対する差役権を行使し得る立場にあったのである。このことは津近辺への住民の居住など、津の賑わいの様子を想像させるとともに、津長が津周辺の土地について日常的にその動静を把握し、通暁しておく必要があることを示していよう[15]。fは東大寺と大伴家との塩山の帰属をめぐる係争に対する在地の人々の証言を記した文書である[16]が、津長が署名を加えているのは、こうした津周辺に関する把握を前提としたものと位置づけてみたい[17]。その他、『日本霊異記』中巻第4話・第27話や『出雲国風土記』島根郡条の朝酌促戸渡の様子などによると、津・渡に市が付属する例が見られ、交通の要衝として人々が集まる場所という津の特性に伴う展開を窺わせる事柄となる。

　以上、本章では津全般に関する知見を整理した。次に本題である下ノ坪遺跡の検討に近づくために、その所在地の歴史環境、駅路などの交通体系や在地豪族のあり方の考察に進むことにしたい。

II　土佐国香美郡の歴史環境

　「はじめに」でも触れたように、土佐国の地方官衙の様相や各地域の支配構造については、文献史料、発掘事例ともに乏しく、不明の点が多い。そうした史・資料の状況の中で、下ノ坪遺跡が所在する香美郡は、郡領氏族の動向がわかるなど、多少なりとも考察の手がかりが存していると思われるので、以下、下ノ坪遺跡をとりまく歴史環境を考究することにしたい。

1　駅路の変遷

　前章で言及した津と駅家との関係という視点から、まず陸上交通を中心に、古代土佐国の交通体系を明らかにすることから始める。なお、河川・海上交通については、下ノ坪遺跡の性格付けとも関わる事柄なので、次章で言及することにしたい。

　さて、土佐国は南海道の最深奥にあり、四国山地によって他の国々と隔絶されているという自然状況が存したので、土佐国への駅路のルート設定には何度か試行錯誤が行われた。

　　g　『続紀』養老2年5月庚子条
　　　土左国言、公私使道直指土左。而其道経伊与国、行程迂遠、山谷険難。但阿波国、境土接往還甚易。請就此国、以為通路。許之。
　　h　『日本紀略』延暦15年2月丁亥条
　　　勅、南海道駅路迴遠、使令難通。因廃旧路、通新道。

i 『後紀』延暦16年正月甲寅条

廃阿波国駅家□、伊予国十一、土左国十二、新置土左国吾椅・舟川二駅。

　　j 『後紀』延暦24年4月甲辰条

令土左国帯駅路郡、加置伝馬五匹。以新開之路山谷峻深也。

　　k 『延喜式』巻28兵部省・諸国駅伝馬条

土佐国駅馬〈頭駅、吾椅、丹治川各五疋〉。

　史料g～hにより、駅路の変遷は、第1期（養老2年以前）伊予国経由ルート、第2期（養老2年～延暦16年）阿波国経由ルート、第3期（延暦16年以降）四国山地を縦断する直行ルートであることが確認され、第3期のルートや頭駅・吾椅駅・丹治川（iの舟川は長岡郡大豊村立川（たちかわ）の比定地名から考えて、丹治川の誤りか）駅の比定地などはほぼ問題ないと思われる[18]。第1・2期のルートに関しては、第3期のルート設定に伴うiの伊予国の廃止駅数から考えて、第2期の阿波国経由ルート成立後も、第1期の伊予国経由ルートは残っており、南海道各国を巡行する時は伊予国経由、土佐国に直行する際は阿波国経由という使い分けがなされたと見なされている[19]。その具体的なルートについてはいくつかの案が呈された[20]が、iの廃止駅数、第2期における阿波国那賀郡武芸駅・薩麻駅の存在（『平城宮発掘出土木簡概報』19—25・32頁）などにより、今日では図1のような変遷をたどったと解するのがよいようである[21]。

　以上の駅路の変遷を念頭に置いて、下ノ坪遺跡が存する香美郡との関係に話を進めると、第2期のルートがどこを通っていたかが問題となる。具体的ルートとしては、香美郡東部の宗我郷の地における十万遺跡（第2期の駅路が廃止される9世紀初に廃絶）、拝原遺跡、曽我遺跡（十万遺跡廃絶後に繁栄し、宗我郷の「郷家」に比定されている）の検出と条里に沿った直線的配置＝直線的な古代道路の存在の可能性や石村郷の地における条里遺存地形に沿う形での「大領」の小字の存在＝同郷への香美郡家の存在の推定などにより、図2のルート[22]よりは2キロメートル程北で物部川を渡り、丘陵を越えてから南下し、宗我郷の条里遺存地形を通るという復原案も呈されている[23]。しかし、図2のルート上にも、物部川右岸には「大道」の地名が存しており、丘陵を越える前述のルートよりは、直線的な古代道路として相応しいと考えられる[24]。十万遺跡・拝原遺跡・曽我遺跡の存在を生かすとすれば、図2の物部川を越えてから南西に下るルートを、もう少し直線的に延長し、宗我郷の条里遺存地形を通るように修正すべきなのかもしれない。

　以上、充分な決め手はないが、図2のルートであれば、下ノ坪遺跡と駅路の関係を検討する糸口も得ることができるのであり、ここでは図2のルートを支持することを述べるに留め、この仮定の下で以下の考察を進めることにしたい。

図1 土佐国の駅路の変遷

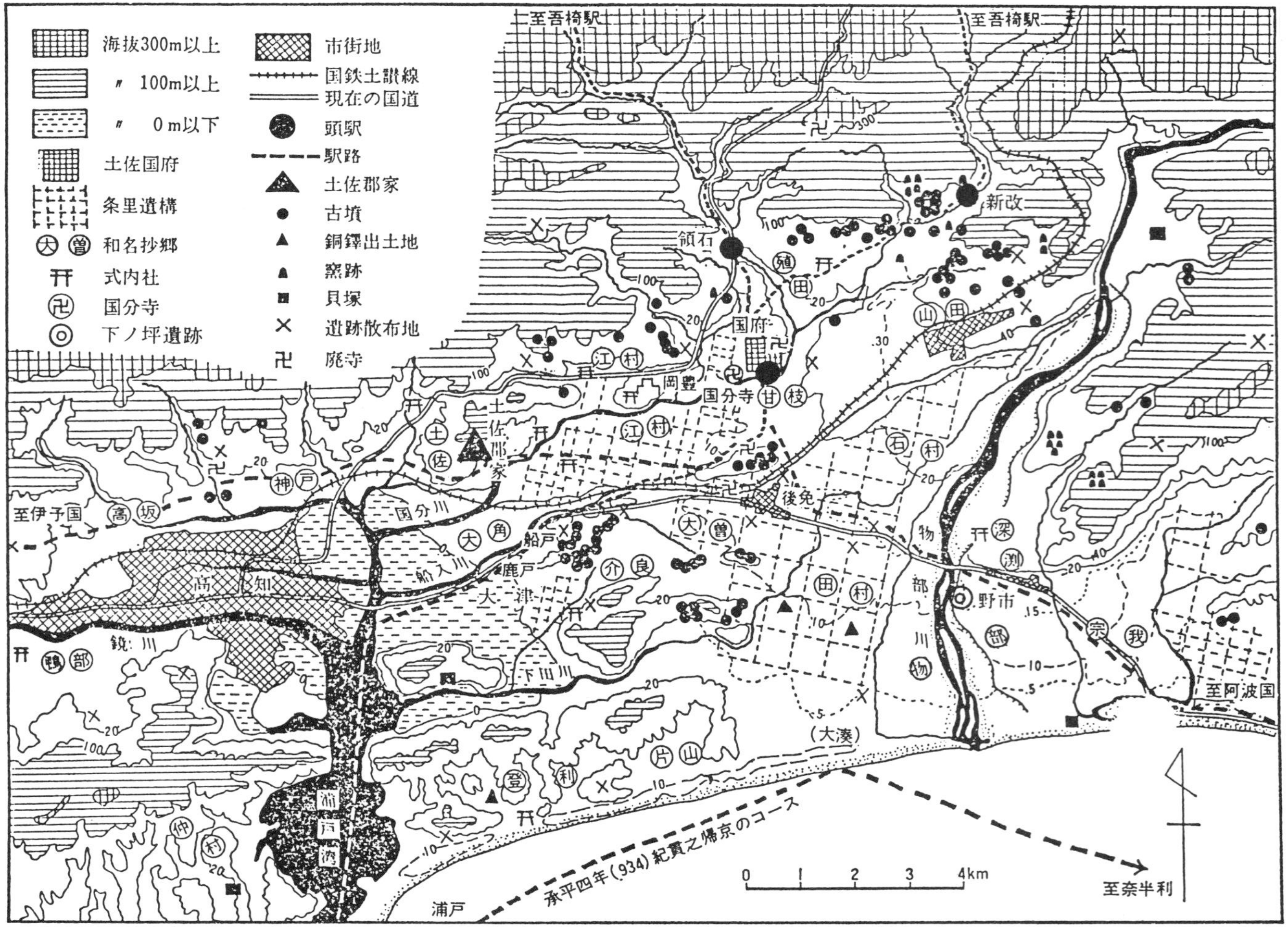
海抜300m以上
〃 100m以上
〃 0m以下
土佐国府
条里遺構
和名抄郷
式内社
国分寺
下ノ坪遺跡
市街地
国鉄土讃線
現在の国道
頭駅
駅路
土佐郡家
古墳
銅鐸出土地
窯跡
貝塚
遺跡散布地
廃寺
至吾椅駅
至吾椅駅
新改
領石
国府
国分寺
後免
野市
至伊予国
至阿波国
至奈半利
国分川
舟入川
下田川
鏡川
浦戸湾
浦戸
(大湊)
承平四年(934)紀貫之帰京のコース
0 1 2 3 4km

図2　香美郡の歴史環境

2　在地豪族の分布

　下ノ坪遺跡の所在する香美郡は、『倭名抄』によると、安須・大忍・宗我・物部・深淵・山田・石村・田村の八郷で構成され、国府が置かれた長岡郡に東隣する郡である（図2も参照）。その中で、下ノ坪遺跡の地は物部郷に含まれるようであり、物部氏との関係も考慮されねばならない。ここでは香美郡の在地豪族のあり方を探ることを通じて、下ノ坪遺跡をめぐる勢力関係を明らかにすることにしたい。

　まず香美郡に関わる豪族の史料を掲げると、次の通りである。

　l　『後紀』延暦24年5月戊寅条

　　授土左国香美郡少領外従六位上物部鏡連家主爵二級。以撫育有方、公勤匪怠也。

　m　『類聚国史』巻54大同5年正月壬戌条

　　土左国香美郡人物部文連全敷女、授少初位上、免戸田租、以終身。標其門閭、以旌節行也。全敷女、同郡物部鏡連家主之妻也。夫亡之後、哭不絶声、哀感行路。

　n　『続紀』和銅7年5月癸丑条

　　土左国人物部毛虫咩一産三子。賜穀卌斛并乳母。

　o　『三代実録』貞観10年閏12月21日条

　　授肥後国従四位上阿蘇比咩神正四位下。（中略）土左国無位宗我神並従五位下。

　香美郡の検討に入る前に、やはり史料は少ないが、土佐国全体の在地豪族の様子を瞥見しておくと、表1のようになる[25]。

表1　土佐国の在地豪族

郡名	郷名	出典・年次	肩書等	人　名	備　　考
安芸		続紀 景雲1・6・22	少領・ 外従6下	凡直伊賀麻呂	稲2万束・牛60頭を西大寺に奉献 →外従5下
		平家物語	大領	実康	安芸太郎実光の父 実光は壇ノ浦の戦で平教経に敗死
	布師	書紀 天智10・11・10		布師首磐	百済の役で唐軍の捕虜となり、帰還
		類聚符宣抄 康保4・5・7	従8下	布師首勝士丸	式外社万業神社の祝に補任
	玉造	大5-274、 15-238 宝字6・8・27	右大舎人・ 少初上	玉作造子錦	造石山院所に出向 郡領氏族出身か？
香美		後紀 延暦24・5・10	少領・ 外従6上	物部鏡連家主	撫育有方、公勤匪怠 →爵2級

		類聚国史 大同5・1・21		物部文連 全敷女	家主の妻、節婦 →少初上
	安須	吾妻鑑 寿永1・9・25		夜須七郎行宗	夜須庄司、のちに蓮池権守家綱を討ち取る
	宗我				
	物部				
長岡	宗部	豊楽寺薬師如来像胎内墨書銘 仁平1・8・4		八木・佐伯・宗我部・凡・物部・秦・文屋・木・忌部	豊楽寺（豊永郷）の知識
		土左日記 承平4・12・25		八木のやすのり	「この人、国に必ずしも言ひ使ふ者にもあらざるなり」であったが、紀貫之に餞別を呈する
		大間成文抄 第4 寛弘2・1・25	土佐権介・正6上	八木宿祢連理	朱雀院修理料により、権介任命
		小右記 万寿2・7・2		八木頼高	脅力により相撲人に召し出される
		平3184 長寛1	書生・散位	八木宿祢	幡多郡収納所を構成 幡多郡の項も参照
		鎌1014 建久9・11		八木宿祢	留守所下文案の署名に2名の八木氏見ユ
		鎌補1211 嘉禎2・12・11	散位	八木宿祢	留守所下文の署名に2名の八木氏見ユ
土佐		国造本紀	都佐国造	凡直姓カ	長阿比古と同祖で、事代主命系
		続紀 景雲2・11・28		神依田公名代	41人に賀茂姓賜与 鴨部郷・高賀茂神社
		姓氏録逸文		賀茂宿祢 鴨部	土佐国とあり、郡名不詳だが、当郡か
吾川		正103 勝宝7・10	擬少領・無位	秦勝国方	主当
	桑原			日奉部夜恵	戸主、調を出す
高岡	海部	吾妻鑑 寿永1・9・25		蓮池権守家綱	平重盛の家人、源希義を長岡郡年越山で殺害
幡多		国造本紀	波多国造		
		平3184 応保1・12	郡司散位 書生散位 収納使	惟宗朝臣 秦良弘	幡多郡収納所を構成

		長寛1	郡司散位 書生散位 収納使	惟宗朝臣 八木宿祢 惟宗	
		吾妻鑑 寿永1・9・25		平田太郎俊遠	平重盛の家人、源希義を長岡郡年越山で殺害
		鎌1014 建久9・11	散位	秦	留守所下文案の署名
		鎌補1211 嘉禎2・12・11	右馬允	秦	留守所下文の署名
		鎌8105 正嘉1・4	郡王	宗我部	応保元年に「当郡王宗我部氏滅亡」と見える
不明		続紀 和銅7・5・27		物部毛虫咩	多産者
		権記 長徳4・2・17	近衛	額田連光	「土佐国所貢相撲近衛也」と見ユ
		小右記 寛弘2・7・29 長和2・7・29 寛仁3・7・24 　　　～28 万寿2・7・2 長元4・7・26 　　　～29		中臣為男	40余年間相撲人を勤め、腋に。掾への任用を申請予定

（注）　部民制的名称を持つ郷名を含む。出典の略称；大＝大日本古文書の巻数・頁数、平・鎌＝平安遺文・鎌倉遺文の文書番号、正＝松嶋順正編『正倉院宝物銘文集成』（吉川弘文館、1978年）「調庸関係銘文」の番号

　土佐国には、各々その氏姓についての確説がないが、都佐、波多の二つの国造が存した。これらのうち、波多国造の勢力範囲であったと考えられる土佐国西部の幡多郡については、12世紀の史料しかないものの、惟宗・秦など、郡名と同名の秦氏系の氏族が知られ、吾川郡（高岡郡は『続後紀』承和8年8月庚申条で吾川郡から分立したものであり、元来は吾川郡として幡多郡に隣接していた）の郡領も秦氏系の豪族である。その他、土佐郡土佐郷に属する秦泉寺廃寺跡（高知市北部の秦泉寺地区）から出土した鐙瓦は、その退化型式のものが吾川郡に属する大寺廃寺跡（吾川郡春野町）でも検出されており、「秦」泉寺の名称、大寺廃寺＝吾川郡の郡領秦勝氏と関係する寺院といった推定などにより、土佐郡のこの地域にも秦氏の分布が窺われるとする見解も呈されている[26]。したがって土佐国の西部地域では、波多国造と関係する可能

性もある秦氏系の豪族が勢力を有していたと見ることができるのである[27]。

　一方、東部の安芸郡の郡領は凡直氏であった。凡直は6世紀後半に瀬戸内海地域を中心に設置された凡直国造制の一員であることを示す呼称であり、安芸凡直、周防凡直、長門凡直、淡路凡直、粟凡直、讃岐凡直、伊予凡直などが知られ、凡直国造が小国造を統括することによる国造制の強化に関連するものであったと位置づけることができる[28]。但し、この凡直国造の性格をめぐっては、土佐国の凡直氏の分布が安芸郡に見え、都佐・波多国造の支配領域外であることから、凡直国造が小国造を統括したという通説は成り立たないという批評も呈されている[29]。しかし、都佐国造、波多国造の氏姓はわかっていないので、例えば安芸郡と近接する地域である土佐・長岡郡を中心に存したと推定される都佐国造の氏姓が凡直姓であったとすると、安芸郡の凡直氏はむしろ都佐国造の支配領域の広がりの中で説明できるのではあるまいか。表1の布師首磐が安芸郡の人であったとすると、彼は百済の役に従軍した人物であり、百済の役では国造軍が活躍していたと考えられるので、彼は都佐国造（凡直か）の率いる軍隊の一員として渡海したという状況も想定されてくる[30]。以上のような見方に立てば、土佐国の東半部については、都佐国造と関連する凡直氏が勢威を有していたと考えられるのである。

　不充分ながら、土佐国の豪族分布の概況を以上のように理解すると[31]、本題である香美郡については、郡領は物部鏡連氏であったことが知られ（表1）、物部氏が分布するのが特色である。物部鏡連は物部氏系の複姓であり、物部＋鏡を氏名にしている。物部氏の複姓には下に職名の他に地名がつく例（物部伊勢連、物部朴井連、物部多芸宿祢、物部依網連など）が存し、この場合の「鏡」は「香美」で、香美郡という居住地名に依拠した命名であったと見るのがよいであろう[32]。そして、郡領物部鏡連はこれまた物部氏の複姓である物部文連氏と婚姻関係を有している（m）ことには注目される。物部文連の「文」が職名なのか地名なのかは不明であるが、香美郡において物部氏が大きな勢力を保っていたことをさらに推定させるのである。その他、nは郡名不詳であるが、土佐国で物部関係の地名、氏姓が存するのは香美郡だけであることから考えて、やはり香美郡に居住した物部姓者の動向を窺わせるものと位置づけておきたい[33]。

　ところで、香美郡には宗我郷があり（oの宗我神も参照）、隣接する長岡郡にも宗部郷が存しているので、蘇我氏に関係する宗我部の分布が推定できる。この蘇我氏と物部氏の関係といえば、『書紀』崇峻即位前紀に描かれた蘇我馬子による物部氏本宗物部守屋の討滅が思い浮かぶ。そこには、

　　蘇我大臣之妻、是物部守屋大連之妹也。大臣妄用妻計而殺大連矣。平乱之後、於摂津国造
　　四天王寺、分大連奴半与宅、為大寺奴・田荘。

とあり、物部氏の私財は蘇我馬子の処分に委ねられ、その結果、土佐国にも蘇我氏が進出し、

— 14 —

宗我部が設置されたという経緯が想定されてくるのである。但し、皇極2年10月壬子条

  蘇我大臣蝦夷縁病不朝、私授紫冠於子入鹿、擬大臣位。復呼其弟曰物部大臣。大臣之祖母
  物部弓削大連之妹。故因母財取威於世。

という記述にも注意したい。これによると、物部氏の遺財はすべてが蘇我氏に取り込まれた訳ではなく、物部守屋の妹であった馬子の妻の存在などもあって、物部氏の遺財として区別され、蘇我氏の中にそれを継承する者がいたことが窺われる。したがって香美郡においては、物部氏系の氏族の勢力も保たれ、物部と宗我部の共存が可能であったと考えられるのである。

 以上を要するに、物部氏本宗家滅亡以後、宗我部設置の状況でも、物部鏡連氏は当地において勢力を保持することができたと見なされ、譜第郡領氏族としての伝統を築き得たと理解するのである。上述のような物部と宗我部の良好な関係から見て、あるいは物部鏡連が宗我部の設

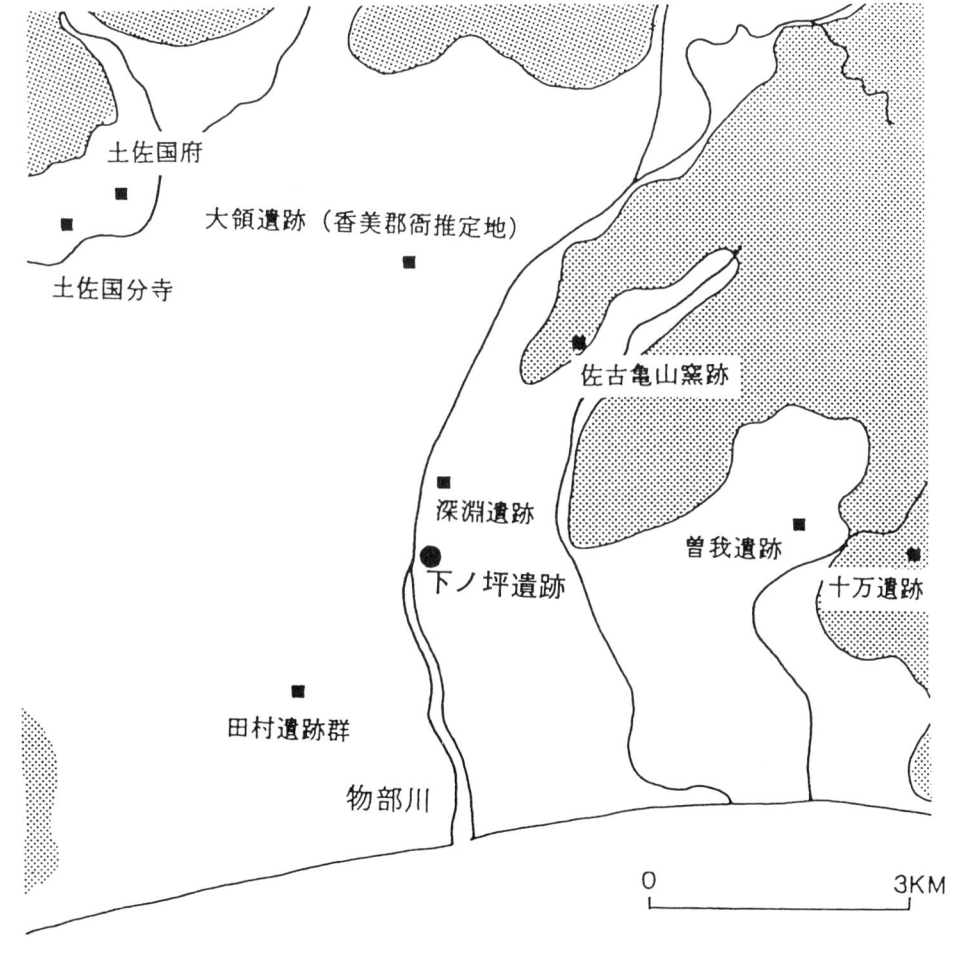

図3　下ノ坪遺跡と香美郡家

置やその後の管理に関与したとも想定できないではないが、式外社とはいえ、oの宗我神社の存在は蘇我系の有力豪族の活動を考慮すべきことを示しており、また当郡の大領の氏姓が不詳であるので、この点は保留しておきたい。

ところで、香美郡の中心となる郡家はどこに所在したのであろうか。「はじめに」で触れたように、土佐国の国府、郡家は発掘調査によって確定しているものはなく、もっぱら小字名等の遺存地名に依拠して比定が行われている。香美郡に関しては、前節で触れた駅路のルートを図2よりも北に想定する立場からではあるが、石村郷域に「大領」の小字が存することに注目し[34]、郡家は石村郷に置かれ、物部郷・深淵郷を本拠としたと推定される郡領物部鏡連氏が、そこに通勤していたという見解が有力である[35]（図3）。今のところ、香美郡内にはこれ以外に郡家に関係しそうな地名は見あたらず[36]、この比定に従っておかざるを得ない。とすると、下ノ坪遺跡は郡家とはやや離れた場所に存することになり、この点は下ノ坪遺跡の性格を考える際に留意すべき条件であると思われる。

以上、本章では駅路のルート、郡領氏族物部鏡連氏の存在など、香美郡の歴史環境を検討した。そこで、最後に下ノ坪遺跡の性格に言及して、本稿のむすびとしたい。

III 下ノ坪遺跡と古代の津

まず下ノ坪遺跡の奈良・平安時代の遺構の様子を掲げると、図4のようになる。「はじめに」で触れたように、現在高知県内で最も官衙らしい建物や建物配置が検出されたのが、この下ノ坪遺跡である。その最大の特色として、この遺跡が物部川の東方である左岸に立地し、西庇付の正殿風建物を中心に、その西方に倉庫風の総柱建物が点在すること、即ち物部川を正面として、河川を意識した構成になっている点を指摘せねばならない。したがって下ノ坪遺跡の性格を考える上では、やはりこの物部川との関係を最も重視する必要がある。また当地から3キロメートル程南下すると、物部川の河口に達し、その西方2キロメートル付近には『土左日記』に登場する大湊が存する（図2）。つまり海上交通との関係の有無をさらに考慮しなければならない訳である。下ノ坪遺跡の所在地の小字「下ノ坪」のすぐ南に「中津」の小字名が見出せるのは示唆的といえよう。そこで、以下では河川の津という位置づけとともに、海上交通への結節点としての機能にも留意しながら、下ノ坪遺跡のあり方を検討することにしたい。

下ノ坪遺跡の津としての位置づけであるが、このような海上交通の拠点とも接近する河川交通の施設というと、上述の史料eの立屋津が参照される。立屋津は太平洋から夏井川に入った地点（河口から約3キロメートル西方）に所在する荒田目条里遺跡の近辺に存在したものと推定され、荒田目条里遺跡の南東約1.5キロメートルには陸奥国磐城郡の郡家に比定される根岸遺跡があるので、立屋津は郡家に付属する津＝郡津ではないかといわれる[37]。とすると、河口

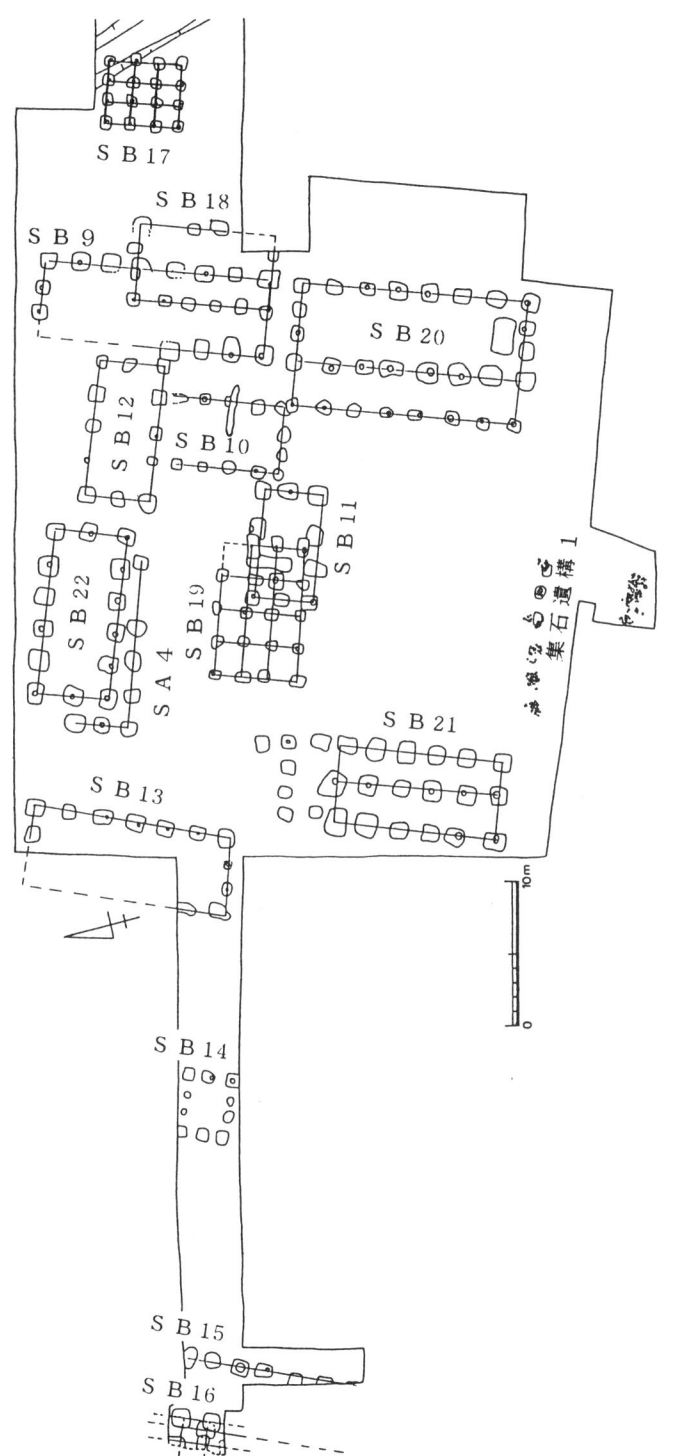

図4 下ノ坪遺跡主要遺構図

遺構の時期区分；8世紀前半…SB9、前半〜中葉…11・13・15、中葉…12・14、後半…17、末〜9世紀初…10・16・18、前半…19・20・21・22

から約3キロメートル、香美郡家比定地からも約3キロメートルに立地する（図3）下ノ坪遺跡も、類似の立地状況を考慮して、まずは香美郡の郡津に比定してみることができよう。国府関連の津は『土左日記』の大津をあてるのが至当であるから、明らかに別の場所に存しており（図2）、下ノ坪遺跡はそれよりも下位の津と見なされるのである。

　では、下ノ坪遺跡をひとまず郡津に想定した場合、その機能はどのようなものであったのだろうか。まず西庇の正殿風建物は物部川から上陸してくる人々に相対する構造物であることを如実に物語っているし、その前方の倉庫風建物も物部川の水運との関係で、物品の搬入・保管や搬出が行い易い配置になっていると見ることができる。既にその構造について分析が試みられている富山県じょうべのま遺跡の場合は、図5のように[38]、水上・陸上双方からの物資の集荷・収納と、水上交通による搬出（京進）という流れが復原されており、このモデルは下ノ坪遺跡について考える際にも参考となろう。

　郡津への物資の搬入といえば、最初に思い浮かぶのは調庸その他の租税である。物部川は香美郡内を貫いているので、沿岸に存する諸郷から、河川交通を利用した租税の搬入・集積が想定できそうに思われる。しかし、物部川の河川交通に関しては、近世の状況であるが、次のような指摘が行われている[39]。「しかしながら仁淀川・物部川は河口付近に良港がなく、そのうえ城下町に連絡するには一度外海に出なければならなかった。しかも物部川の場合、河口から五キロメートル付近は、「弘（広）弐拾間深弐尺水出渡ナシ」（『土佐国郡村帳』）とある荒川であった。船を通じないわけである。このようなことは、内陸水路として利用する場合、致命的とは言わないにしても相当な欠陥である。」と。そして、万治3年（1660）野中兼山が物部川に舟入川を疏通させて以降、土佐国中央部の内陸水路を高知の城下町に結合・集中させることが可能になり、長岡郡後免町あるいは香我美郡片地村神母木等に河川交通に従事する船乗・筏師が居住し、物部川の上流に遠く遡航して、木材や山間の諸物産をこぎ下し、あるいは城下町や里方・浦方から日用品・魚塩等を積み登せることができるようになったという。

　とすると、古代の物部川の河川交通も過大に評価することはできないのであろうか。何分にも史料がないので確言できないが、この点については次の事象にも留意しておきたい。延喜神名帳によると、香美郡には4つの式内社が存在していたことが知られるが、その比定地は図6の通りであり[40]、深淵神社、大川上美良布神社、小松神社は物部川との関係が密接であったこと、即ち河川交通を利用した交流の存在を推定させる配置になっているのである。また『朝野群載』巻17に見える神通寺は、現在の香美郡物部村神池に存した寺院で、物部川上流に存し、土佐守藤原有佐がその鐘を都に持ち帰る程の梵鐘を有する寺院であった。神通寺は永久3年以前に廃寺となっていたが、このような寺院が置かれたことも、この地域の重要性を窺わせるものと言えよう。したがって古代においては物部川を介する交通手段が存したものと想定して話

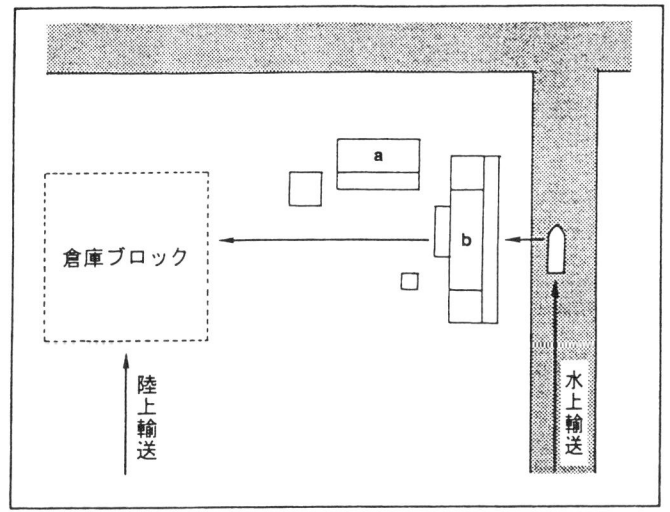

(1) じょうべのま遺跡における物資の流れ①（収納）

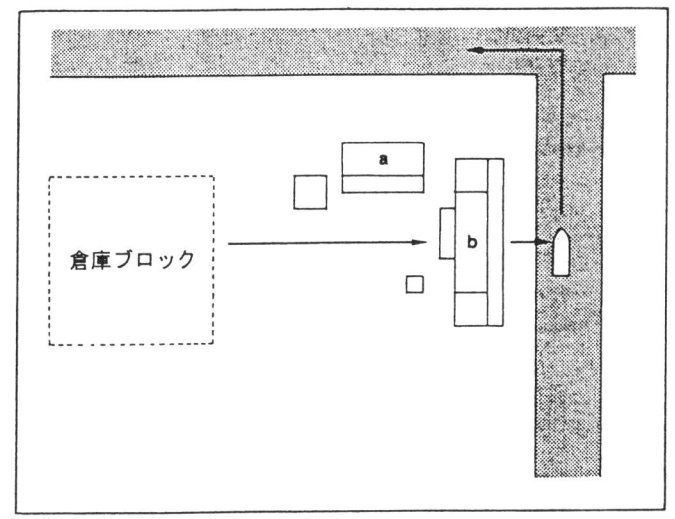

(2) じょうべのま遺跡における物資の流れ②（京進）

図5　じょうべのま遺跡の物資搬入・搬出

を進めることにしたい。

　では、郡津たる下ノ坪遺跡に集積された租税はどこに搬出されたのであろうか。賦役令調皆随近条集解穴記には、

　　穴云、年月日、謂国勘訖国印之日耳。非元輸日也。

とあり、調をはじめとする租税は国府での勘検を経た上で、繊維製品には墨書して国印を捺したり、米・食料製品は荷札木簡をつけかえたりして、中央に進上する準備が整えられたことが

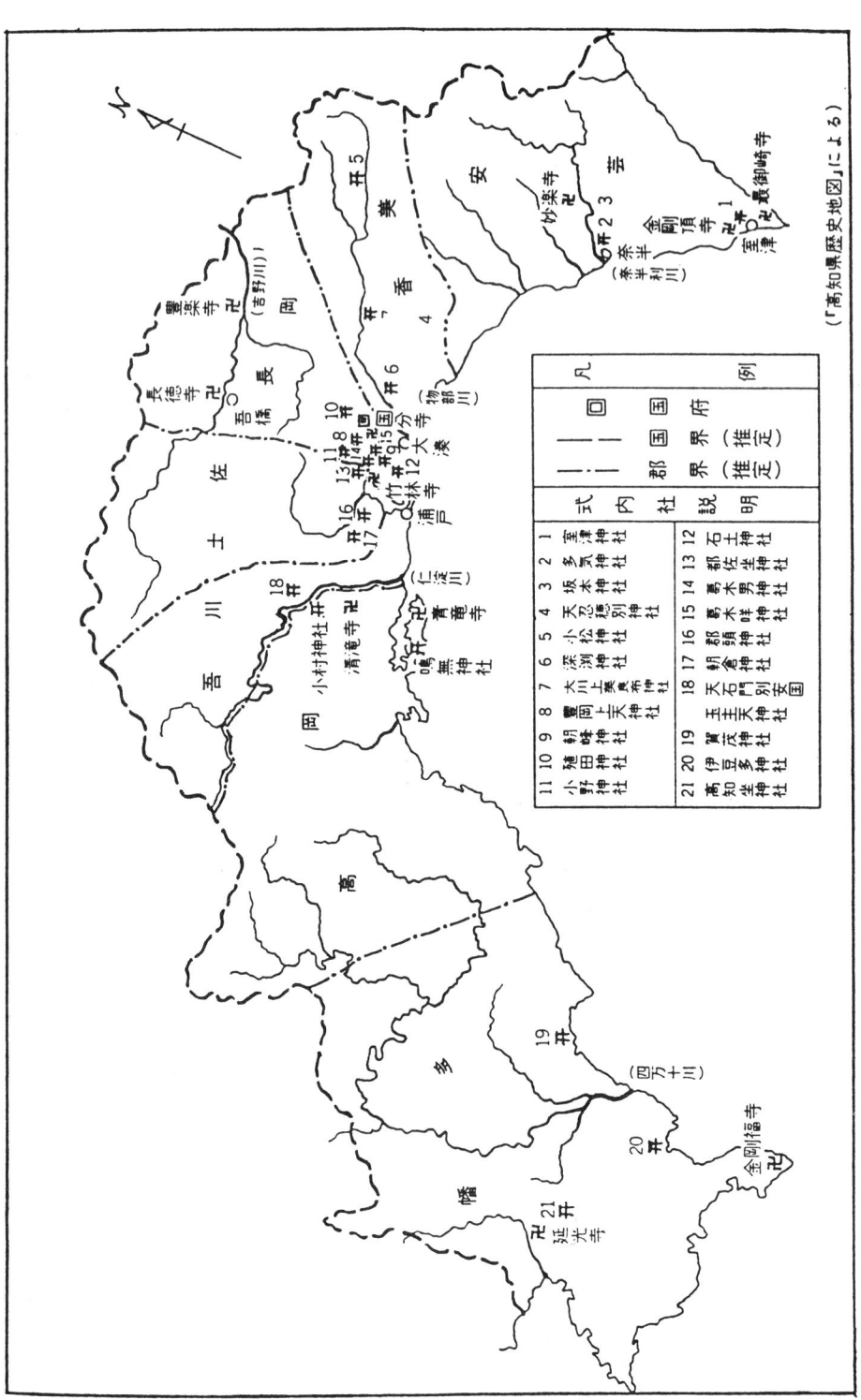

図6 土佐国の神社配置図

わかる[41]。今、水上交通を利用した国府への物資搬出を考えると、下ノ坪遺跡から物部川を下り、大湊を経由して、『土左日記』とは反対の経路、大湊→浦戸→（鹿児崎）→大津というルートで国府に到ることになる。しかし、図2・3によると、下ノ坪遺跡から国府までは直線距離で6キロメートル弱であり、第2章で推定した駅路も通じていたとすれば、わざわざ遠距離の河川・海上交通を用いなくても。陸上交通で充分運送可能ではなかったかと思われる。たとえ水上交通による運送物資量の大きさを認めるとしても、一郡の租税で、この程度の距離であれば、陸上交通の方が便利なのではなかろうか。また香美郡家を石村郷域に比定するならば、そこはさらに国府に近接する位置となる。

　このように見てくると、下ノ坪遺跡から国府への物資搬出という想像は現実性に乏しいようである。強いて租税の搬出を関連づけるならば、下ノ坪遺跡の地に収納中に国司による勘検が終了しており、下ノ坪遺跡→大湊＝国府からの物資と合流→中央へという流れを想定すると、下ノ坪遺跡の位置づけは有効である。しかし、このような形での京上方式が存在し得たか否か甚だ心もとない。下ノ坪遺跡の立地が国府よりもむしろ直接中央への物資搬出に適しているとすれば、次のような事柄も考えてみたい[42]。下ノ坪遺跡の存する物部郷は郡領物部鏡連氏の本拠地であるが、香美郡家は石村郷に置かれたため、律令国家成立以前から物部鏡連氏が畿内との間に有していた交通を維持する目的で、その本拠地に設置した津である、と。このように下ノ坪遺跡の津→中央という形の連絡が可能であったとすると、このような津を郡津と位置づけるべきか、あるいは郡領物部鏡連氏の私的な津ととらえるべきか、その結論を出すには津の類例が少なく、ここでは二様の仮説を記しておくに留めたい。

　次に陸上交通との接点、河川の渡河点としての津の機能を考える。第1章でも触れたように、河川の渡津の管理は直接的には郡司やその配下の郡雑任たる津長が行い、円滑な交通の確保に努めた。『出雲国風土記』巻末記や『三代格』巻16承和2年6月29日官符によると、こうした渡河点には1〜2艘の渡船が設置されており、渡船を操作する度子も配備されていたことが推定できる。下ノ坪遺跡は郡家とは別な場所に存し、建物・倉庫などある程度の施設を有しており、また駅路のルートにも近接していたから、施設維持や渡河機能のための日常的な管理が必要である。たとえ郡領物部鏡連氏の本拠地で、私的な津としても、郡領には政務執行の職務があったので、やはりその管理者としては津長の存在が想定されてくる。こうした郡雑任の具体的な任命方法は不明であるが、例えば天平神護2年10月19日越前国足羽郡大領生江臣東人解（『大日本古文書』5 —551〜553）には東人が水守として宇治知麻呂を私的に登用していることが知られ、下ノ坪遺跡を郡津と見た場合は勿論、私的な津と考える場合でも、津長の如き管理者を置くことはできたと思われる。さらに津長だけでは施設の運営はできず、度子の他に、立屋津などで推定されている、津の維持のために徴発される人々の存在、あるいは周辺地

域に対する一定の支配力を及ぼす必要があった点も考慮しておきたい。

但し、これらはむしろ河川・海上交通の津としての機能に関わる景観であって、陸上交通との関係で下ノ坪遺跡の役割を考えてみると、第2期の阿波国経由のルートへの渡船供給が重要である。前章第1節で触れたように、国府付属の駅は頭駅であるから、30里（約16キロメートル）毎に駅家を置くという規定（厩牧令諸道置駅条）に従えば、その一つ手前の駅は下ノ坪遺跡よりもかなり東方に所在したことになる（図1参照）。したがって下ノ坪遺跡は駅家に近接した津（水駅的性格を持つ津）ではなく、河川を渡る駅路に対して渡船を提供する渡津としての機能を有するものであったと位置づけられるのである。

以上、下ノ坪遺跡の性格については、郡津として公的な物資運搬の機能を認めてよいか否か確定し難く、むしろ郡領物部鏡連氏の本拠地物部郷に存して、物部鏡連氏の私的な津として、海上交通と結節して畿内への交通路として重視されたものではないかと考えておきたい。そして、陸上交通との関係では、駅路の渡河のための渡船を供給する渡津として、第2期の駅路のルートを支えるものであったと見ることができる。つまり河川・海上交通の面では私的な津でありながら、陸上交通の渡河点という立地から、駅路に対しては公的な渡津として機能するものであり、律令国家の交通体系の中心になる駅路を支える渡津の存在形態とその運営のあり方の一例として、この下ノ坪遺跡を呈示することが可能であると思われる。

『播磨国風土記』賀古郡条には、大帯日子命が印南別嬢との婚姻のために下行した際の出来事として、

> 誂下行之時、到摂津国高瀬之済、請欲度此河。度子紀伊国人小玉申曰、我為天皇贄人否。爾時勅云、朕公、雖然猶度。度子対曰、遂欲度者、宜賜度賃。於是、即取為道行儲之弟縵、投入舟中。則縵光明、炳然満舟。度子得賃、乃度之。故云朕君済。

とあり、これは律令国家成立以前の私的な存在である渡津のあり方を窺わせるものとされている。即ち、度子は在地豪族や王権との間に服属関係を形成し、彼らは支配関係にある者に対しては渡船を提供し、そうでない者に対しては無償での渡河は行わなかったのである[43]。一方、『書紀』大化2年3月甲申条には、

> 罷市司・要路津済度子之調賦、給与田地。

と見え、「大化改新」の実態をめぐる論議はさて措き、これは律令国家成立以前の私的な津を国家的管理下に編成するための措置と位置づけることができよう。このような過程で律令制下の渡津が成立したとすると、各々の渡津には律令制以前の歴史的伝統・背景が残ったことは充分に想定でき、そこに下ノ坪遺跡のような、在地豪族の私的な運営に依存する場合も見出せるのではないかと考えておきたい。

むすび

　小稿では下ノ坪遺跡の検出に触発されて、私なりに土佐国の古代史を考える糸口・方法を得ようと試みた。下ノ坪遺跡は史・資料の少ない古代の津の具体的な姿を示す一例として、今後さらに考究を深めていく必要があると思われる。本稿では一応郡領物部鏡連氏の私的な津という性格がより強いものと位置づけた。駅路のルート比定など、下ノ坪遺跡に引きつけすぎた点もあるかと思うが、考察材料の少ない中での一つの試論として御寛恕いただき、諸賢の批評に委ねることにしたい。

〔註〕
1) 以下、下ノ坪遺跡の概要については、野市町教育委員会『下ノ坪遺跡発掘調査 記者発表・現地説明会資料』（1996年7月）、『下ノ坪遺跡』2（1998年）による。
2) 松原弘宣「古代水上交通研究の現状と課題」『古代交通研究』3、1994年。
3) 松原弘宣「律令制下における津の管理について」『愛媛大学教養部紀要』12、1979年、佐々木虔一「古代の渡」『古代交通研究』3、1994年、館野和己「律令制下の渡河点交通」『日本古代の交通と社会』塙書房、1998年など。
4) 鬼頭清明「古代における津の都市的様相」『国立歴史民族博物館研究報告』63、1995年、中村太一「古代水上交通に関する基礎的考察」『日本古代の国家と祭儀』雄山閣、1996年、「港津の構造」『古代交通研究』6、1997年、根津明義「古代越中国・中保B遺跡における船着場遺構と内陸の水上交通」『古代交通研究』8、1998年、佐藤信「郡符木簡にみる在地支配の様相」『土地と在地の世界をさぐる』山川出版社、1996年、佐々木虔一「津・市と情報伝達」『歴史評論』574、1998年など。
5) 『高知県史』古代中世資料編（1997年）「土佐国古代編年史料」を参照。なお、1975年以降の研究動向については、拙稿「地方史研究の現状　高知県　古代」（『日本歴史』607、1998年）を参照されたい。
6) 松原註（3）論文。以下、特に注記しない限り、津に関する知見は主にこの論文に依拠する。
7) 加藤友康「交通体系と律令国家」（『講座・日本技術の社会史』8、評論社、1985年）
8) 東海道の渡船の状況については、『三代格』巻16承和2年6月29日官符を参照。
9) 坂本太郎「水駅考」（『日本古代史の基礎的研究』下、東京大学出版会、1964年）。
10) 佐々木註（3）論文、高田淳「古代東海道と市域」（『柏市史』原始・古代・中世編、1997年）。なお、延喜兵部式の駅名で「津」を称するものとして、尾張国馬津駅、参河国渡津駅、駿河国息津駅、下総国茜津駅、越前国朝津駅、加賀国潮津駅、長門国阿津駅、豊前国到津駅、薩摩国網津駅が存する。越前国朝津駅については、『福井県史』通史編1原始・古代（1993年）477頁を参照されたい。
11) 松原弘宣「水駅についての一考察」（『日本歴史の構造と展開』山川出版社、1983年）。
12) eは『木簡研究』17（1995年）、fは『兵庫県史』史料編古代一（1984年）による。なお、fについて、小口雅史「延暦期「山野」占有の一事例」（『史学論叢』10、1982年）は、収納長の次の「□」を「美」と判読できるとする。また西山良平「雑任からみた末端行政組織について」（『律令国家の地方末端支配機構をめぐって』奈良国立文化財研究所、1998年）110頁は、「坂越郷収納」が職名で、「長□□」を人名と見ている。
13) 西山良平「『律令制収奪』機構の性格とその基盤」（『日本史研究』187、1978年）、「〈郡雑任〉の機能と性格」（同234、1982年）。

14) 拙稿『古代日本における郡司制度とその実態的変遷に関する研究（平成八年度～平成九年度科学研究費補助金（基盤研究（C））研究成果報告書）』（1998年）所載の「郡司表（稿）」を参照。

15) 佐々木註（4）論文は、eの伴出木簡に米長や米の貢進物付札、また馬に関する記載などが見えることにより、津の周辺における米を収納する倉庫群の存在、馬を保有・飼育し、輸送にあたる人々の居住を想定している。但し、石田明夫「福島・荒田目条里遺跡」（『木簡研究』17、1995年）によると、伴出木簡には郡司職分田の田植えの人夫召喚を命じた郡符木簡も存しており、この木簡群を立屋津そのものに関わるものと見ることはできないので、これらの想定には慎重を期する必要がある思われる。

16) 係争内容については、小口註（12）論文を参照。

17) 松原註（3）論文は、津長が赤穂郡の郡津を管理し、塩の輸送にあたっていたために、塩山の係争に関与したと見るが、塩山の所在地と津長との関係が確定できず、本稿のように考えておきたい。

18) 頭駅については、ホトリ（府頭）で、国府近辺に求める説と国府の一つ手前の駅とする説があり、比定地が分かれる（図2参照）。研究史は羽山久男「土佐国」（『古代日本の交通路』3、大明堂、1978年）、朝倉慶景「延暦十六年の官道についての一考察」（『土佐史談』206、1997年）などを参照していただきたいが、iの新置の駅名に頭駅が見えないことを考慮すると、既に第2期（以前）から存していたものと推定され、前者の見解を支持しておきたい。

19) 栄原永遠男「四国地方における駅路の変遷」（『続日本紀研究』200、1978年）。

20) 研究史は栄原註（19）論文、前田和男「古代土佐の官道について」（『高知の研究』2、清文堂、1982年）などを参照。

21) 金田章裕「南海道」（『古代を考える古代道路』吉川弘文館、1996年）により作図。

22) 図2は羽山註（18）論文の第4図を若干改変・補訂して作図した。なお、大湊は、後述のように、物部川河口に存したと考えられるが、当時の物部川河口の位置が不詳であり、しばらく原図に従っておく。

23) 日野尚志「土佐国香美・長岡・土佐三郡の郡境・条里・駅路・郡家について」（『佐賀大学教育学部研究論文集』40の2、1992年）。

24) 『高知県史』古代中世編（1971年）。

25) 松原弘宣「土佐国の地方豪族」（『古代の地方豪族』吉川弘文館、1988年）に依拠し、若干の補訂・変更を行った。

26) 岡本健児編『日本の古代遺跡』高知（保育社、1989年）159頁～163頁。

27) 幡多郡の式内社としては賀茂神社、高知坐神社（高知＝高市で、事代主命系か）など、カモ氏系の神の存在が知られ、カモ氏系の氏族の存在も可能性も検討する必要がある。

28) 八木充「国造制の構造」、「凡直国造とミヤケ」（『日本古代政治組織の研究』塙書房、1986年）。

29) 松原弘宣「伊予国の地方豪族」（註（25）書）240頁。

30) 拙稿「朝鮮半島をめぐる唐と倭」（『古代日本の対外認識と通交』吉川弘文館、1998年）。但し、この布師首磐が安芸郡の人であったか否かは決定できないという留保が存する。布師郷は越中国射水郡にもあるが、百済の役では北陸道からの出兵例はなく、西日本からの徴兵が主であったと考えられるので、越中国の可能性は低いと思われるものの、その他に次のような史料が掲げられる。平城京左京九条一坊の布師首（『大日本古文書』25－166）、摂津国兎原郡布敷郷と『新撰姓氏録』摂津国皇別の布敷首、同河内国皇別の布忍首、和泉国和泉郡八木郷の布師浄足（『大日本古文書』4－228）、『三代実録』貞観3年10月28日条の上野国に居住する布師姓者、『日本霊異記』中巻第25話の讃岐国山田郡の布敷臣衣女、寛弘元年讃岐国大内郡入野郷戸籍（『平安遺文』437号）の布師姓者。しかしながら、表1の布師首勝士丸の存在により、安芸郡布師郷に布師首姓者がいたことが確認でき、畿外での首姓は当地だけのようであるから、本文に記したような考え方を一案として特記しておきたい。

31) 八木姓者については、拙稿「古代土佐国関係史料補遺三題」(『海南史学』36、1998年) を参照。
32) 直木孝次郎「物部連に関する二、三の考察」(『日本書紀研究』2、塙書房、1966年)。
33) 『高知県史』古代中世編 (1971年) 15頁によると、式内社天忍穂別神社は現在の香美郡東川村山川の石舟神社に比定され、天忍穂別尊＝物部氏の祖饒速日尊の父 (『天孫本紀』) を奉祀したものであるから、これも香美郡における物部氏の勢力を示すものとなろう。
34) 『土佐山田町史』(1979年)「土佐山田町小字図 (平坦部分)」を参照。
35) 日野註 (23) 論文、岡本健児「土佐神道考古学　五」(『土佐史談』156、1981年) など。岡本氏は、さらに「タクラ」(＝田倉) の小字名から正倉、「カドタ」から郡家の門、「カマド」から厨家、「厩ヶ尻」から交通施設の存在を抽出し、郡家の様相を復原できるとする。また現在土佐山田町戸島の堰留神社 (『三代実録』元慶八年十月四日条に見え、式外社) を古代の駅路に沿う神社と位置づけ、物部川の渡河点にあたる場所で、その往来が一時停滞することから、「留」の字が加わって、「関留」神社と呼ばれたと見ており、駅路についても日野氏のルートを支持されている。
36) 下ノ坪遺跡周辺については、『南国市史資料地区別小字図集』(南国市教育委員会、1982年)、『野市町史』下巻 (1992年)「野市町小字図」などを参照したが、郡家所在地の候補となるような地名は見出せなかった。
37) 佐藤・佐々木註 (4) 論文など。
38) 中村註 (4) 論文による。
39) 『高知県史』近世 (1968年) 385頁。森田尚宏「高知平野の条里と田村遺跡群」(『条里制研究』13、1997年) も参照。
40) 図6は『高知県史』古代中世編 (1971年) 169頁による。
41) 拙稿「荷札木簡の研究課題」(『考古学ジャーナル』339、1991年)。
42) 岡本健児『ものがたり考古学』(高知県文化財団、1994年) 200頁では、香美郡野市町深渕や佐古の亀山の瓦窯跡で焼かれた瓦が平安京で使用されていることを示した上で、物部川の水運→大湊からの搬出に便利であったために、これらの地が選定されてと述べている。とすると、国府を経由せずに物資が搬出されたことになり、こうした点での下ノ坪遺跡の役割も考慮しておく必要があろう。
43) 佐々木註 (3) 論文。

(付記)　本稿の概要は、1998年8月2日に行われた海南史学会総会の記念講演として、同じ題名で報告させていただいた。席上、様々な御示唆を賜ったが、それらを充分に生かすことができなかった点は御寛恕いただきたい。なお、近世の物部川の河川交通に対する評価は、当時の船のレベルの話であり、それが即物部川の河川交通能力の評価ではないという御指摘を賜り、若干意を強くしたことを付言しておきたい。

最近の発掘で検出された古代の道路状遺構について
——筑前・筑後・豊前・肥前4国の場合——

日 野 尚 志

はじめに

最近、各地で古代の道路状遺構が検出されている。その場合、これまでに想定されていた駅路に一致すれば、想定が確定されることになるが、そうでない場合、その遺構をどう考えるのか問題が残る。ここでは1998年から1999年にかけて検出された古代の道路状遺構を中心に考察を進めてみたい。

I 筑前国怡土郡の場合

『延喜式』によれば、怡土郡に比菩・深江・佐尉3駅があって、駅路が通っていたことが判明するが、具体的なルートの想定はなされていない。

二丈町大字深江の塚田南遺跡（図1のイ点）では古代の道路状遺構と道路に沿う建物遺構が検出[1]された。道路状遺構は全長約120m、道路幅は側溝の芯々幅で約6mであるが、波板状の硬化面も確認されている。図2[2]に示したように、建物を囲む南側の区画溝は道路状遺構の側溝にもなっている。また東・西側の区画溝も側溝につながっているが、未発掘の北側にも延びているので、北限も区画溝ではないかとみられる。

これらの区画溝に囲まれた建物群は発掘の範囲内では入口は道路状遺構に沿って東南近くに一箇所あり、明らかに道路を意識したことは確かである。しかも入口から入った所に南北方向の溝があり、この溝から東側で南北方向に4×3間、西側で東西方向に4×3間・5×3間2棟が一列に並んでいる。区画溝の東端部は6世紀の竪穴住居を壊し、西端部は古墳の周溝を破壊しており、遺物等も考慮して道路と建物の築造を二丈町教育委員会[3]では7世紀末から8世紀初頭と考えている。

道路状遺構の西端近くでは側溝が区画溝と離れているので、道路は西南方向に進んでいたとみられる。一方、東端近くで道路状遺構は終っているようにみえるが、さらに東進して二丈町石崎で検出された道路状遺構とつながる可能性が強い。

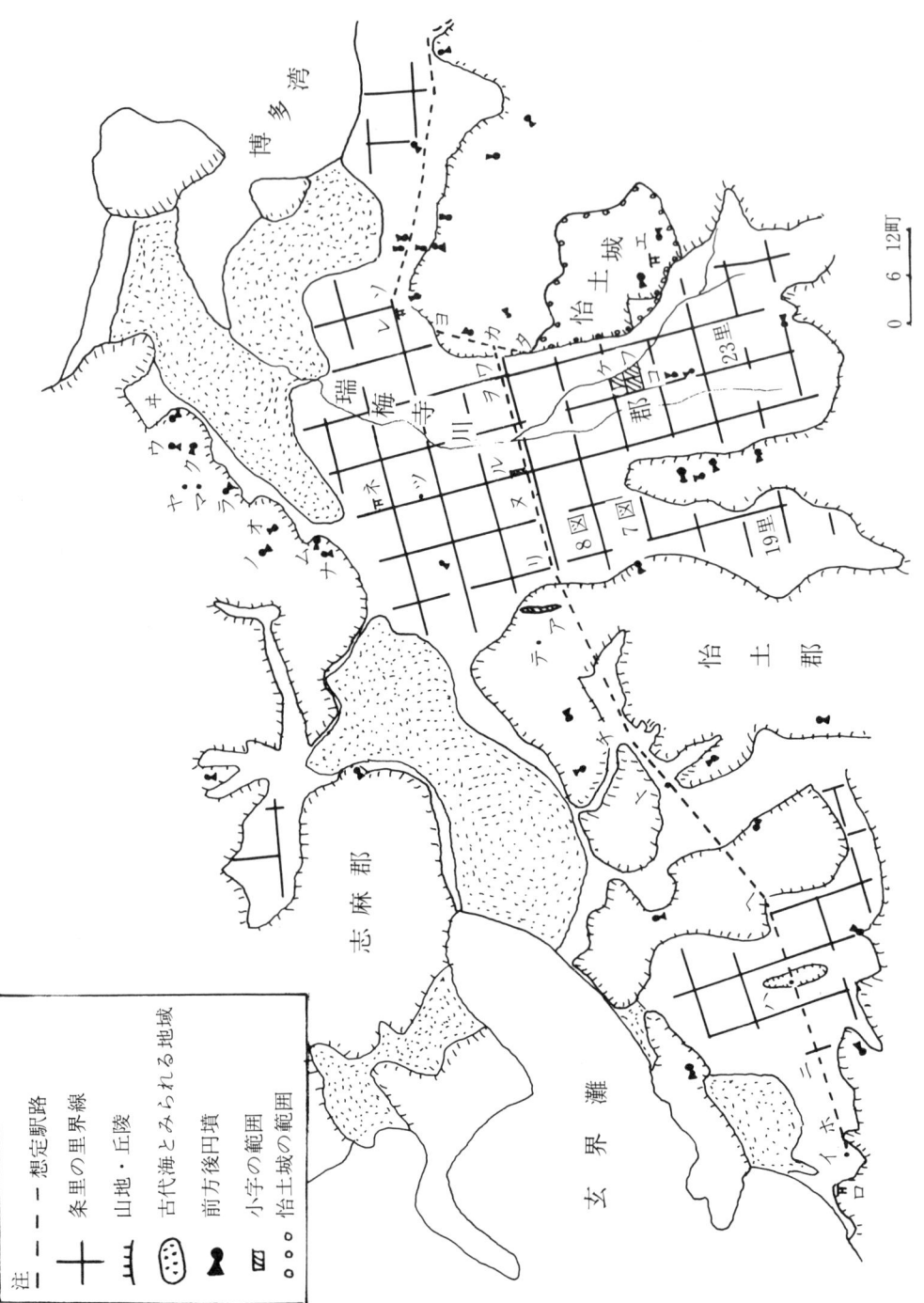

図1 怡土郡の条里と想定駅路

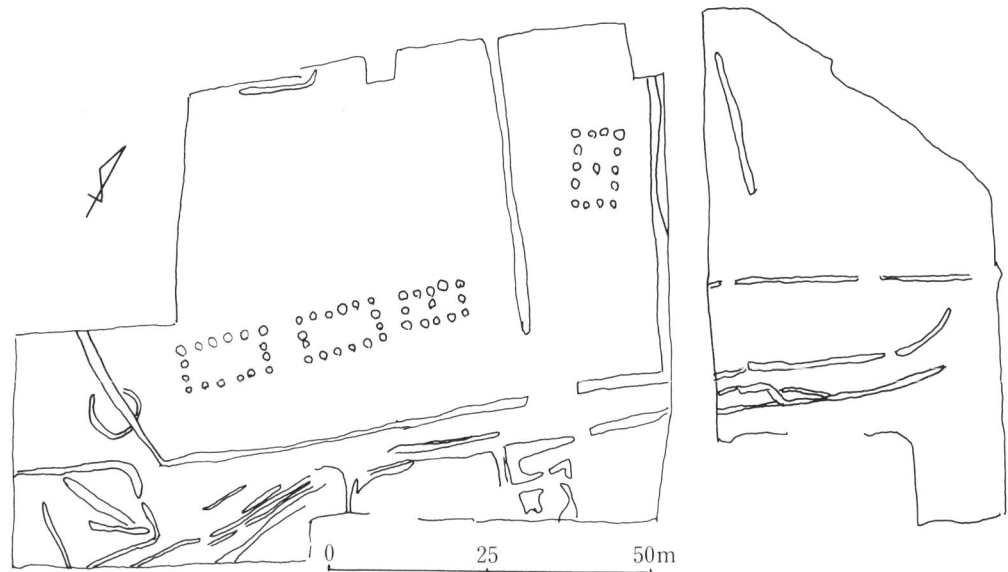

図 2　塚田南遺跡（1999年2月25日二丈町教育委員会提供の図面より作成）

　区画溝に囲まれた建物群が公的な施設であったことは間違いないと思われるが、発掘地点が駅名を負う深江であること、遺跡の西6町の子負原にある鎮懐石八幡宮（図1のロ点）が『万葉集』812に記される深江村子負原とすれば、駅家の可能性も否定できない。ただし、『万葉集』では深江駅からの距離は20里ばかりとあり、これを2里の誤りとすれば、それに相当する位置にあるといえよう。なお、旧海岸線に近い位置にあるので、港に関連する施設の可能性もないとはいえない。郡家は前原市郡集落（条里では6図23里、図1参照）が有力視されるので、深江に想定するのは無理といえよう。

　1999年2月二丈町石崎の曲り田遺跡（図1のハ点・図3のロ点）で道路状遺構が検出された。この遺跡は図3に示したように一貴山川流域の条里施行地域（現在は圃場整備によって消滅）のなかに孤立して存在する南北に細長い低い丘陵上にある。道路状遺構は台地の斜面をテラス状の平坦にし、側溝が道路状遺構の北側に設けられていたことが判明した。道路幅は約6mで硬化面も存在する。

　この道路状遺構を西に延長すると深江の塚田南遺跡に達することから駅路である可能性が強い。ただし、図1に示したように条里施行地域では里界線に沿っているが、二点から西の条里地割が異なる地域でも直線で進んでいたとすれば、低い丘陵の先端部（図1のホ点）に突きあたるので、これを目標にして駅路が施行されたのであろう。

　この道路状遺構に平行して2×5間の掘立柱建物一棟（平安時代の遺構）が検出されているが、近接して平安時代の製鉄炉が検出されている。さらにこの遺構の南約50mで8世紀末か

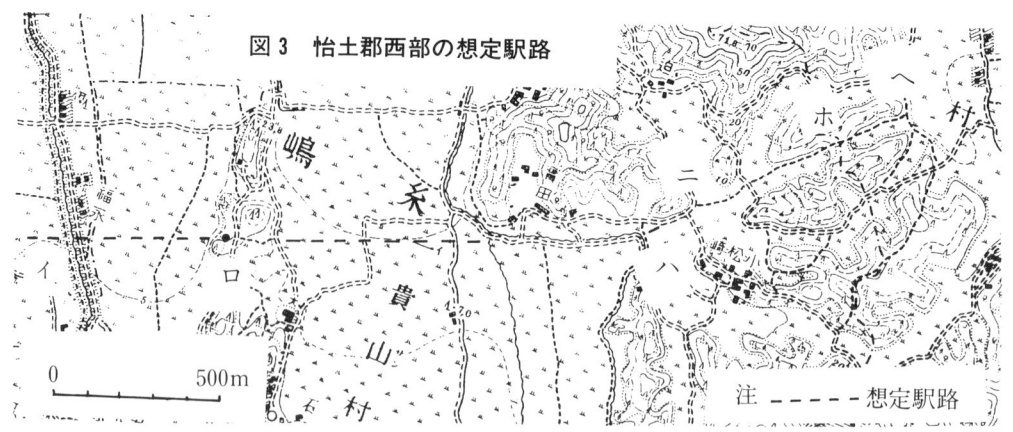

図3 怡土郡西部の想定駅路

ら9世紀前半にかけての小鍛冶工房[4]とみられる2×3間の半竪穴的な東西棟が検出されているが、発掘範囲の東端で一部しか確認できない建物遺構も同じ機能と規模をもっていたとみられる。さらにこの小鍛冶工房とみられる建物遺構に接して8世紀末頃から9世紀前半にかけての2×5間の東西棟が約2m離れて2棟検出されている。また包含層出土の土器のなかに刻字土器片と「新家[5]」の墨書土器が出土している。「新家」が新家氏と関連があるのか明確でないが、識字層がいたことは確かであろう。出土土器のなかに越州窯系青磁椀や須恵器の緑釉椀が出土[6]しているので、単なる集落跡ではなく、駅路を意識して建造された官衙遺構で鉄生産に関連した施設ではないだろうか。

　この道路状遺構の東では台地を東進する旧道に一致し、やがて台地を下って条里の里界線に沿って進むと図1のヘ点・図3のハ点に達する。図3のニからヘ点まではアメリカ軍撮影の空中写真（M271—55）をみると低い台地の中央部を掘切って進む直線状の道路（図3のホ付近）が確認されるが、現在ではその道路が拡幅され、周辺に家屋が建造されて堀切状の遺構を確認することができない。

　図3のヘ点からも直線で東進していたと仮定した場合、前原市野添の平坦地に突き出た低い丘陵（図1のト点）を掘切る道路状の遺構が空中写真で確認できるが、現在では大型ビニールハウスと家屋が建造され、その遺構は全く確認できない。野添からもさらに直線で進むと丘陵に突きあたる。問題は丘陵のどこを横断して雷山川・瑞梅寺川流域の平坦地に達したかである。

　アメリカ軍撮影の空中写真（M271—55）をみると図4のロ―ハ間、ト―チ間に堀切状の遺構が確認できるが、後者は現在でもその遺構が残っているが、前者は桃山団地が形成され、遺構が大部分消滅している。ロ―ハ・ト―チ間を結ぶルートを駅路とすると篠原の小字「孫女（二点）・（図1のア点）」がホ点の北側にあることに注目したい。さらにホ―チ間は多久・新屋敷・富・有田・篠原の旧村境になっていて、古来「重要な線[7]」であったことを示しているとい

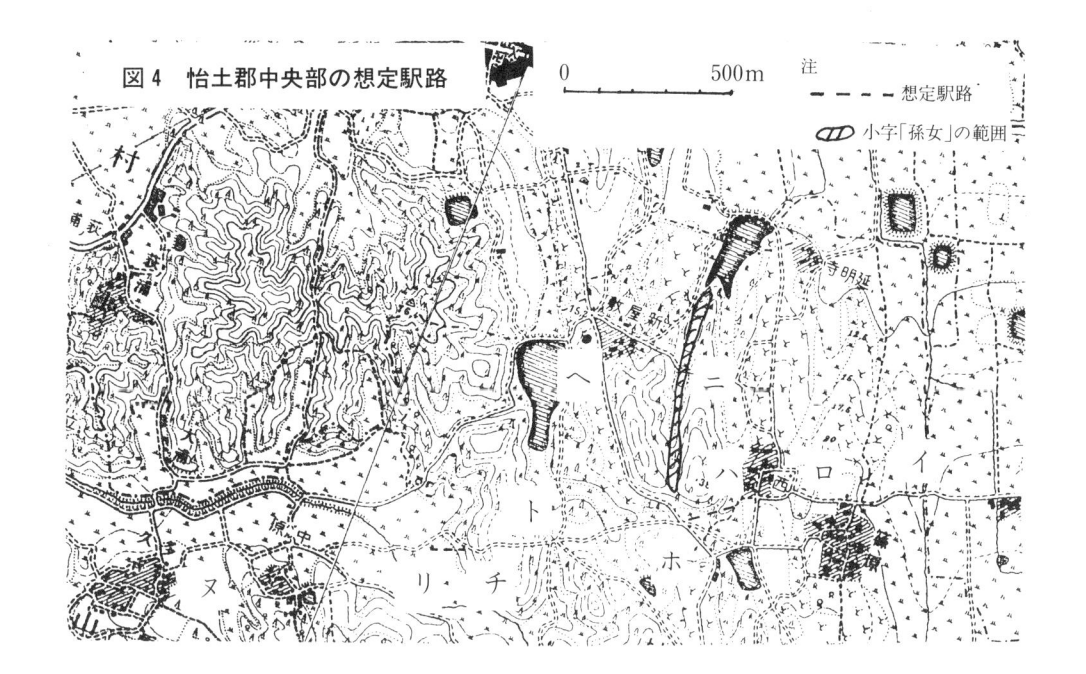

図4 怡土郡中央部の想定駅路　　0　　500m　　注
　　　　　　　　　　　　　　　　　　　－－－－　想定駅路
　　　　　　　　　　　　　　　　　　　◯◯◯　小字「孫女」の範囲

えよう。またチ点からヌ点までは明治35年（1902）刊行の2万分の1地形図でもほぼ直線になっていることから、図4のロ点からヌ点までの駅路を踏襲して道路が存続したものと考えたい。このルートは明治時代後期でも南北に長い丘陵地を最短距離で横断する道路であったことに注目したい。

　図1のリ点から東では条里の坪境線に沿って進み、千里（せんり）集落の南に達したとみられる。この条里施行地域（既に圃場整備が行われ、地割が消滅）で注目されるのは、想定駅路に沿う波多江遺跡[8]（図1のヌ点、条里では9図21里24坪）である。東と南を溝（条里地割の方位であるN20度Wと一致）で囲まれ（発掘の範囲内で北と西を限る溝は検出されていない）、内部に2×5間の堀立柱建物3棟（条里の方位と一致）が検出され、出土した遺物から9世紀前半頃から9世紀末頃の建物とみられる。遺構全体をみると南側の入口から入った中央部を広場にし、東側半分に3棟の建物が配置され、西側半分には竪穴住居が残ることから家人といわれる人々の居住する空間とすれば、東側の建物は有力者の屋形[9]であろう。発掘範囲の北限が想定駅路のすぐ南側にあたるので、この建物も駅路を意識したことは確かであろう。

　次に千里の西南で想定される駅路に沿って根深石（図1のヲ点、高さ約1.4m、横幅約1.6m、厚さ約0.4m）があって別名を立石ということに注目したい。立石や立石地名[10]がしばしば想定される駅路に沿うからである。この根深石は朝鮮から飛んできたもので、朝鮮半島からの距離が千里あったので千里の名称が集落についたとの伝承[11]があり、立石の建立が古いことを暗示しているといえよう。

— 31 —

条里地割の東端にあたる図1のワ点から丘陵を掘切る道路状遺構がカ点まであり、ここから丘陵上を東北から西南に向う直線状の道路が現在でもカーヨ間に確認できるので、カ点で屈折しヨ点に達したのであろう。またカ点からタ点までも直線状の道路が現存するが、タ点は神護景雲2年（768）に完成した怡土城の北西端[12]にあたるので、駅路から怡土城に至るルートであった可能性が強い。

　ヨ点からさらに直線で進んでいたと仮定すれば、条里地割に沿わないで郡名を負う伊都神社（図1のレ点）に突きあたる。一方、早良郡から来た駅路が旧道を踏襲していたとすれば、条里地割の南限付近を通ってソ点に達するが、ここからヨ点の途中まで山麓に現在でも道路があり、山麓沿いに進んでヨ点に達したことも考えられる。さらに条里地割に沿うルートも考えられるが、遠回りになることは否定できない。いずれにしてもこのソーレ一帯は周船寺で大宰府の主船司が置かれた地域とみられることに注目したい。

　次に前原市志登遺跡[13]（図1のツ点）で検出された道路状遺構について検討しておきたい。道路状遺構の総延長は約41m、両側溝を伴い、道路幅は溝の芯々で約9m、方位は条里地割の方位と同一である。しかし、南北の里界線（21里と22里）より東約60m（条里では11図22里3坪）にあるが、発掘範囲の南限近くの西側溝は若干西に振れているので、発掘されていない地域で、少しずつ西に振れて里界線に沿うことも考えられる。西側溝では弥生中期から一部歴史時代にまで下る土器群が礎石とともに出土し、土器は粉砕された状況で敷きつめられているとあるので歴史時代に建造[14]されたことは間違いないだろうとしている。

　この道路状遺構の南限は明らかでないが、想定される東西方向の駅路に達していたことは間違いないだろう。その場合、里界線と駅路の交点に波多江の小字「馬渡（図1のル点）」があり、比菩駅の想定地としても有力視される。一方、道路状遺構を北に延長した場合、式内社志登神社（図1のネ点）の西約50mを通り、古今津湾[15]の西端近くを経て大塚に達する。最近の研究成果[16]によれば、志麻郡の首長墓グループは川辺郷に比定される元岡・泊と明敷郷に比定される初川の流域に大別される。特に前者は前期の御道具山（全長65m、旧糸島郡で最古の前方後円墳で4世紀初頭の築造、図1のナ点）・池ノ浦（全長60m、図1のラ点）・泊大塚（全長70m、図1のム点）、中期の金屎（全長32m、図1のウ点）・シオヨケ（全長60m、図1のヰ点）・ミネ（全長50～60m、図1のノ点）・無名（全長20～30m、図1のオ点）、後期の石ケ原（全長56m、図1のク点）を経て終末期の石ケ元古墳群（円墳31基が確認されている、図1のヤ点）に至る編年[17]が試みられている。特に石ケ元古墳群は7世紀後半代最後の最大群集墳であることが明らかになったが、ここより西南に約200m離れた元岡C遺跡（図1のマ点）では7世紀末から8世紀前半の製鉄遺構が確認されているが、谷部中央の自然河道内から「＜壬辰年韓□□□（鉄）＞」と記された木簡[18]が出土（1998年10月30日発表）している。壬辰年は持統天皇

6年（692）にあたるとみられ、砂鉄でできた鉄製品に木簡の荷札をつけたのであろう。ところが、1999年5月26日さらに「〈□□□里長□□戸「□□」者大贄廿□斤」（二ヵ）、「□□□嶋里□□□□□□□□□□□□□□□□□□□」の木簡等[19]が出土したことが公表された。嶋里は『和名抄』に記す志麻郡志麻郷のことで、元岡付近が郡名を負う志麻郷に比定されれば、元岡付近を川辺郷に比定する考えは再考[20]しなければならないだろう。これらの注目される木簡のほかに7世紀後半のものとみられる中空円面硯を始め、石製権、木製品（鞍・横櫛・斎串・鳥形など）、円面硯、転用硯、掘立柱建物（飛鳥～平安）18棟等が出土している。また海岸近くからこの官衙施設に至るとみられる道路状遺構も約110m近く検出されている。これらのことから元岡一帯が古墳時代から志麻地方の中心地で律令時代になって志麻郡家が置かれた可能性が強い。そうであれば、志登遺跡の道路状遺構は志麻郡家と駅路を結ぶ伝路として機能していたのではないだろうか。

　怡土郡家は郡集落（三雲の小字に「郡ノ前（図1のコ点）・郡ノ後（図2のフ点）・郡ノ下（図1のケ点）」があり、集落のある「郡ノ後」の東側を除いて、圃場整備がなされたが、郡家に結びつく遺構[21]は検出されていない。郡集落の東約600mには大門があって怡土城の入口があったと思われるが、ここには式外社の高磯比咩神社（図1のエ点）もあり、この一帯が『和名抄』に記す託祖郷で、大宝2年（702）の嶋郡川辺里戸籍にみえる宅蘇吉士の本貫地とみられ、郡から大門一帯が怡土郡の中心地であったことは間違いないだろう。駅路から怡土郡家に至る伝路もあったとすれば、志麻郡に至る伝路を駅路からさらに南に延長し、郡集落の西で東に屈折したことも考えられる。

　ところで、前原市篠原（図1のテ点・図4のヘ点）で発掘調査[22]が行なわれ、全長約15m（方位はN30度W）の2本の溝の間を道路遺構ではないかとしているが、遺物も少なく時期についても触れられていない。遺構をみてないが、これが道路遺構かどうか周辺での確認調査が必要であろう。

II　筑後国御井郡の場合

　福岡県三井郡北野町で道路の新設工事の際に道路状遺構（図5のヘ点）が検出された。まだ報告書が刊行されていないので簡略に述べておきたい。現場をみた限り、両側溝を伴う道路状遺構は約6mの道幅とみられる。東側溝は約20m、西側溝は約10mそれぞれ検出されたにすぎない。しかし御井郡の条里地割に沿わない方位で、この道路状遺構を東南に延長すると、空中写真でこの方位と一致する地割の線が今山の小字「船底・大手木（図5のチ点）」、中の小字「行広と下大島（図5のリ点）」の境、陣屋の小字「前田（図5のヌ点）」、仁王丸の小字「玉池と片原（図5のル点）」の境付近にみられる。条里地割は圃場整備で既に消滅しているが、北

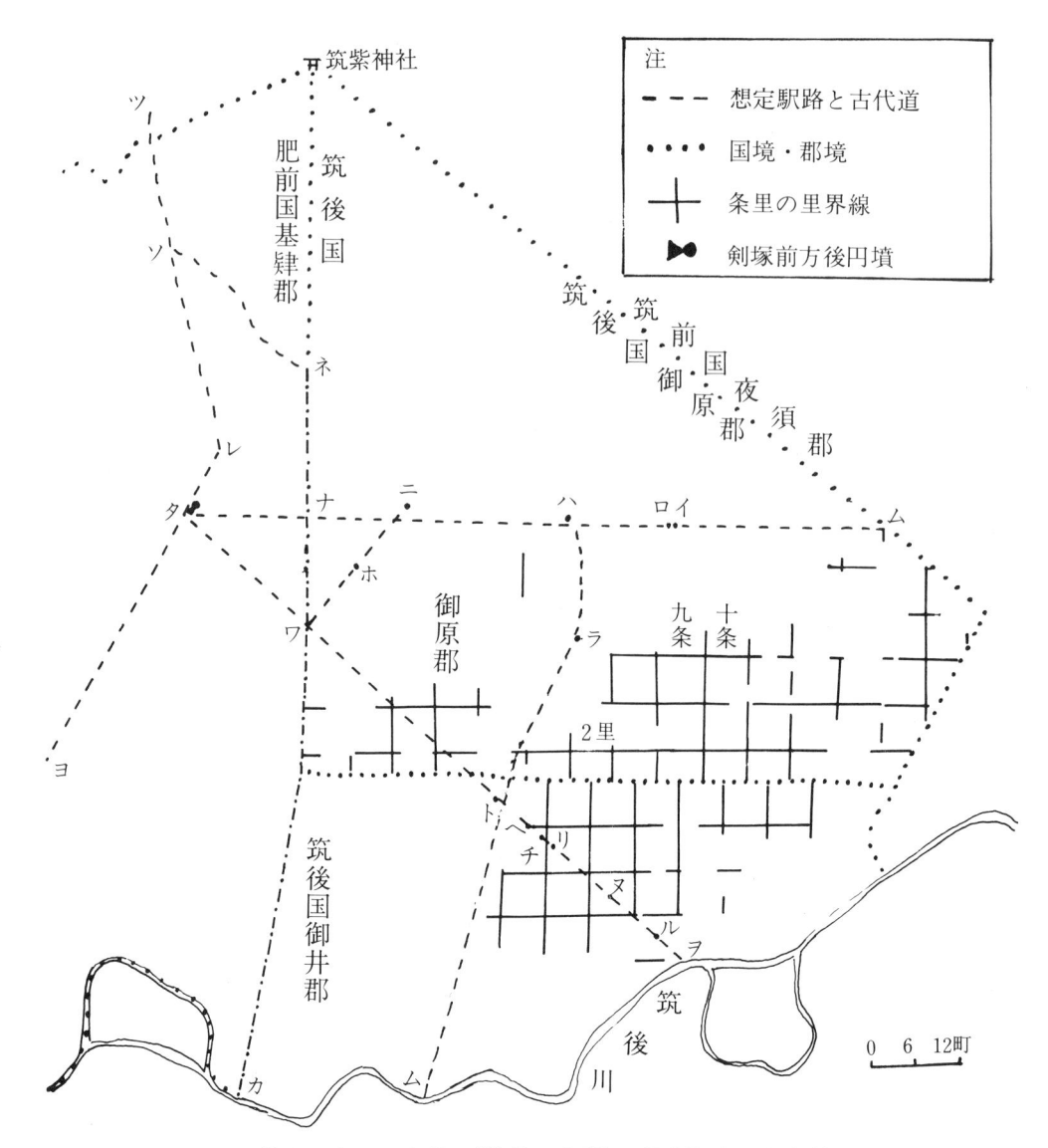

図5 筑後国御原・御井郡(筑後川右岸)の想定駅路と古代道

野町に保管されている古い地籍図でも確認できる。

　この道路状遺構と一致する地割の線が東南に点々とみられることは、少なくとも筑後川に達していたことは間違いないだろう。一方、北西に延長すると大刀洗川の右岸に一致する地割の線（図5のト点）があり、北西方向に進んでいたことは確かであろう。その場合、肥前・筑後国境にもなっている駅路（図5のツーソーネーナーワーカ）と交わるが、その交点は駅路から御原郡家（図5のニ点、7世紀末〜8世紀中頃）に向かうとみられる道路[23]（図5のホ点で検出された長さ約50m、幅6mの道路状遺構の方位N40度Eを東北、西南に延長してニーワ間

と想定、なお遺構は8世紀中頃の築造とみられる）の基点にもなっていたとみられ注目に値する。さらに北西に延長すれば、肥前国府から大宰府に向う駅路（図5のツーソーレーターヨ）に交わるが、その地点は大刀洗町山隈（図5のイ点、ロ点）で検出された道路状遺構[24]（イ点は長さ約50m、道路幅9m、方位N89度30分E、ロ点は長さ約34m、道路幅5.4m、方位N102度E、遺物は少ないがいずれも8世紀中頃の築造とみられる）を西に延長（ここではN89度30分の方位をとる）すれば、肥前国府から大宰府に向う駅路との交点で北野町で検出された道路状遺構の延長線とも一致するので、肥前・筑後国境の駅路で終っていたとは考えにくい。一方、東に延長すれば筑後・筑前国境に達するが、ここで終るのではなくさらに東進して大宰府から豊後国府に至る駅路に達していたのであろうか。

　8世紀の後半に御原郡家は大刀洗町の下高橋[25]（図5のラ点）に移動したとみられる。また道路に沿う側溝らしき遺構が検出されているので、ラ点からハ点へ、さらにラ点から南に向ってやがて大刀洗川の自然堤防上を経て筑後川右岸に達し、渡河して筑後国府や御井郡家に至るルートがあった可能性が強く、伝路とも考えられるが、ラ点の北側で大刀洗町・小郡市境に堀切状の道路跡らしき遺構がみられるので発掘による調査の必要性を感じる。

　以上、筑後川右岸の筑後国では4箇所で古代の道路状遺構が検出され、いずれも9世紀には機能していなかった可能性が強い。ここで特に取り上げた北野町の道路状遺構は後述する肥前国三根郡と似ているので、筑後川を遡って進攻する外敵に備えて大宰府から筑後川に兵士を派遣する軍用道路ではないだろうか。

III　豊前国上毛郡の場合

　上毛郡を通る駅路は里界線に沿うルートが想定[26]されているが、この想定ルートから北に約70m離れた非条里地域の荒堀大保遺跡[27]（図6のイ点）、同じく南に約20m離れた条里施行地域の池ノ口遺跡[28]（図6のロ点）で古代の道路状遺構がそれぞれ確認されている。前者は全長約14m、両側溝をもち路面の幅は5.2m、側溝の外側で6.7mを測り、想定される駅路とほぼ平行するN61.5度Wの方位で発掘範囲の外側に延びていることは確実である。またこの道路状遺構に接して奈良時代の集落跡を検出し、出土遺物に円面硯、緑釉陶器等がある。後者は全長約60m、両側溝をもち路面の幅は6mである。しかし条里施行地域でなぜ里界線と約20m離れて条里地割と同じ方位で直線で進むのかは明確でない。現在圃場整備の行われている条里施行地域の皆毛付近（図6のハ点一帯）で道路状遺構が検出されれば解明の手がかりが得られるかもしれない。

　ところで、上毛郡で想定される駅路と方位の異なる道路状遺構が三箇所で検出されている。そのうち久路土（図6のニ点）と小石原（図6のホ点）ではまだ報告書が刊行されていない。

図6　上毛郡の条里と想定駅路

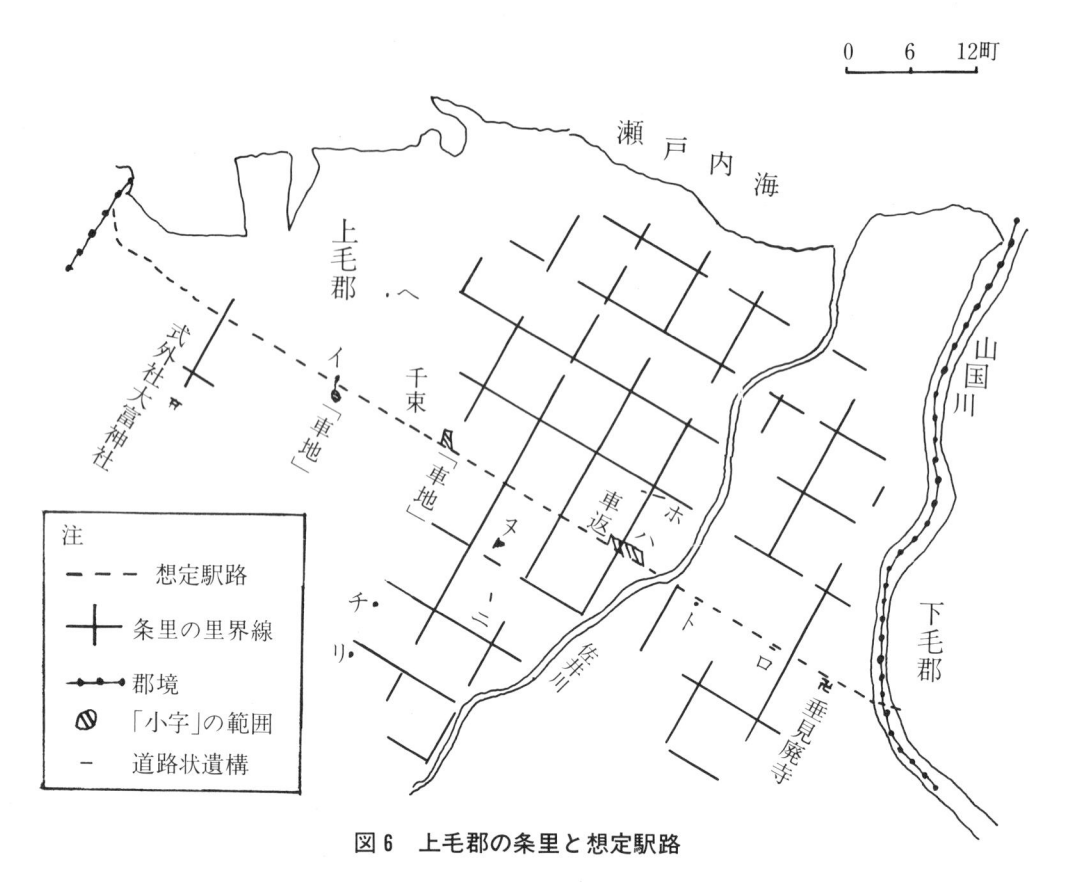

　既に報告書が刊行されている今市向野遺跡[29]（図6のヘ点）では両側溝をもつ古代の道路状遺構が約26m検出されている。道路幅は6.0～6.3m、N10度Wの方位で発掘範囲の外側に直線で延びていることがわかる。道路建設の時期について側溝下層出土の須恵器に6世紀後半のものと7世紀後半のものとがみられ、6世紀後半の方が量的に多いが新しい方をとって7世紀後半と想定し、自然発生的に生じた谷間の道を拡幅し側溝を設け、車の往来が可能なものに整備したのではないかと考[30]えている。そうであれば、遺構を北側に延長すれば瀬戸内海に達し、南側に延長すれば想定駅路と千束付近で交わっていたのであろう。

　次に報告書の刊行されていない小石原と久路土の道路状遺構について触れておきたい。前者は想定駅路から北に約5町離れた地区で検出されている。全長約250mで、路面の幅は直線部で5.0m、曲線部で6.5mを測る。調査の状況等から道路の築造は条里の施行以前に遡る可能性[31]が強いという。後者は1999年3月の段階で全長約50m、道路幅約5mの道路状遺構が検出されているが、条里地割の方位と異なることは明確である。この遺構の北4町に久路土の小字「倉ノ町（図6のヌ）」があって郷倉が想定されるのでここを経て駅路と交わり、さらに小石原遺跡の道路状遺構に連結していた可能性がある。

上毛郡家[32]（図6のト点）の位置から佐井川に水運があって瀬戸内海との間に往来があったと思われるので、小石原遺跡の道路状遺構は佐井川に達していたのであろう。一方、久路土の道路状遺構はどこに至ったのか明確でないが、佐井川上流域に条里地割が広く分布し、そこで発掘調査がなされた上大西遺跡[33]（図6のリ点）では奈良時代の柱穴と土坑、8世紀後半の須恵器、中大西遺跡[34]（図6のチ点）では奈良時代の掘立柱建物2棟、高床倉庫1棟、土坑1基、柵1条等が出土しているので、近くに奈良時代の集落があったことは間違いなく、ここに達していたことも考えられる。

　豊前市内では7遺跡で奈良時代の生活跡が確認されているが、そのうち6遺跡で土錘や蛸壺などの漁撈具の出土が目立つ傾向があるという。この傾向は6世紀後半から想定駅路に近い位置の古墳時代の集落でみられ始める[35]という。このことはこれらの集落と海岸を結ぶ道路を整備して海産物の輸送を車で行ったのではないだろうか。今市向野遺跡では管状土錘が1点出土[36]していて注目される。上毛郡は三毛郡が分割されて成立したとみられるが、『筑後国風土記』逸文に「豊前国上膳県」と記されているように、瀬戸内海の海産物を贄として献上していたために「膳」が郡名になったのであろう。大宝2年（702）の豊前国上三毛郡加自久也里戸籍に「膳臣・膳大伴部」、同じく塔里戸籍に「膳大伴部」が確認できることからも理解できよう。

Ⅳ 肥前国三根郡の場合

　三根郡の交通路について徳富則久[37]が詳細に述べたように佐賀平野東部を通る駅路は空中写真の判読から2つのルート（北側のルートを北路、南側のルートを南路としておく）が想定[38]されている。この2つのルートは肥前国府の東で合流し、嘉瀬川左岸まで追跡が可能である。佐賀県教育委員会ではこの2つのルート上で発掘調査を行っている。北路では7箇所、南路では1箇所で調査が行なわれているが、三根郡内ではなされていない。この北路と南路は条里施行地域では12町離れているが、三根郡内の北路は条里施行地域になく、南路とは約9町離れているにすぎない。佐賀市内での南路発掘調査[39]によれば、低い台地を掘切ってその後改変を受けていないとすれば、その建造された時期は8世紀末以降になるという。七田忠昭[40]が指摘するように北路が8世紀末頃まで機能していたとすれば、北路から南路への変遷が考えられる。

　徳富則久が触れた三根郡の堤土塁上の道路状遺構についての報告書[41]が刊行された。堤土塁は東側の八藤丘陵と西側の二塚山丘陵が最も接近する部分の谷を遮断する形で築かれた人工の土手で、農業基盤整備事業に伴う確認調査で自然の丘陵と考えられていた八藤丘陵から派生する一支丘上で厚さ約2mの版築土塁が検出され、西側土塁と一対のものであることが確認された。土塁の全長は約360m、基部の幅は約40m、土塁南の田面との比高差は約9mを計る。

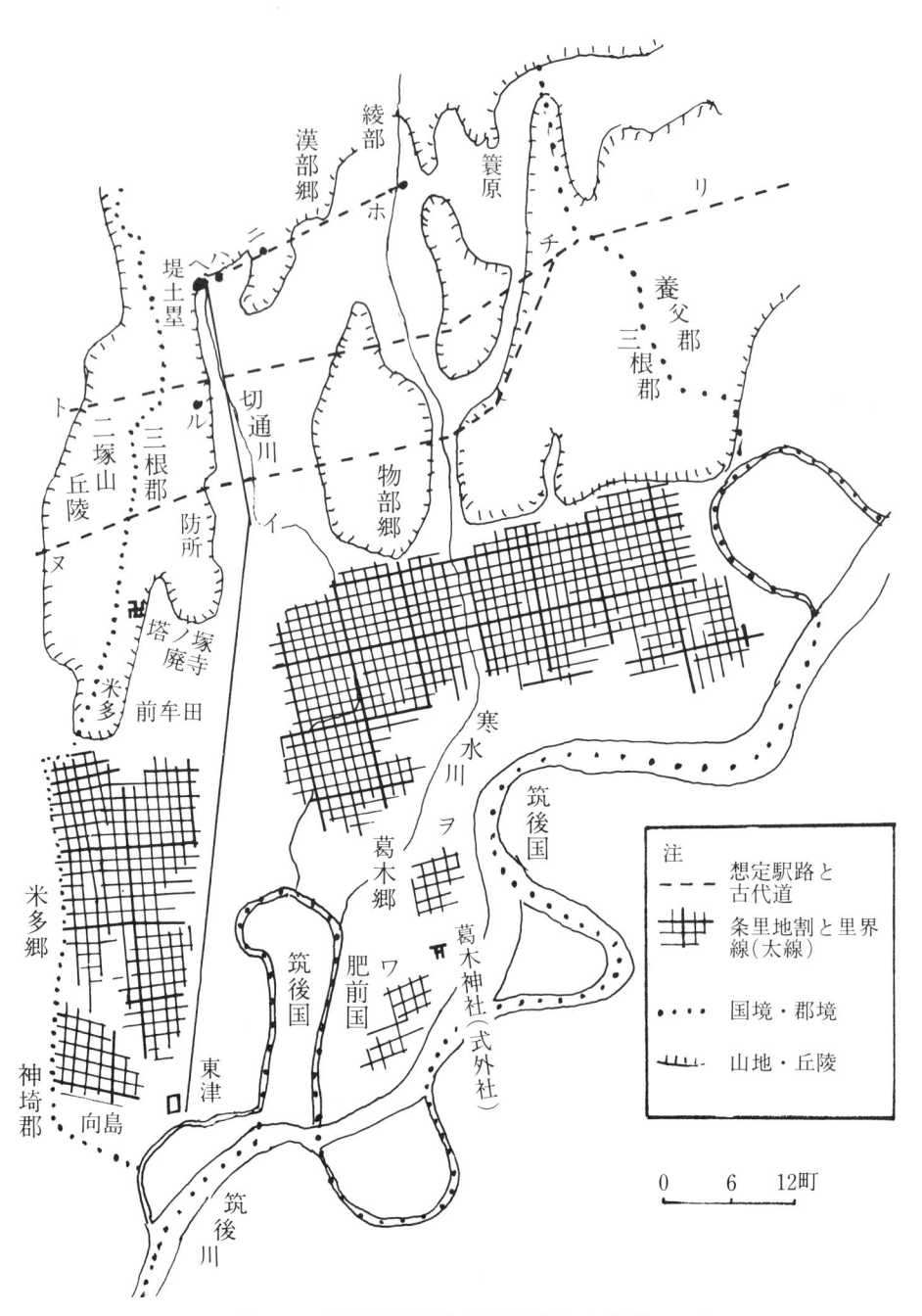

図7 三根郡の条里と想定駅路と古代道

現在、土塁中央を切通川が流れ、その部分約70mの間に土塁はみられず、東西各々長さ約110mの分立した土塁として遺存しており、この間隔が本来のものか、流失したものかは不明であるという。また東側土塁と八藤丘陵の取り付け部分には地元で「野越し」と呼ばれる溝状の施設が土塁を横断しているが、東側土塁の東端から東の調査対象地区外へ続くと予想される。約6mの間隔で平行に延びる2条の溝跡は道路の側溝であると考えられ約97mに及んでいる。2条の溝は遺構の東側でN63度E、西側ではN70度E[42]となっている。さらにこの道路状遺構（図7のハ点）を東に延長した中原町本村遺跡[43]（図7のホ点）でも両側溝をもつ道路状遺構が35mにわたって確認され、道路幅は約5.5～6mである。また同町高柳三本桜遺跡[44]（図7のニ点）で幅約1mの溝が約50mにわたって確認されているが、この遺跡の位置が八藤遺跡（堤土塁上の道路状遺構）の延長線上にあたることから道路北側の側溝である可能性が強い。この2遺跡について周辺から出土する遺物やこの沿線で平安時代中期以降の集落が認められることから、奈良時代の遺構[45]と考えられている。

　このように堤土塁上が道路として利用され、その東への延長が約2.5km先まで直線状に達していたことは間違いないが、それから先は明確でない。おそらく蓑原付近を通って養父郡に入り、立石・平田・原古賀を経て養父郡家の想定される蔵ノ上（厨番と記された奈良時代の墨書土器が出土している）に至ったのであろう。これに対して堤土塁西端から西は背振山地から南に伸びる二塚山丘陵があって丘陵を横切る道路状遺構は確認されていない。

　三根郡でも8世紀末頃に北路から南路に変遷があったとしても奈良時代には2本の直線状の道路があったことになる。北路は肥前国の東部から西部に向う駅路であったことは間違いないが、約9町の間隔をおいて2本の駅路（西海道では大宰府・帝都間の大路を除いて小路）がほぼ平行して置かれていたとは考えにくい。そうであれば、堤土塁上を通る道路は別の機能があったと考えるべきであろう。この道路が二塚山丘陵を横断していないとすれば、ここで終っていたか、それとも北か南に向っていたかを検討しなければならない。その手がかりは三根郡の条里にあるといえよう。

　三根郡の条里地割（現在は圃場整備によって消滅）は図7に示したようにイーロを境にして1町方格の地割が異なることに注目したい。イーロより東では三根町天建寺（図7のヲ点）・坂口（図7のワ点）付近の局地的地割を除いて一つの条里区からなり、北茂安町中津隈に4ノ坪・8ノ坪・36、座主野に15、上峰町九丁分に5ノ坪、江迎に9ノ坪の通称名があり、東北隅を1ノ坪、東南隅を36ノ坪とする連続式である。一方、イーロより西では三根町向島の局地的な地割（通称名として3ノ坪・5ノ坪・9ノ坪・10ノ坪・23・36があり、坪並は東北隅を1ノ坪、東南隅を36ノ坪とする連続式）を除いて一つの条里区からなり、三根町市武に1ノ坪・3ノ坪・4ノ坪・15・16・17・18・19の通称名があり、坪並も向島と同一である。

条里に関する史料として延喜5年（905）の『観世音寺資財帳』のなかに観世音寺が肥前国に所有していた寺田に関する記録[46]がある。その内容は次の通りである。

　　基肆部参町並上
　　　　　　　（里脱ヵ）
　　　二条基肆田二五比田九反一四四歩
　　　　　　　三六土由田一反七二歩
　　　　尾張田里九反一四四歩　二比田一町
　　三根郡参町上田二町九反一八〇歩　中田一八〇歩
　　　六条樋田里一九坪九反一八〇歩
　　　　　薗田一町同里三〇坪
　　　七条鳥取里二四坪一町　一三村田一八〇歩
　　神埼郡陸町上田五町　中田一町
　　　七条駅家里八壺田一町上　一七壺田一町中　一八
　　　　壺田一町　二〇壺田一町　二九壺一町
　　　　三〇壺田一町

　この文書から条は数詞、里は固有里名であることが判明する。また三根郡の一部を除いて、里の次に数字、次いで「比田・土由田」のように現在の小字名に相当する原初的な地名が併記されているので、奈良時代条里による呼称法導入の際にそれまで呼ばれていた土地の名称を併記[47]したものとみられ、肥前国東部でも条里地割の施行が奈良時代に行われていたことは間違いないだろう。

　問題はなぜ三根郡だけに「樋田里一九坪、鳥取里二四坪」のように数字の次に「坪」がつき、一方では「鳥取里一三村田」と「坪」のない記載があるのが判然としない。三根郡では里に関する遺称名も残っていない。また条の比定も困難である。しかし、三根郡に奈良時代条里が施行されていた地域があったことは確かであろう。

　イーロを境にした地割が異なることは、この直線状の水路（水路に沿って道路もかなり沿う）が条里地割施行以前に築造され、それに沿って道路が建設されたとみるべきであろう。その時期を具体的に比定できないが、少なくとも7世紀後半まで遡ることができるのではないだろうか。

　ところで、イーロ以西の条里地割は北部での地割の歪みが大きく、地割のみられない地域に前牟田の地名があり、この一帯に湿地帯[48]があって開発が遅れたのであろう。またイーロのすぐ東側にも条里地割がみられないので湿地帯であった可能性が強い。

　このようにイーロの東西に条里地割がみられないのはイーロの水路が湿地帯の水を排除する目的があったことは間違いないだろう。さらにロ点は東津で康永3年（1344）が初見[49]である

が、その名称とその位置を考えれば、古代から河港として機能していた可能性が強く、そうであれば、このイ―ロ間、さらに上流域のヘ―イ間にも水運があったとみるべきであろう。

次にイ点に近い二塚山丘陵に坊所地名があることに注目したい。『和名抄』では佐嘉郡に坊所郷があるが、その遺称地はなく、また現在のところ史料でも確認できない。しかし、坊所地名が古代に遡ることは間違いなく、古代に軍事関係の施設があったことを示しているといえよう。その意味では坊所一本谷遺跡（図7のル点）で検出された3×10間、3×5間等の側柱建物が回廊状に配列されていて、3時期の切合い関係にある。この建物を切っている竪穴住居が9世紀前後のものとみられ、またこれに先行する遺構の状況や住居出土の遺物などからみて、この掘立柱建物群の時期は飛鳥時代～奈良時代のうちに含まれるものと考え[50]られる。これらの柱穴規模は20～30cmと小さく遺物にも特徴的なものはみられないが、特殊な機能をもった施設とすれば、坊所の地名から軍事的施設でその任務はイ―ロ間の水路と道路を監視していたのであろう。しかしイ点からでは不自然である。そこでイ点付近をみてみると、堤土塁跡から図7のイ点まで切通川がほぼ直線であることから、ヘ点からイ点までも人工的に築造された可能性が強く、この水路（切通川）に沿って道路もあったと考えたい。このように考えると堤土塁上の道路は二塚山丘陵で終るのではなくヘ点で南に屈折し、ロ点に達したとみるべきであろう。

大宰府の南側にあたる筑紫平野の防衛ラインについては明確でない点が多いが、特に有明海から筑後川を北上し、その支流である宝満川を遡って大宰府に至ることができることに留意すべきであろう。その意味で筑後川の下流域でU字状に続けて屈折する地域が攻防上の拠点とみて非常の際は大宰府からロ点に兵士を送ると同時に、背振山地南側で武器を含む鉄生産の盛んな三根郡漢部郷を外敵からの攻撃に備えて土塁を築き、その上を軍用道路として利用していたのではないだろうか。なお、漢部郷の中心地を南北に流れる寒水川流域は中世鳥栖付近を通らないで大宰府・博多に至るバイパスとして利用されていたことを考慮すれば、古代にもこのルート沿いに大宰府・基肄城に出るルートがあって、ここからの侵攻にも配慮していたとも考えられる。1999年4月大宰府の東南にあたる筑紫野市阿志岐（『万葉集』549右に記す蘆城駅の遺跡地）で朝鮮式山城が確認され、羅城を含めた大宰府の防衛ラインについての再考が必要であろう。

イ―ロより以西は米多郷、以東は北側が物部郷、南側が葛木郷とみられることに注目したい。それは葛木郷が中央氏族の葛城氏との関連が考えられるからである。『日本書紀』によれば崇峻天皇は崇峻天皇4年（591年）任那再興のために2万余の大軍を筑紫に派遣し、その際大将軍に大和朝廷を支えた紀・巨勢・大伴・葛城の各氏から4人を選んでいる。これらの大軍が筑紫に派遣された翌年に蘇我馬子・額田部皇女（推古天皇）らのグループによって崇峻天皇

が暗殺され、筑紫に駐留する大軍には内乱で「外事」を怠らぬよう早馬を走らせている。結局、大軍は4年近く筑紫に駐留し派遣されることなく大和に引揚げたが、この間、磐井の乱後に物部氏が形成した筑紫での軍事基盤を新政権のもとに再編しなおす目的で各地に進駐させ、その一つが葛城氏の三根地域への進出であろう。推古天皇11年（602）来目皇子が撃新羅将軍となり、軍衆2万5千人を率いて筑紫に到来したが、その一行のなかに武器を作る忍海漢人達が含まれていた。『肥前国風土記』によれば、その一族を三根郡に居住させ兵器を作らせたので漢部郷にしたと記している。591年筑紫に派遣された2万余の大軍が大和に引揚げた7年後のことであり、忍海漢人と葛城氏との関係から葛城氏の拠点[51]近くに配置されたのであろう。奈良時代三根郡では物部郷の北に漢部郷、南に葛木郷が比定されるが、漢部郷の遺称地である中原町綾部では大量の鉄滓が発見されていて砂鉄による鉄生産が盛んであったことは間違いないだろう。一方、西側の米多郡は米多国造の本貫地である。その子孫とみられる米多君北助は『続日本紀』慶雲4年（707）10月3日条によれば従5位下で御装司となっている。彼に「外位」がつかないのは西海道出身者では珍らしい。なぜかは不明であるが、三根郡での土塁・水路築造などに貢献をしたからであろうか。

おわりに

1）　怡土郡の道路状遺構については駅路ではないかと想定してみたが、志登遺跡の道路状遺構は駅路から派生した伝路と考えたい。

2）　上毛郡では想定駅路と方位が異なる道路遺構が3箇所で検出されているが、集落と海岸を結ぶ道路とすれば、今後集落の機能分析も道路の性格を考えるのに必要とすべきであろう。

3）　御井郡の道路状遺構はその延長線上の位置を考えると軍用道路ではないかと考えたが、小郡市上岩田遺跡（図5のハ点）の官衙遺構（出土瓦から7世紀第3四半期に始まるとみられる）がその出土品・規模等から地方官衙ではないとみられる。その成果が公表されれば、御原・御井2郡を通る古代の道路状遺構の性格もより明確になると思われる。

4）　三根郡の土塁上を通る道路状遺構は筑後川に至っていたと考え、軍用道路ではなかったかと想定した。有明海から筑後川を北上して支流の宝満川から大宰府に至るルートに沿って進攻する外敵に備えて軍事的施設が複数あって、そこに至る道路もあったと思われる。

最後にこの研究を進めるにあたって福岡県教育委員会の馬田弘稔、前原市の瓜生秀文、二丈町の古川秀幸・村上敦・津国豊、豊前市の栗焼憲児・棚田昭仁、北野町の本田岳秋、上峰町の原田大介の9氏には大変お世話になったことを記しておきたい。

〔注〕
1) 『塚田南遺跡』現地説明資料、二丈町教育委員会、1997年。
2) 1999年2月26日二丈町教育委員会提供の図面による。ただし省略あり。
3) 前掲1)。
4) 『石崎曲り田遺跡』今宿バイパス関係埋蔵文化財調査報告第8集。福岡県教育委員会、1983年、15〜21頁。
5) 前掲4) 71頁。
6) 前掲4) 75頁。
7) 足利健亮「那須郡衙と東山道」(藤岡謙二郎編『地形図に歴史を読む』第5集 大明堂、1972年) 28〜29頁。
8) 『糸島郡前原町所在「波多江遺跡」の調査』今宿バイパス関係埋蔵文化財調査報告書第6集、福岡県教育委員会、1982年、19頁。
9) 前掲8) 20頁。
10) 木下良「立石考」『諫早史談』8、諫早史談会、1976年。
11) 日野尚志「筑前国怡土・志麻郡における古代の歴史地理学的研究」『佐賀大学教育学部研究論文集第20集』、1972年、35—41頁。
12) 『史跡怡土城跡保存管理計画策定報告書』、前原町教育委員会、1977年。
13) 『志登遺跡群B地点』前原町文化財調査報告書第16集、前原町教育委員会、1984年。
14) 前掲13) 10頁。
15) 『泊桂木遺跡』前原市文化財調査報告書第64集、前原市教育委員会、1997年、3頁。
16) 小田富士雄「筑前国志麻(嶋)郡の古墳文化」—福岡市元岡所在古墳郡の歴史的評価—『古文化談叢第39集』、九州古文化研究会、1997年、105—149頁。
17) 前掲16) 115〜125頁。
18) 『元岡遺跡郡第7次調査の結果について』平成11年5月26日の記者発表資料による。
19) 前掲18)。
20) 丸山雍成「筑前国嶋郡川辺里の比定地をめぐる問題」『日本歴史605号』、1998年、1〜16頁。
21) 『井原・三雲遺跡発掘調査概報』、福岡県教育委員会、1975年。
22) 『篠原熊ノ後遺跡』前原市文化財調査報告書第54集、前原市教育委員会、1994年、5頁。
23) 『小郡前伏遺跡』九州横断自動車道関係文化財調査報告—11—、福岡県教育委員会、1987年。
24) 『福岡県三井郡大刀洗町所在宮巡遺跡・春園遺跡・十三塚遺跡』九州横断自動車道関係文化財調査報告—26—、福岡県教育委員会、1993年。
25) Ⅰ、『下高橋馬屋遺跡下高橋遺跡Ⅲ』大刀洗町文化財調査報告書第14集、大刀洗町、1997年。
　　Ⅱ、『下高橋馬屋元遺跡(2)』福岡県文化財調査報告書第133集、福岡県教育委員会、1998年。
26) 日野尚志「豊前国京都・仲津・築城・上毛4郡における条里について」『佐賀大学教育学部研究論文集第22集』、1974年。
27) 『豊前市史考古資料』、豊前市、1993年、233〜235頁。
28) 『池ノ口遺跡』一般国道豊前バイパス関係埋蔵文化財調査報告第3集、福岡県教育委員会、1996年。
29) 『今市向野遺跡A・B地点』豊前市文化財調査報告書第10集、豊前市教育委員会、1998年。
30) 前掲29) 22頁。
31) 前掲29) 21頁。
32) 『大ノ瀬下大坪遺跡Ⅱ』新吉富村文化財調査報告書第11集、新吉富村教育委員会、1998年。
33) 『県営圃場整備事業に伴う埋蔵文化財調査報告—Ⅱ—』豊前市文化財調査報告書第6集、豊前市教育委員会、1990年。
34) 前掲33) 6〜12頁。

35) 前掲29) 22頁。
36) 前掲35)
37) 徳富則久「肥前国三根郡の交通路と集落」『古代交通研究』第6号、1997年。
38) 『古代官道・西海道肥前路』、佐賀県教育委員会、1995年。
39) 前掲38) 66—73頁。
40) 七田忠昭「肥前国神埼郡における駅路と周辺の官衙的建物群の調査」『条里制研究』第4号、1988年。
41) 『八藤遺跡Ⅱ 堤土塁跡Ⅱ』上峰町文化財調査報告書第14集、上峰町教育委員会、1998年。
42) 前掲41) 69頁。
43) 前掲37) 41頁。
44) 前掲37) 41頁。
45) 前掲37) 41頁。
46) 『平安遺文』第1巻、東京堂出版、1966年。
47) 金田章裕『条里と村落の歴史地理学的研究』、大明堂、1985年、48頁。
48) 前掲37) 50頁。
49) 『大日本史料』第68編岡元家文書に「(前略) 肥前国三根西郷のうち東津、泉空閑三分(後略)」とある。
50) 前掲37) 48頁。
51) 『小郡市史』第1巻、小郡市、1996年、743～746頁。

(佐賀大学文化教育学部)

古代駅伝路における道代の幅員について

吉 本 昌 弘

I　はじめに

　律令国家の駅伝制に伴う古代駅伝路は、従来考えられていたような屈曲の多い自然発生的な道路ではなく、平野部では可能な限り直線状を呈し、全体として折れ線グラフの軌跡とでも呼ぶような計画道であったことが、主として歴史地理学の分野から明らかにされてきた。これは、1970年に足利健亮が「恭仁京の京極および和泉・近江の古道に関する若干の覚え書き」を発表したのを端緒とし[1]、その後、足利・木下良を中心に、歴史地理学研究者が各地で復原的研究に力を注いだことによっている[2]。

　その後、発掘調査によって、次々と直線駅路の存在が実証され、駅路の規模や構造が次第に明らかにされてきた。主なものを列挙すると、高槻市の山陽道が側溝心々距離で9m以上（道代は18m）、滋賀県甲良町の東山道が12m（道代は12m）、吉野ヶ里遺跡の西海道が9〜17m、東静岡駅構内の東海道が12m（道代は15m）、東京都国分寺市の東山道が12m、宇都宮市の東山道が12mなどである。これらの成果から、各駅路の側溝心々は、およそ12m（4丈）に統一されていたように思われる。

II　「道代」の定義

　筆者は、古代駅伝路の復原に際して、1万分の1地形図や空中写真で全体を把握し、条里（阡陌）地割施行域においては、2500分の1地形図、それが無い場合は1000分の1地形図で、一辺109m（1町）の条里地割を正確に計測し、余剰帯とその幅員を調べることにしている。その結果、斜向（偏向）条里から余剰帯が検出される場合が多いが、正方位条里においても大和国の京南条里のように、下ツ道や横大路の余剰帯が検出される場合も少なくない。しかし、筆者は余剰帯イコール道路跡だと言っているのではない。余剰帯の中から、古代道路の道路敷として相応しいものを、「道代」の可能性が高いというふうに考えている。すなわち「道代」とは、条里地割の施行にあたって道路敷として特別に考慮され設けられた条里余剰帯で、その幅員は12m（4丈）、23m（8丈）である場合が多い。

但し、大和国の京南条里の基準線となっている下ツ道、上ツ道、横大路の道代は、それより若干広く、筆者は令小尺に対して令大尺を使った名残りだと考えている。すなわち、現在遺存する下ツ道の道代は56m、上ツ道の道代は28m、横大路の道代は28mであるので、藤原京時代の本来の道代は、下ツ道の半分が中ツ道に移り、下ツ道、上ツ道、横大路とも28m（令大尺8丈）であったと考えられる。いうまでもなく、下ツ道は山陰道、中ツ道は北陸・東山道、横大路は山陽・東海道にあてられた。もっとも下ツ道と上ツ道の道代の心々距離は4,215mで、1町＝109mとすると。38個の坪が入って、73mの余剰がでるという計算になり、109mを高麗尺の30丈と考えた場合の20丈にあたるのではあるが、実際の道代を計測すると、その幅員は28mで、2.92m（令小尺1丈）×1.2×8＝28mという計算が成り立つ。

　道代が23mあるいは28mだというと、そのような広い駅路は考えられないという疑問をよく耳にする。古代道の発掘調査から知られる側溝心々幅は、前記したように12mまたは6mという場合が多数を占めている。そこに条里余剰帯を重ねてみると、側溝心々幅の約2倍が道代となっていたと判断される。従って、「道代」の構造は、第1図－aのように、2分の1が側溝心々、あとの2分の1が折半されて左右の余地となっていたものと考えられる。「道代」という言葉は筆者の造語であるが、大和国平城京南辺特殊条里中に小字「道代」があることや、『西大寺田園目録[3]』によると、正応3年（1290）に「添上郡南一條三十二三坪内二段。字コシタシリ。字北道代。」が寺に寄進されており、この三十三坪が東海道の北隣にあたることなど、道路敷を指す言葉としての過去における使用例が確認される。

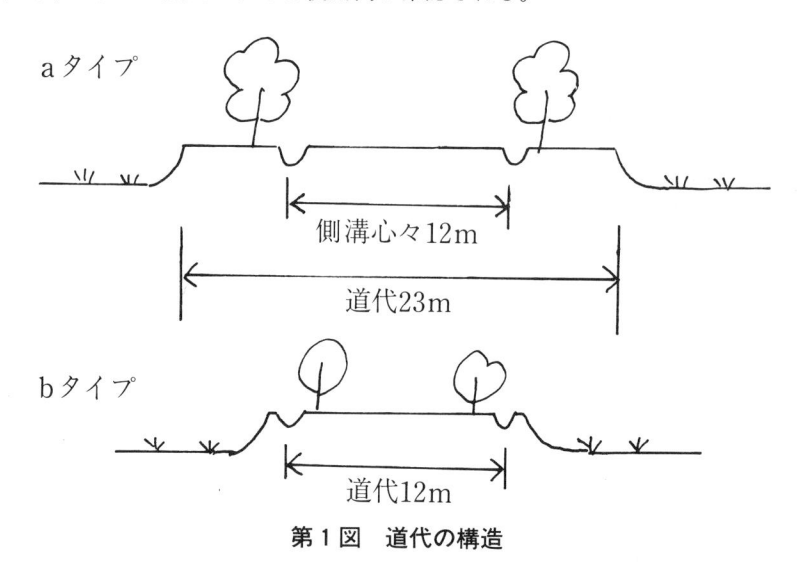

第1図　道代の構造

Ⅲ　斜向（偏向）条里中の道代

　筆者はこれまで、播磨国山陽道[4]、播磨国美作路[5]、備前国山陽道[6]、摂津国三嶋道、山背国

第2図　推定和泉郡衙（A－B－C－D）

第 3 図　推定日根郡衙 (A−B−C−D)

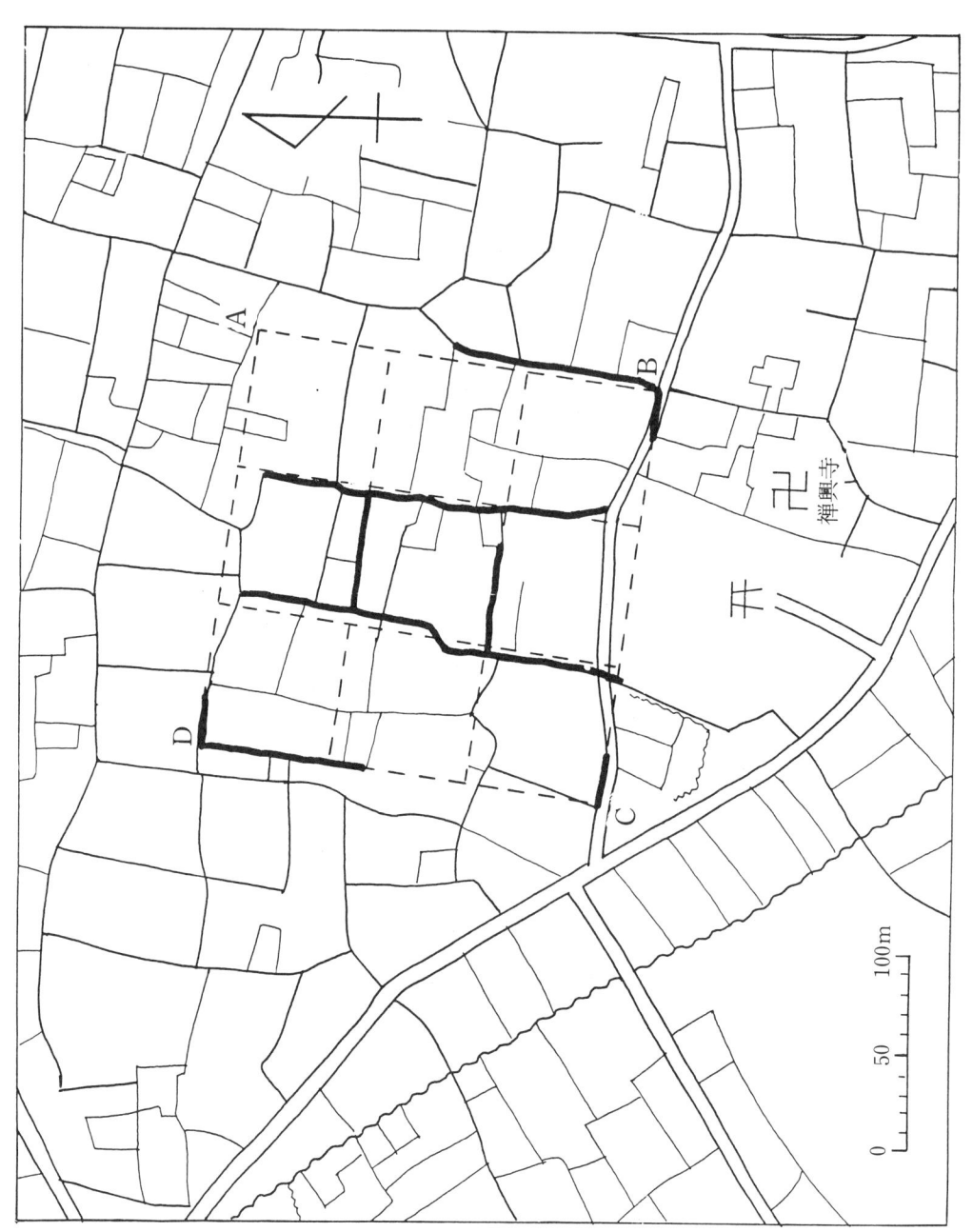

北陸・東山道、山背国山陰道、丹波国山陰道、和泉国南海道、伊賀国東海道、近江国東山道、大和国下ツ道・中ツ道・上ツ道・横大路等の道代を調査してきた。これらは、斜向（偏向）条里中の余剰帯から復原したものもあれば、正方位条里中に痕跡として認められる斜向地割から復原したものもある。正方位条里中に復原される斜向条里については、後節で改めて述べることにして、本節では斜向条里の余剰帯から検出した道代らついて述べることにする。

1　和泉国の場合

　藤原京時代に存在した前期難波京からの南海道は、朱雀大路・難波大道を南下し、天平宝字元年（757）に河内国から分割された和泉国を通過して、孝子峠から紀伊国の加太駅家に至ったものと考えられ、その具体的ルートも足利健亮によって既に提示されている[7]。大鳥郡石津川流域では、明瞭な条里地割が認められるが、道代は検出されず、既存の古道を基準にしたものか、駅路を規制したものか即断できない。南海道駅路の道代は、足利説の通り、和泉郡・日野郡にそれぞれ認められる。幅員はそれぞれ21m、23mである。この道代に沿って、小字「馬作り」「西大路」「東大路」「作り道」や、白鳳期の小松里廃寺、半田廃寺、禅興寺、海会寺が並ぶ。中でも小松里廃寺と禅興寺は、それぞれ和泉郡衙、日根郡衙の「郡寺」と考えられ、第2図・第3図のごとく、40間（73m）方格の地割プランを有する方2町の郡衙域が隣接して想定される。和泉・日根郡の郡界は、道代の屈折点にあたり、条里ブロックの境界線となっている。

2　伊賀国の場合

　伊賀国以西の東海道は、横大路を経て藤原京へ至る。横大路は藤原京との関係上、先述した本来の下ツ道、中ツ道、上ツ道と同様に28m（令大尺8丈）の道代を有する。国分寺を経て伊賀盆地を南北する東海道では、12m（4丈）の道代が確認される。先述した東静岡駅構内の東海の遺構が側溝心々12mであり、この道代はその幅員と一致する。また、三河国府以南でも12mの道代が認められる。

3　近江国の場合

　近江国の東山道は、近江国府を北上し、南大萱で現在の中山道と琵琶湖畔の湖岸ルートに分岐する（第4図）。それぞれの道代の幅員は12m（4丈）であり、甲良町の東山道の遺構が12mであるから、道代いっぱいに路面が設けられたことになる（第1図－b）。後に述べる山背国北陸・東山道、山背国山陰道、摂津国三嶋道の道代がそれぞれ23m（8丈）であるので、畿外では冒頭に述べた道代中の余地が削られているのかも知れない。しかし、同じ近江国の北

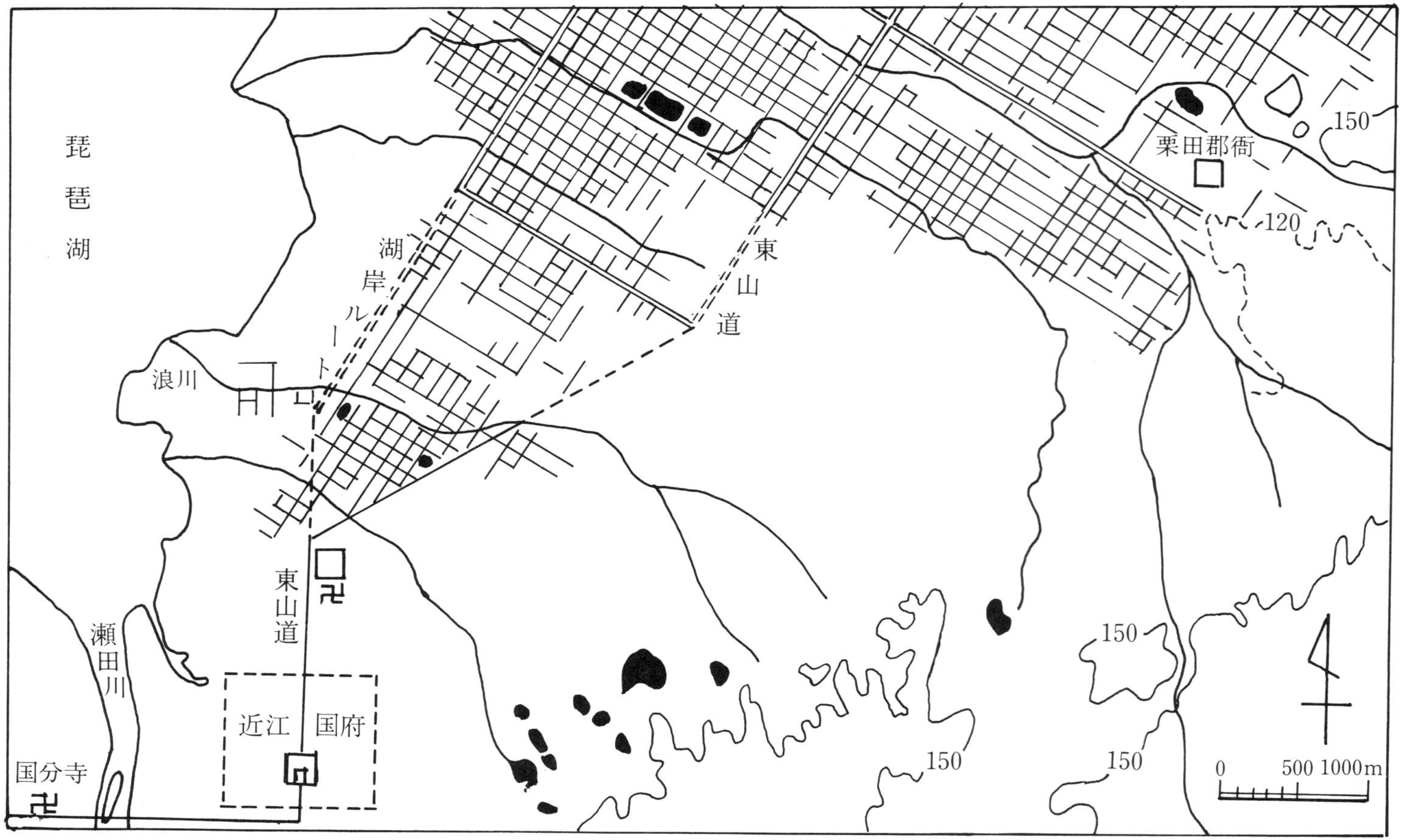

第4図 湖東平野南部における道代型条里

陸道の場合、湖西南部で23m（8丈）の道代が認められる。

IV　正方位条里中の道代

　正方位条里を計測すると、しばしば余剰帯がみられる。しかし、道代つまり道路敷と考えられるのはあまりない。それよりも、正方位条里中の斜向地割に着目することによって、正方位条里に先行する斜向条里と道代を検出することができる。

　第5図－aは、丹波国氷上郡氷上町の例である。明らかに正方位条里が卓越している。その中から、正方位に対して斜向する地割をまず摘出することから始める。aからrが、検出された斜向地割である。そこに1町方格のメッシュをかける。第5図－bがそれである。すると、斜向地割aからrのうち、a・e・i・k・l・n・oが1町方格のメッシュに一致する。これが正方位条里域における斜向条里の痕跡である。しかも、この斜向条里は道代を伴っている。αで示した道代がそれである。幅員は23m（8丈）で、山陰道の道代と考えられる。同幅の山陰道の道代は、山背国正方位条里域においても足利説[8]に沿って認められる。これらの痕跡から復原される斜向条里は、前節で述べた和泉・近江などの斜向条里と同じ施行原理によっており、同じタイプの条里（阡陌）地割として分類することができる。斜向条里以後、方位信仰による正方位という施行原理で、畿内を中心として正方位条里域が形成されたものと思われる。

　但し、大和国の京南条里は、上ツ道・下ツ道・横大路という約28m（令大尺8丈）の道代を基準として、また河内国南部の正方位条里も、難波大道・長尾街道の道代を基準として施行されているため[9]、都城との関連の強い特殊な例ではあるが、道代型条里として扱い、その他の正方位条里と区別するべきであろう。

　正方位条里域を斜向する駅伝路の発掘調査例も二、三みられる。高槻市の山陽道が側溝心々9m以上（道代は18m）であったことは、これまでによく紹介されている。ここでは、1998年現在、発掘調査が進められている、但馬国朝来郡和田山町の加都遺跡をとりあげたい。ここからは、N23°E、基底幅6m、盛土に礫を敷いた奈良時代の直線道路跡が発掘された。筆者は、これと平行ないし直交する斜向地割の痕跡を析出した。第6図がそれであり、少ないながらも、1町方格のメッシュに重なる斜向地割（道路や畦畔、水路）が存在し、その基準となる道代も検出された。道代の幅員は18m、側溝心々は8.4mで約半分であった。これは、播磨国府で山陽道から分岐し、山陰道へ通ずる連絡道と考えられる。

　とりあえず、筆者のこれまでの調査で析出された道代を示すと第7図のようになり（河内国南部の道代は金田章裕[10]による。）、大和国、河内国を除くと、藤原京・前期難波京から派出していた古代駅伝路は、正方位条里域においても斜向していたと考えられる。

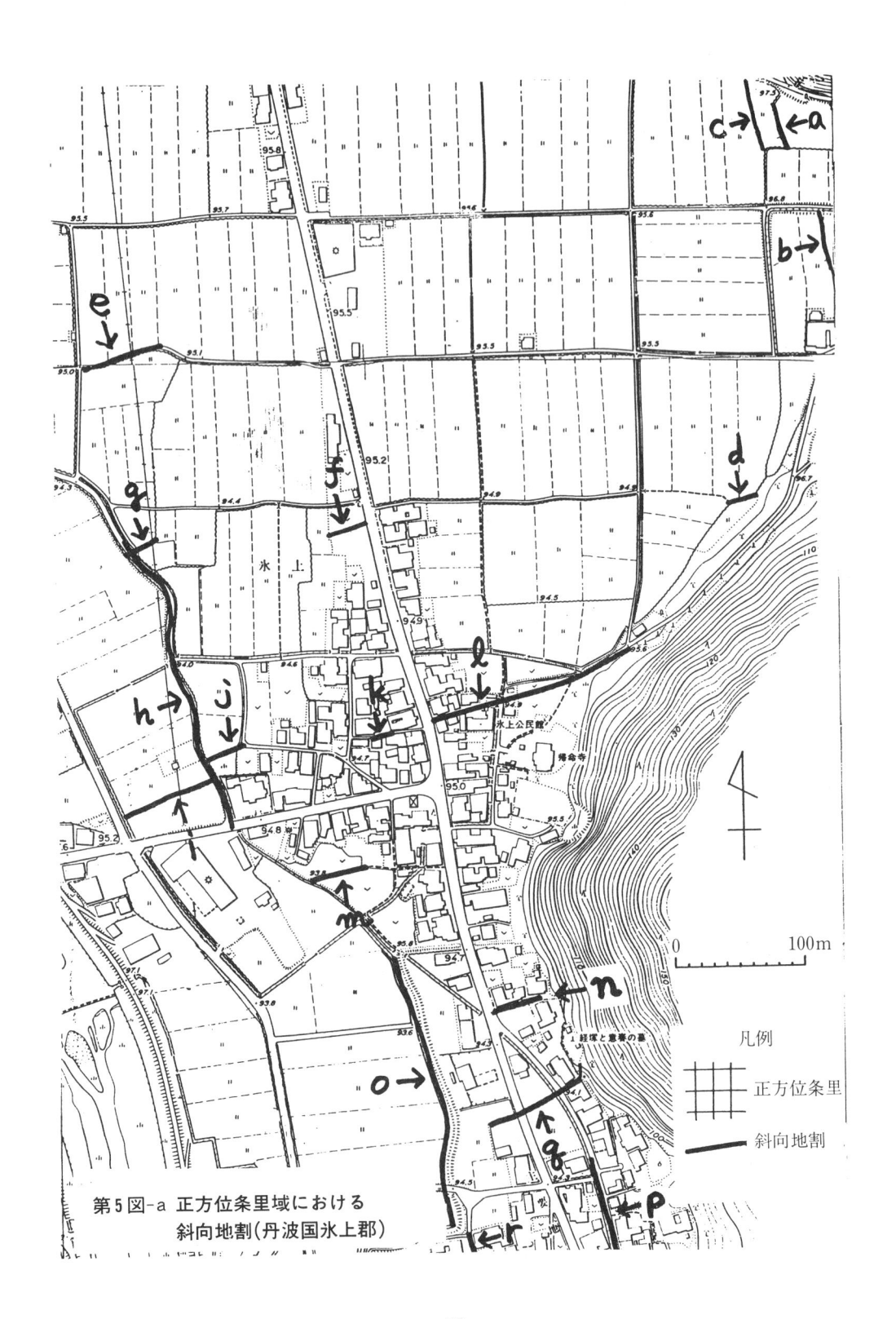

第5図-a 正方位条里域における
　　　　斜向地割（丹波国氷上郡）

凡例
正方位条里
斜向地割

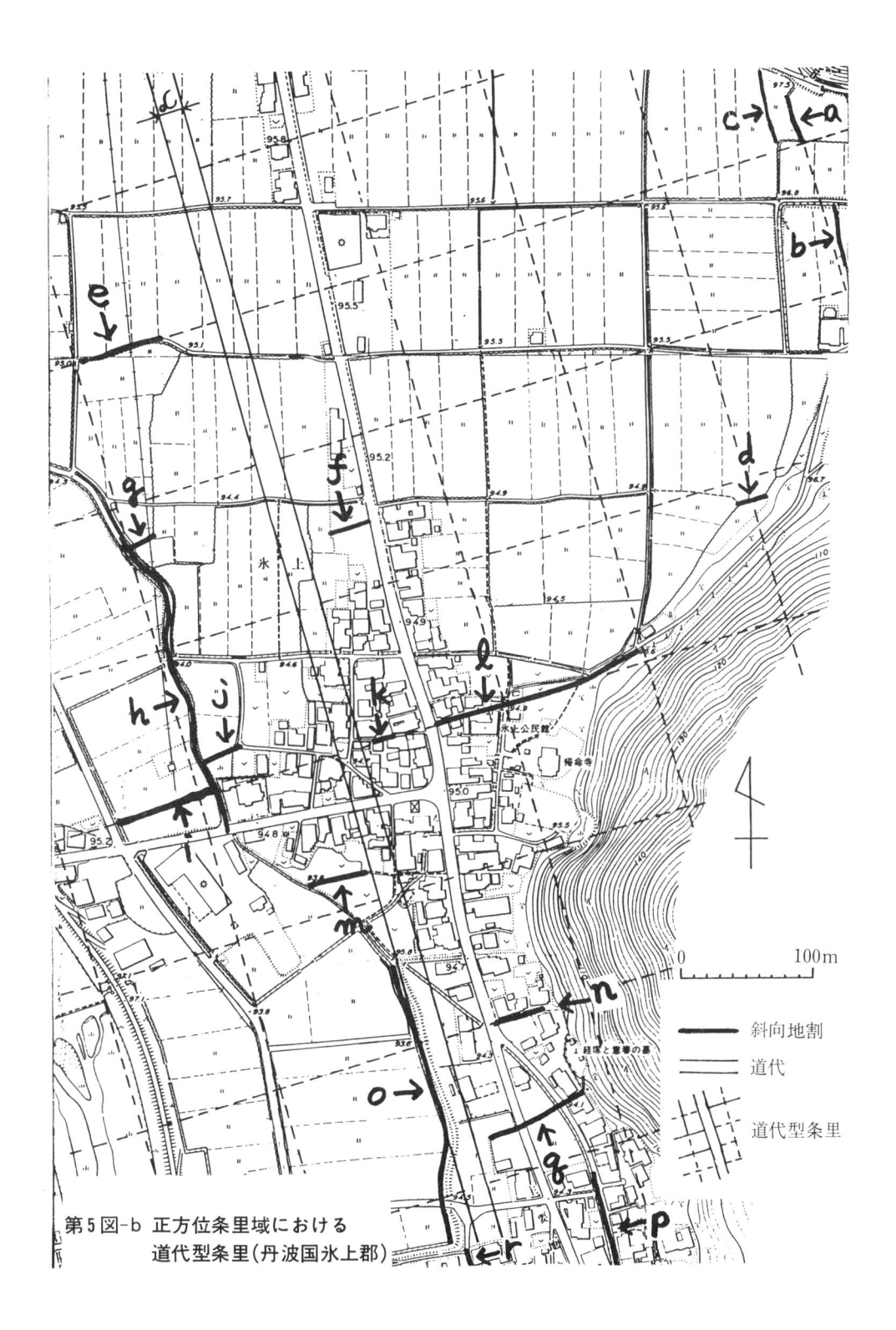

第5図-b 正方位条里域における
　　　　道代型条里（丹波国氷上郡）

斜向地割
道代
道代型条里

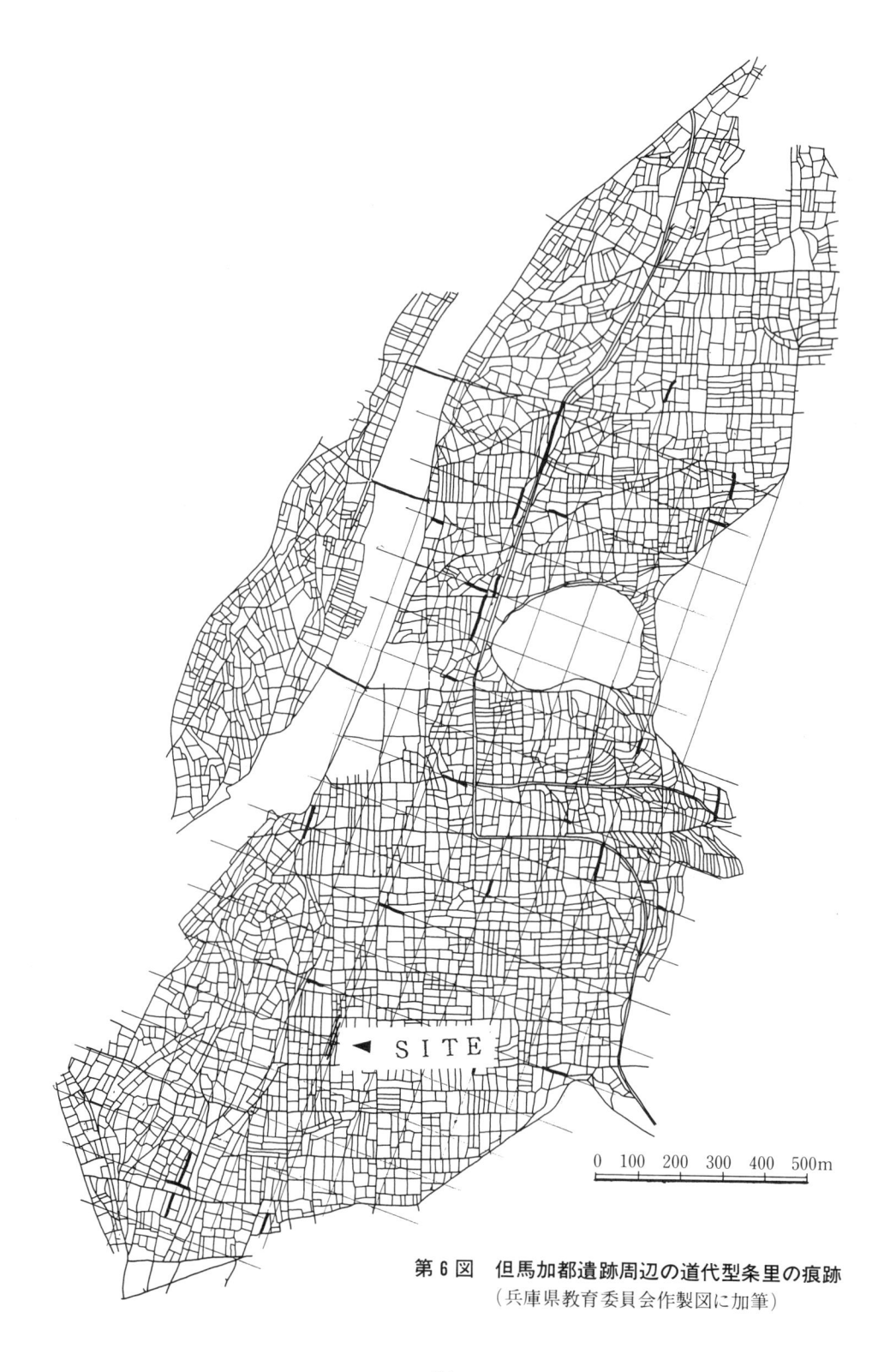

◀ SITE

0 100 200 300 400 500m

第6図　但馬加都遺跡周辺の道代型条里の痕跡
（兵庫県教育委員会作製図に加筆）

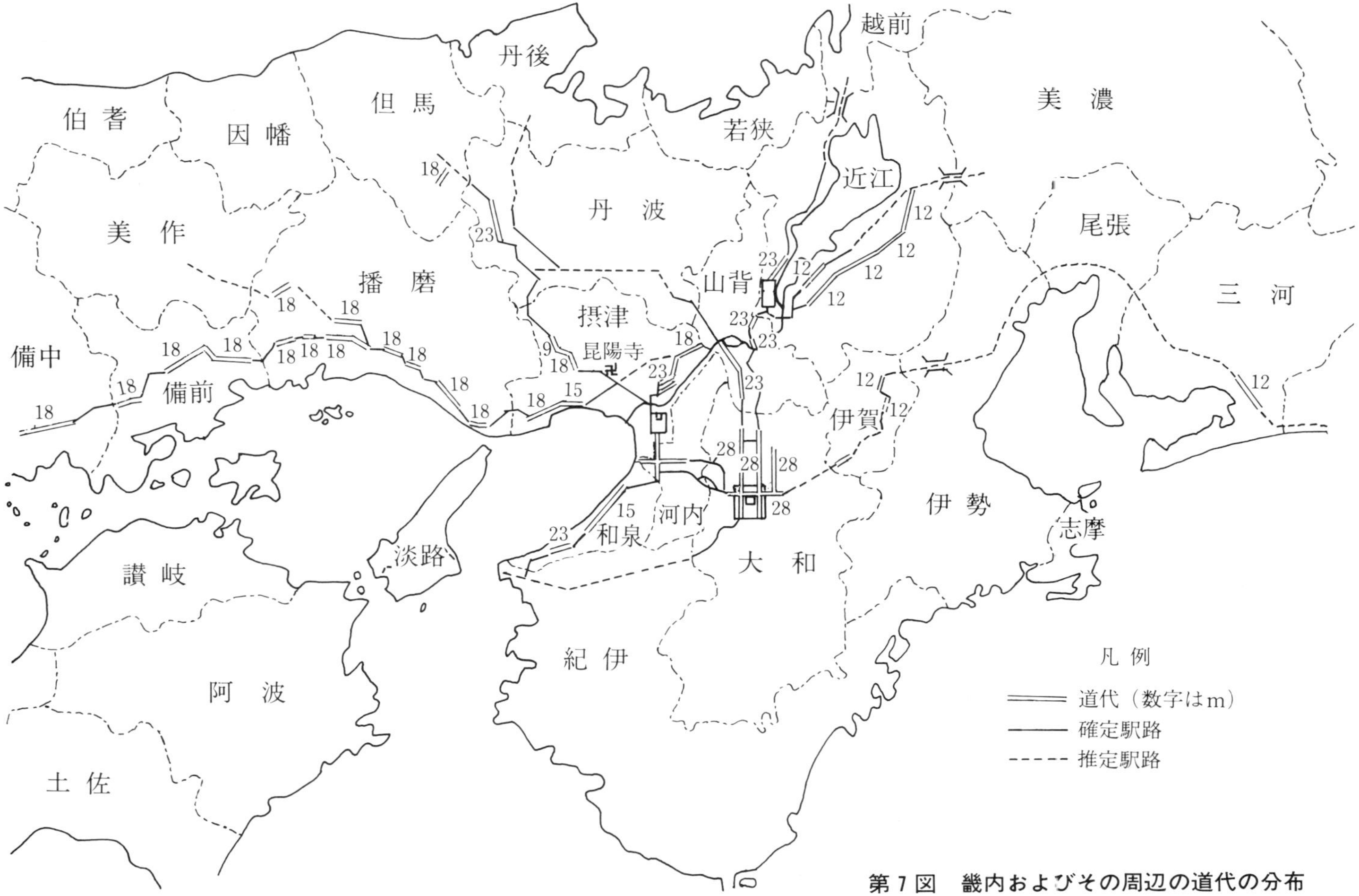

第1図 畿内およびその周辺の古代の道の分布

V 山陽道の道代

さて次に、播磨国の山陽道の道代について述べてみたい。播磨国の明石川流域、加古川流域、天川流域、市川・夢前川流域、揖保川流域、千種川流域には、条里地割が広範に施行されており、道代も明瞭に認められる。幅員はそれぞれ18mである。同じ山陽道の備前、備中国の場合も、幅員18mの道代が認められる。播磨国府から分岐したと考えられる美作路の道代も18m、そして前節で述べた加都遺跡の連絡道も18mであった。この18mという値を、単純に令尺の6丈と考えるには、いささか疑問が残る。

まず第一に、藤原京と前期難波京に収斂する諸道の道代が、畿内でも小路にあたる山陰道や北陸道が丹波国や近江国で23mとなっているのに対し、「大路」山陽道が摂津国においても18mと狭くなっているのが解せない。第二に、藤原京へ至る山陽道のルートが、まず昆陽寺（第7図摂津国内の卍印）付近で山陰連絡道と合流して前期難波京に至ると考えた場合、それが迂回路になるという点が、地形条件を考慮しても解せない。むしろ、昆陽寺からそのまま北東方向へ直進したとすれば、それは大津京を目指すコースをとることになる。

そこで、18mという値は令尺ではなく高麗尺（1丈＝3.63m）の5丈にあたり、従って令尺よりも古い時期に遡るのではないかと考えてみたい。山陽道が5丈であるとすると、それを基準に施行された条里地割が30丈という完数ともなり、両者の尺度に整合性が認められることになる。

藤原京と前期難波京とは1丈＝2.92mという令小尺によっている。また、上ツ道・中ツ道・下ツ道・横大路の28mの幅員は1丈＝2.92×1.2＝3.50mという令大尺によっている。山陽道や条里地割に高麗尺が使用され、その山陽道が大宰府と大津京を結ぶものであるのならば、この両者の都市プランにも高麗尺が用いられた可能性があるといわねばならない。

VI 大津京と大宰府の道代

大津京については、喜田貞吉[11]以後、歴史地理学的見地から藤岡謙二郎[12]、秋山日出雄[13]がそれぞれ東西8坊南北12条、東西6坊南北10条の条坊プランを想定しているのに対し、考古学的見地から林博通[14]・田辺昭三[15]らは、穴太・滋賀里・南滋賀・錦織などの小扇伏地に官衙・寺院・宅地が分散立地したいわば「点と線の都」であったと考えており、現時点では後者の説が有力である。筆者は、同時代に存在した飛鳥京に目をやるとき、それが一定の方格地割に基づいて、宮室・寺院・官衙が点在するところの方格プランを有した宮都であったことに、都市計画上の大きな意義を認めざるを得ない。大津京についても同様なプランがあった可能性がないとは言えない[16]。

大津宮は1974年以来の発掘調査がその輪郭を次第に現わしてきた。その輪郭とは、前期難波

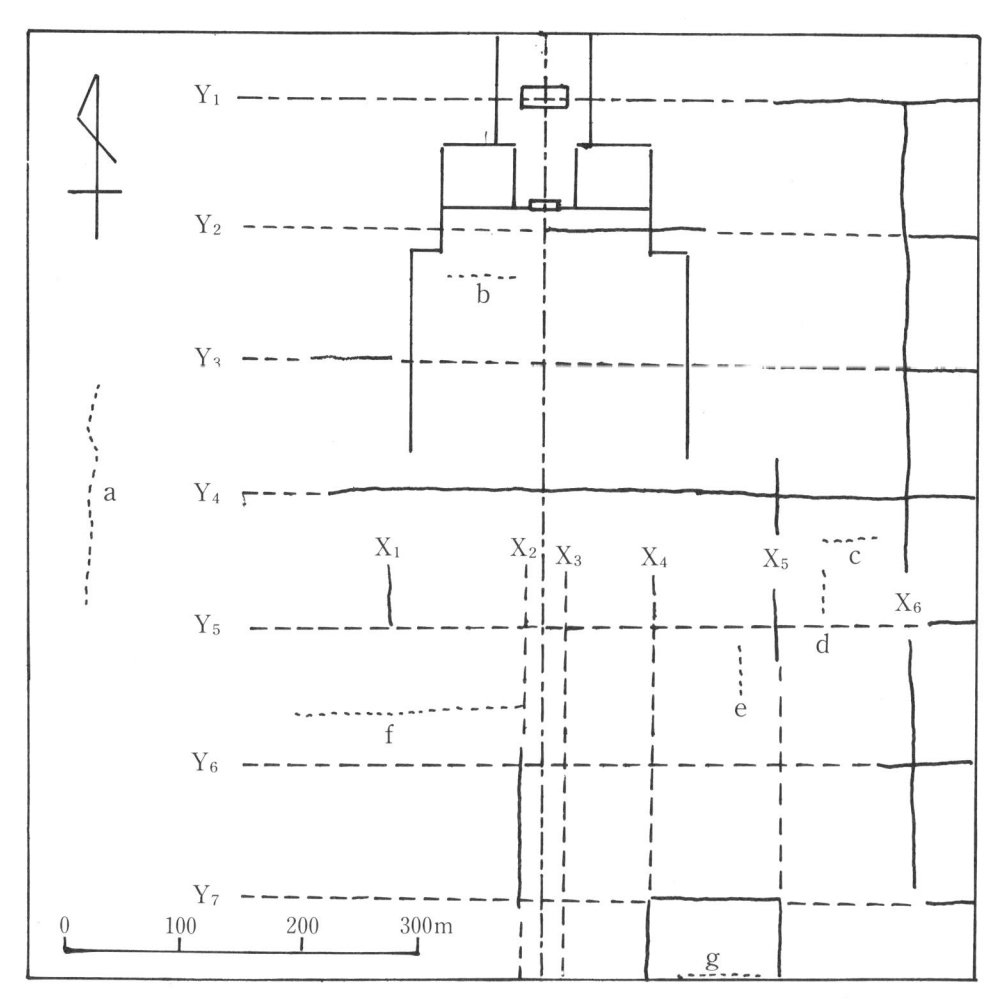

第 8 図　大津宮周辺の条里地割

京や藤原京に通じるものであり、条坊制を有する都城における宮の構造の源流とみなされる。
第 8 図は、大津宮近辺の条里地割を示したものである。当地の正方位条里も大津京あるいは大津宮のプランと無関係に存在しているとは思われない。まず第一に、東西坪界線 Y_1 が内裏正殿東西中軸線と一致するため、これを廃都後条里地割が施行される際の基準線となった重要なラインと考えることができる。南北ラインでは、大津宮中軸線との関係が注目されるが、中軸線そのものに一致する坪界線は存在しない。しかし、その18m 西に南北坪界線 X_2 が存在する。18m とは、山陽道の道代の幅員と同値で、これが果して高麗尺 1 丈＝3.63m の 5 丈にあたるか否かは、検証してみるに足る第二の着眼点である。X_2 を宮中軸線を対称軸として東へ折り返し X_3 とすると、条里地割の坪内は X_3 によって10丈と20丈に分かたれる。この内、10丈が朱雀大路の道代、20丈が方格地割と推測するのはあまりに短絡的に過ぎるとの批判を受け

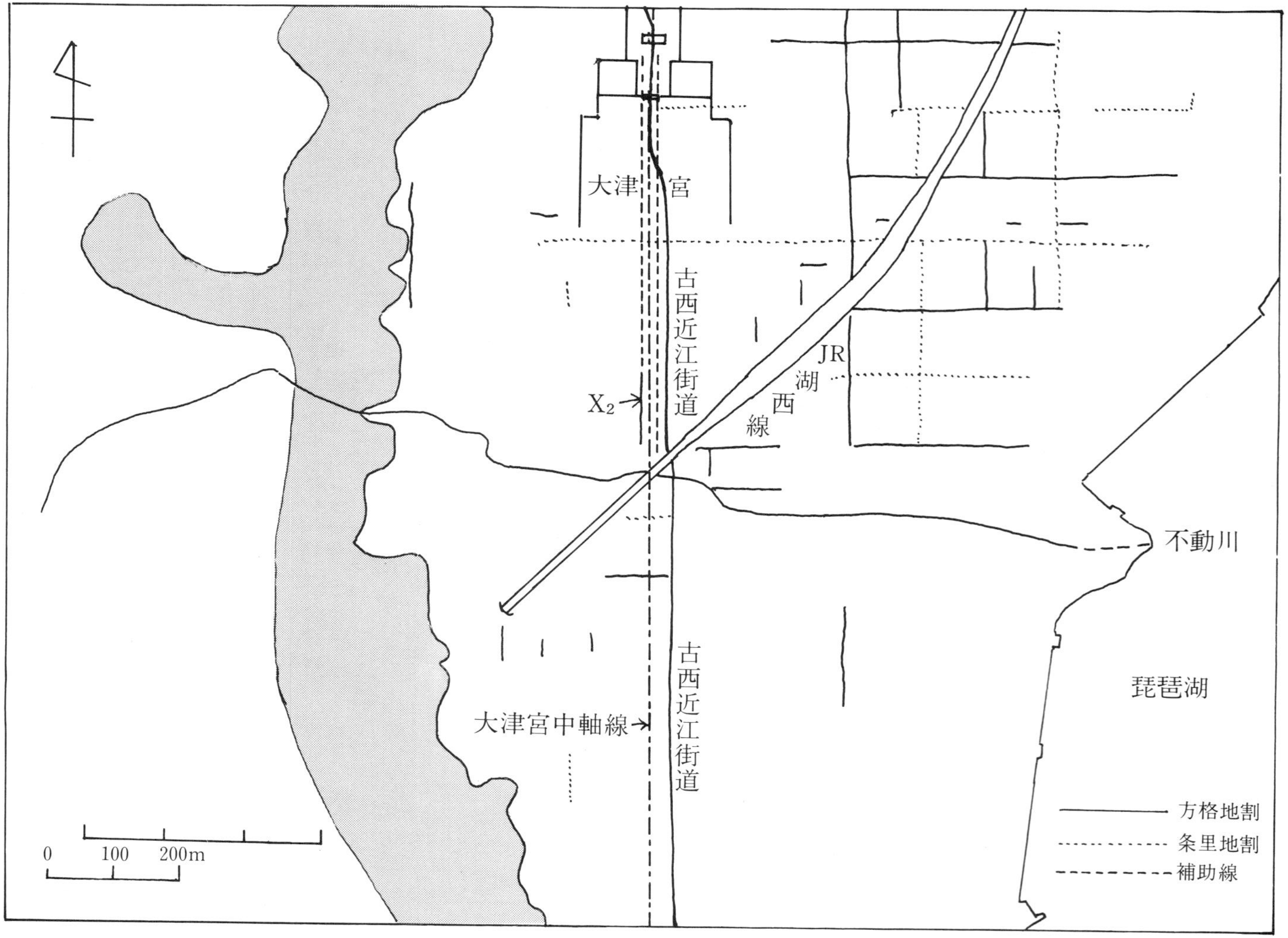

第 9 図　錦織周辺の方格地割

るかもしれない。しかし、筆者は、飛鳥の方格地割が20丈であるという先入観も手伝って、この事実を多角度から検討してみたい。つまりそれは、主として現存地割との整合性と発掘調査の成果との整合性についての検討だと考える。

大津宮周辺の地割に限って述べると、(仮称)朱雀大路の東西界線 X_2、X_3 を基準に20丈方格のメッシュにあてはめてみると、a～gの地割がこれに重なるという事実がある。そこで、このメッシュをさらに拡延して合致する地割を摘出するとともに、大津京時代の寺院址とされる穴太・南滋賀廃寺、園城寺前身寺院との関係をも考察してみたい。また、本稿の主題でもある道代の追跡によって、飛鳥京でも最近問題となっている京内の道路についても言及したい。

第9図は、錦織周辺における20丈(73.6m)方格線と条里地割坪界線を示したものである。(仮称)朱雀大路の東西界線を基準とした20丈方格線は、特に東側の条里地割施行域において顕著であり、条里地割そのものにあたるものもいくつかあるが、30丈方格の条里地割が大津宮内裏正殿中軸線を東西に、(仮称)朱雀大路西界線を南北の基準線としていることを考えれば当然のことであり、層序的にも20丈方格線の方が古いことを勘案すると、20丈方格線と一致する条里地割は、本来20丈方格線そのものにあたったはずである。(仮称)朱雀大路の西にも若干の20丈方格線と一致する地割が摘出される。

第10図は、南滋賀周辺における20丈方格地割と30丈条里地割を示したものである。X_2 が(仮称)朱雀大路西界線であるが、これは南滋賀廃寺によって遮断される。X_2' は(仮称)朱雀大路中軸線であるが、これを基準とした20丈方格地割がa・b・cで指摘できる。しかし、この地割は古代北陸道にあてられている古西近江街道以東の20丈地割とは整合しない。古西近江街道を大津京内の北陸道とみて、仮に5丈の道代を設定すると、その齟齬は簡単に解消されるが、このように考えるヒントになったのは直線古道A－Bである。すなわち、(仮称)朱雀大路は大津宮以北へは延びず、その10丈の道代は5丈の延長道の道代Cと5丈の北陸道の道代Dに二分されたとみられる。否、これが北陸道そのものに当たるのであろう。CとDを結ぶのがA－B古道であり、これは現古西近江街道の状況からも北陸道のルートと考えて不合理ではない。

以上のように考えると、南滋賀廃寺はまさにそうした大津京の地割計画に相応しい伽藍配置をとっているのである。すなわち伽藍中軸線が X_2' の10丈西にあたり、X_2' と20丈西の X_4 との間にうまく収まるのである。南北についても南大門は20丈方格線の10丈北にあたり、そのさらに北50丈が北限と考えられる。また発掘調査により、西築地が検出されているが、これも X_2' のほぼ西40丈にあたる。

そのほか、大津京北限と考えられる穴太廃寺の中軸線や、園城寺古瓦散布範囲も、これら20丈方格線と整合する。

第10図　南滋賀周辺の方格地割

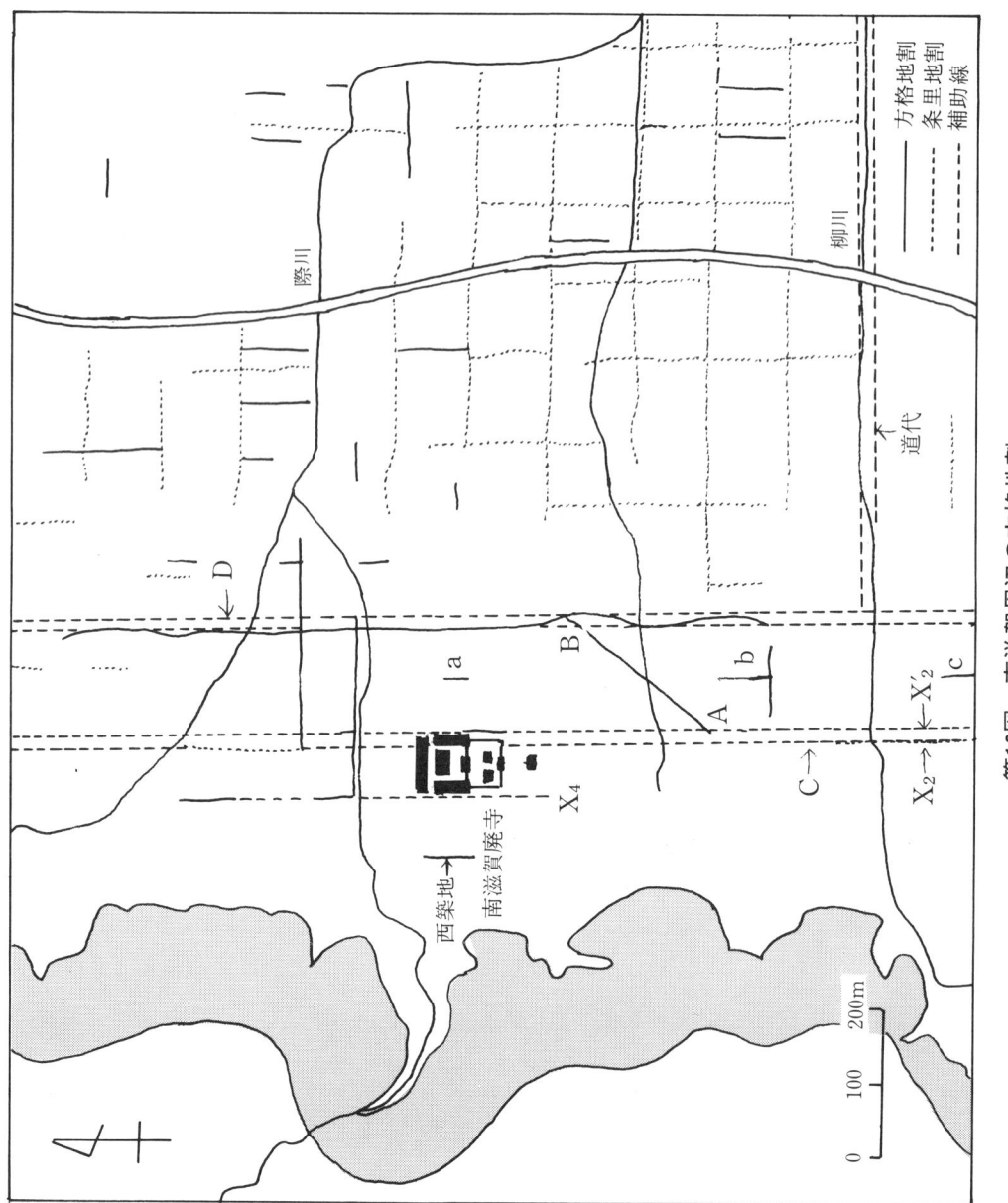

　このように大津京の方格地割も高麗尺1丈＝3.63mの20丈で計画されたものと断定してよかろうと思う。

　大宰府については、天智紀三年の「築紫に大堤を築きて水を貯えしむ、名けて水城と曰ふ。」、また同四年八月の「大野及び椽、二城を築かしむ。」の記事があり、それらに囲まれて第Ⅰ期政庁が営まれたが[17]、その南面にも73m方格の地割がかなり認められ、朱雀大路の幅も約18m（5丈）と計測される。筆者は政庁Ⅰ期の大宰条坊プランとでもいえるものが存在し

第11図 政庁Ⅰ期の大宰府条坊地割

た可能性が高いと考える（第11図）。

　以上のように、高麗尺（1丈＝3.63m）の使用が山陽道、大津京、大宰府について認められ、これらは共通して大津京時代のものであるという見通しが得られたものと考える。

Ⅶ　おわりに

　これまでの考察が成り立つとすれば、道代のうち、幅員23mあるいは12mをとるものは天武紀12年の「凡そ都城・宮室、一処に非ず、必ず両参造らむ」の記事が伝える藤原京および前期難波京に、また幅員18mをとるものは大津京に対応することになる。これらを基準とした条里地割は、高麗尺30丈で施行されたが、それぞれ天武朝の条里地割と天智朝の条里地割として識別することができる。このうち天智朝の条里地割は、山陽道の道代の尺度と整合しており、この時期に「道代型条里」が成立したものと考えられる。天武朝以後には、中心を大津京から藤原京に移し、天智朝の国土計画が継承されたとみるべきであろう。その場合、道代の幅員のみは令小尺（1丈＝2.92m）に変化している。

　「道代型条里」は、それまでの小規模条里とは異なり、駅路を基準に全国的に施行されたもので、天智・天武朝の代表的な土地開発手段であったということができる。

追記　20年余りにわたって御指導いただいた京都大学の足利健亮先生が急逝された。この小論
　　　についても御指導いただいた。御霊前にこのささやかな拙稿を捧げご冥福をお祈りしたい。

〔註〕
1)　足利健亮「恭仁京の京極および和泉・近江の古道に関する若干の覚え書き」『大阪府立大社会科学論集』1、1970年。
2)　足利健亮『日本古代地理研究』大明堂、1985年。木下良『日本古代律令期に敷設された直線的計画道の復原的研究』国学院大学、1990年。など。
3)　仏書刊行会編『大日本仏教全書118、寺誌叢書第二』名著普及会、1980年。
4)　吉本昌弘「古代駅路─山陽道播磨国の場合」（桑原公徳編『歴史景観の復原─地籍図利用の歴史地理─』古今書院、1992年）57～73頁。
5)　吉本昌弘「美作路に関する歴史地理学的考察」『古代交通研究』2、1993年。
6)　吉本昌弘「古代備前国の駅路と郡衙」『古代交通研究』5、1996年。
7)　足利健亮『日本古代地理研究』大明堂、1985年。
8)　足利健亮、前掲7)。
9)　金田章裕『古代日本の景観』吉川弘文館、1993年。
10)　前掲9)金田論文。
11)　喜田貞吉「大津京遷都考」『歴史地理』15─12、1910年。
12)　藤岡謙二郎「古代の大津京域とその周辺の地割に関する若干の歴史地理学的考察」人文地理

23-6、1971年。
13) 秋山日出雄「飛鳥京と大津京都制の比較研究」(奈良県教育委員会『飛鳥京』1、1971年)。
14) 林博通『大津京』ニュー・サイエンス社　1984年。
15) 田辺昭三『よみがえる湖都』日本放送協会、1983年。
16) 20丈(40間)方格地割の存在については、古く米倉二郎(「条里よりみたる大津京」『歴史と地理』34-1、1934年)、福尾猛市郎(「大津京」『大津市史』上、大津市役所、1942年。)によって指摘されているが、その範囲は明確にされていない。
17) 石松好雄・桑原滋郎『大宰府と多賀城』　岩波書店、1985年。田村圓澄編『古代を考える・大宰府』吉川弘文館、1972年。ほか。

群馬県砂町遺跡の古代道路遺構

中 里 正 憲

はじめに

　上野国の東山道ルートは、現在2ヶ所が推定されている。一つは国府ルートと呼ばれ、道幅6m前後で9世紀前後に機能しはじめたとされる、推定国府の前面を通るコース[1]である。もう一つは、境町や新田町で確認されている牛堀・矢ノ原ルート[2]と呼称されている道幅12m前後で8世紀後半には廃道となった、県南を東西に走るルートである。高崎情報団地遺跡[3]は、牛堀・矢ノ原ルートと同一のものと想定されており、砂町遺跡はその推定東山道ルート上に位置している。

　遺跡の所在する玉村町は、「鶴舞う形」と形容される群馬県の首の付け根に位置している。県の主要都市である前橋市・高崎市・伊勢崎市・藤岡市等の都市に囲まれ、町の北寄りを利根川が、南には烏川が東に流れ、町の南東部で両河川は合流している。

　地理的には、前橋台地と呼称される南東方向に緩やかに傾斜する洪積台地上の南端部にあたり、標高は57～72mになる。歴史的には、古墳時代から水田として使用されていた低地に立地し、道路遺構廃絶後も水田化されている。

　砂町遺跡は、町の北部公園整備事業にともない、1998年4月より第1次から第3次までの計画で発掘調査が開始され、古墳時代前期の用水路や古代の道路遺構、平安時代の水田、近世・近代の用水路、そして弥生時代から昭和初期まで南流していた河川跡などが発見されている。

I　調査の概要

　道路遺構の確認面は、B水田（1108年浅間B軽石下水田）よりもさらに下層からで、東西方向に直線的に延びる2条の溝として確認された。東端は、河川跡の影響で不明瞭となり、西端については、近世の用水路により破壊されていたが、部分的に遺存しており、これまでの調査で約240mの範囲を確認することができた。走行方向はN-101°-Eで、規模は側溝間心々距離で、9～10m、道路幅は6.5～7.5mである。側溝は、上幅が広く底が浅い皿状を呈している。北側溝（25溝）は上幅1.5～2.8mで残存深度は20cm前後、南側溝（26溝）は上幅2～3.2m、

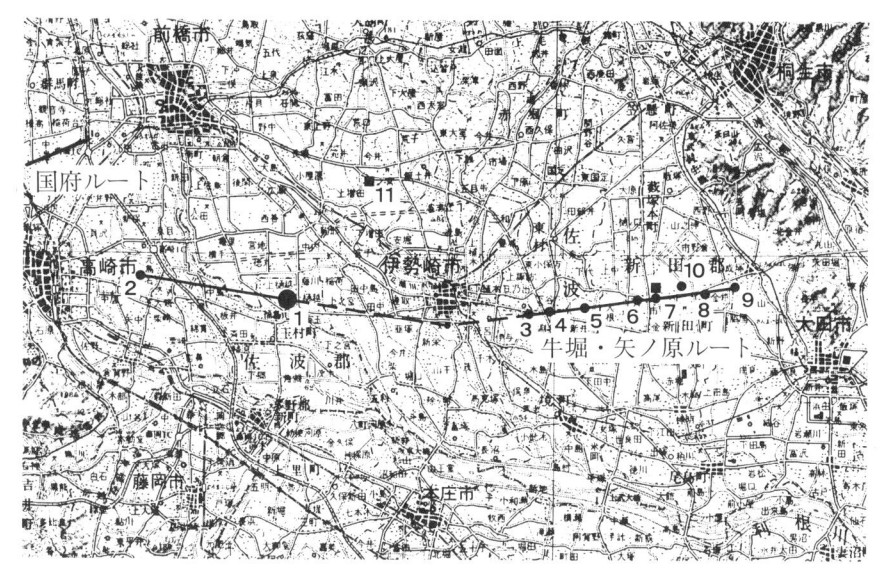

1. 砂町遺跡　2. 高崎情報団地遺跡　3. 十三宝塚遺跡　4. 牛堀遺跡　5. 矢ノ原遺跡
6. 大東遺跡　7. 市宿通遺跡　8. 下原宿遺跡　9. 上根遺跡　10. 下新田遺跡　11. 宮川遺跡
■　6m以下規模の道路遺構

第1図　遺跡の位置と周辺の道路遺構（S＝1/300,000）

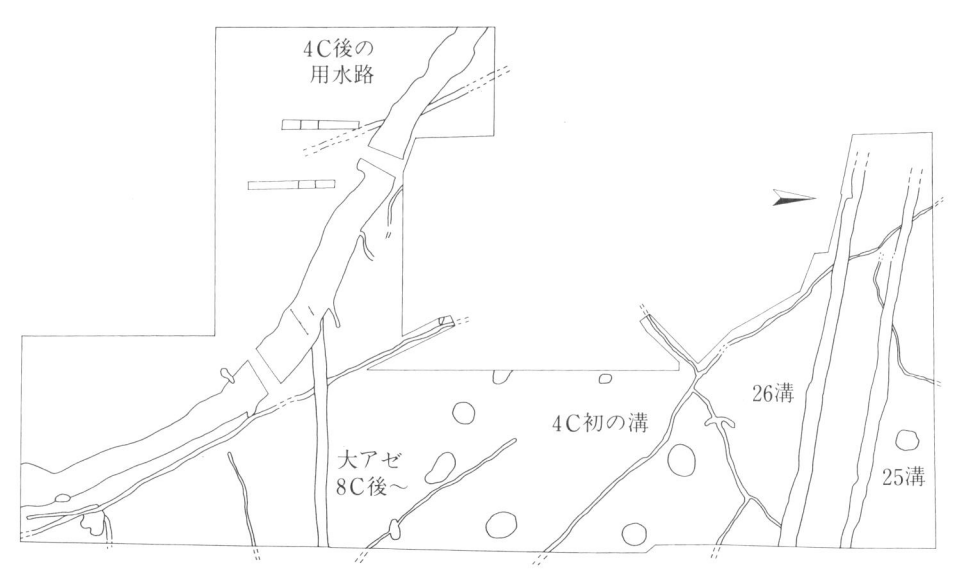

第2図　砂町遺跡（第1次調査）全体図（S＝1/1500）

残存深度15～20cmである。両側溝の覆土は、上層に黒色粘質土、下層には砂層が部分的に観察される。路面については、後世の耕作によりすでに削平され、確認することは出来なかったが、1次調査の西側で、非常に硬く締まった砂の堆積が認められ、硬化面としての可能性が推測された。この砂層は砂の純層ではなく、粘土が混入しやや粘性がある。この砂自体は川砂とは根本的な違いがあり、石英・長石などの鉱物が主体となっている。側溝内に堆積していた砂も同様な鉱物であり、起因するものは同じと考えられる。この石英や長石は周りの土や粘土内に多量に含まれているため、これが雨などに洗われて、側溝に堆積した可能性が推測される。つまり、川などで砂を採取して、路面に敷き詰めたという行為はなかったと考えられる。

II 出土遺物について

25溝底面から土師器坏が数個体分まとまって出土したのをはじめ、道路部分や側溝周辺、側溝覆土中、硬化している砂の堆積土の中から、土師・須恵器片が出土してる。中でも、25溝底面出土の土師器坏は、すべて丸底で、体部から口縁にかけて外反気味に直立する特徴があり、その形態から7世紀後半に比定することができる[4]。側溝底面からの出土であり、個体数も多く、同一形態などの点、周辺からの流れ込みの可能性が少ないことから、信頼性の高い遺物といえる。また、道路遺構の覆土中から8世紀後半頃と推定される甕の破片をはじめ、土師・須恵器片が数点出土しており、8世紀後半には既に埋没していたことが推測される。

他の遺物としては、道路遺構付近から馬歯、道路南路肩から竹杭が出土している。竹杭につ

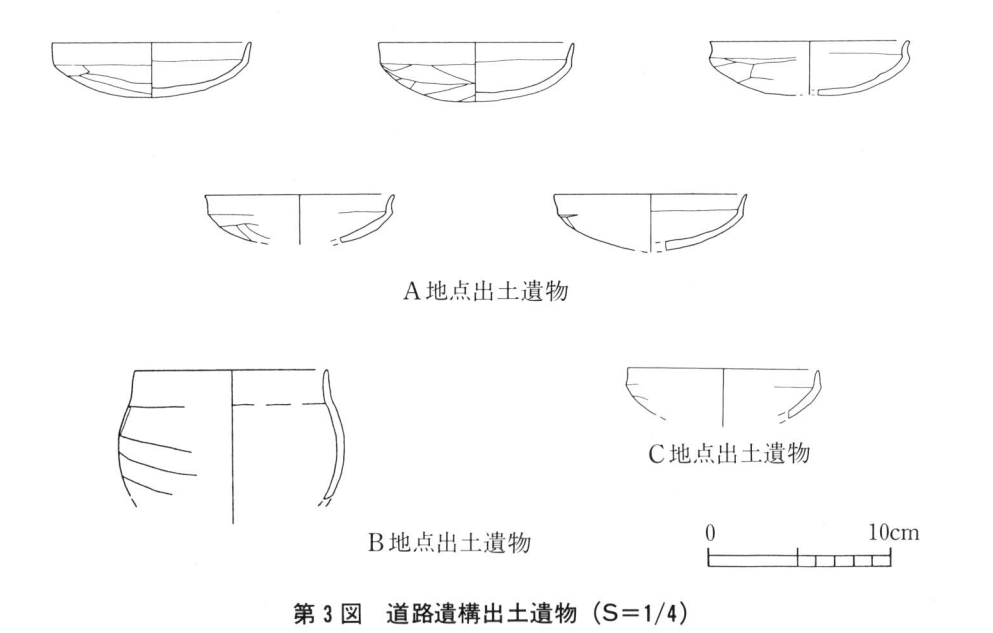

A地点出土遺物

B地点出土遺物　　　　　C地点出土遺物

第3図　道路遺構出土遺物（S＝1/4）

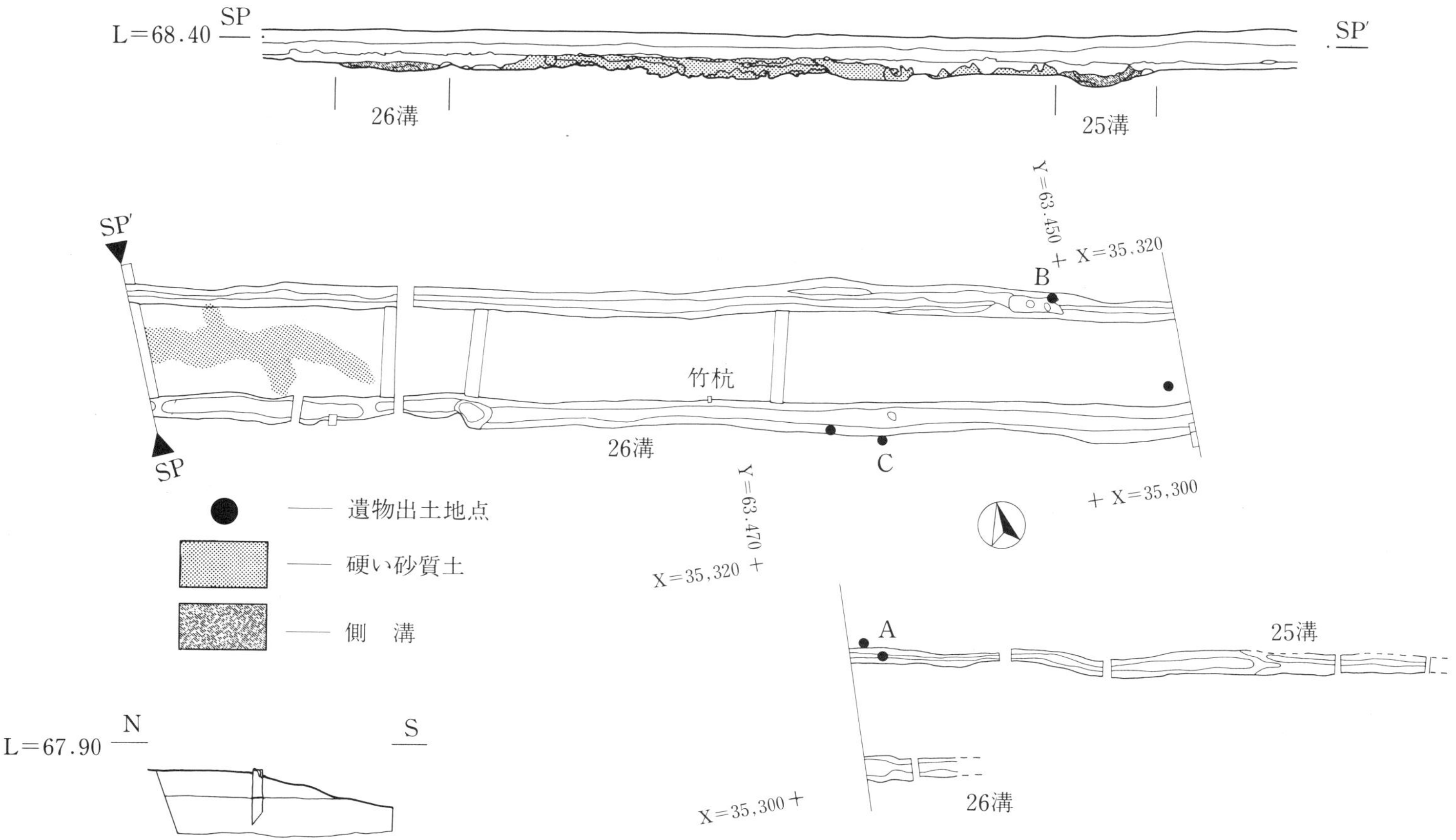

第4図 道路遺構平面・セクション図
（縮尺は平面図1/100、道路遺構セクション1/80、竹杭セクション1/40）

いては、出土位置が路肩上で、側溝の内側のラインが直線的であることから推論して、道路遺構に伴うものであり、道路を作道するときの目印にしていた目標杭の可能性が考えられるが、類例がなく、現在のところ結論を出すには至っていない。

まとめ

今回発見された道路遺構について、大きく2つの特徴を挙げることができる。一つは、出土遺物から7世紀後半から8世紀後半の約1世紀という期間を限定することができたことである。

もう一つは、高崎情報団地遺跡と牛堀・矢ノ原ルートは同一のものという見解から推定ルートが想定されていたが、その推定ライン上に砂町遺跡が重なり、方向や方角が一致し、時期的にも同時に存在していたことは間違いないと考えられる。これにより平野部でおよそ25kmの範囲で道路遺構を確認することができたことになる。

今後の課題として、同一の道路遺構とするならば、道幅や側溝の作り方の違いが問題となる。これについては、かつての郡単位により施工者が違う可能性があることや、道路遺構の立地条件によって差が生じることが推測される。高崎情報団地遺跡や牛堀・矢ノ原ルートが微高地上や台地上に立地しているのに対し、砂町遺跡は低地に作道されている。砂町遺跡と同じ低地に作られている道路遺構は、静岡県静岡市曲金北遺跡[5]で確認されており、側溝の幅が広い状況などは一致している。このような上幅が広く底の浅い側溝を作る理由については、水が湧き出すところまで掘ることはせず、排水のことを考慮して、ある程度の幅が必要であったことが考えられる。しかし現段階では推論にすぎず、これについては類例資料が増加することによって解決することができるであろう。

もう一つの課題としては、東山道駅路であれば駅家が存在するはずである。牛堀・矢ノ原ルート沿線では、官衙的色彩の濃い天良七堂遺跡や駅家の可能性が示唆されている入谷遺跡が存在するが、砂町遺跡から高崎情報団地遺跡周辺では、現在のところ7世紀後半から8世紀後半頃の際だった遺跡は確認されていない。

今後は、上記のことを含め、上野国地域の道路遺構を考えていくことが必要となるであろう。

（玉村町教育委員会）

〔注〕
1) 金坂清則「上野国」『古代日本の交通路Ⅱ』大明堂、1978年。坂井隆「道路状遺構と推定東山道」『熊野堂遺跡（1）』群馬県埋文事業団、1984年。

2) 坂爪久純・小宮俊久「古代上野における道路遺構について」『古代交通研究』創刊号、1992年。
3) 長井正欣「高崎情報団地遺跡の古代道路遺構」『古代交通研究』5、1996年。長井正欣「第6章第3節道路状遺構について」『高崎情報団地遺跡』高崎市遺跡調査会、1997年。
4) 前橋文化財研究所　三浦京子氏にご教示を賜った。
5) 及川司「静岡県静岡市曲金北遺跡の古代道路遺構について―古代東海道の発見―」『古代交通研究』5、1996年。

第1次調査道路遺構（写真上が北）

両側溝内に浅間山を望む（東方より）

東京都国分寺市恋ヶ窪谷低地の道路遺構

上 村 昌 男

I 遺跡の位置 (図1,2,3)

調査地は、東京都国分寺市西恋ヶ窪1丁目8番地に所在する。本地域は野川の源流にあたる恋ヶ窪谷の低地部分に位置し、南側の台地には古代寺院跡の史跡武蔵国分寺跡があり、北側の台地には縄文時代中期集落跡の恋ヶ窪遺跡がある。近年の発掘調査成果では、両遺跡において東西に側溝を持ち南北方向に延びる古代の道路遺構「東山道武蔵路」[1]が発見されている。

II 調査の目的と経過

国分寺市では、西恋ヶ窪1丁目8番地内に所在する姿見の池周辺地域で、緑地復元整備計画をすすめている。整備計画の対象地域は「東山道武蔵路」の道路遺構が通過する位置に該当するため、今回の整備計画に先立ち道路遺構が通過する位置にテストピットを3箇所設定し、その内1箇所より道路遺構と考えられる硬質な土層が、野川により形成された旧河床上面の砂礫層で検出された。このことにより道路遺構の東西両側溝が通過する位置(幅約12m)を含むように南側に457次調査トレンチと北側に458次調査トレンチを設定し、平成9年11月10日から平成10年1月19日まで発掘調査を実施した。

調査の結果、古代から近世の遺構、遺物が発見されたため遺跡の包蔵地範囲外であるが、武蔵国分寺跡の範囲を変更し登録している。

III 遺構と出土遺物

南側トレンチ (図4,5,6,7,8,9,10)

道路遺構が通過する位置にローム層と黒色土を交互に積み重ねた版築状の遺構SX156、SX156と重複した遺構として溝跡SD338・339、土坑SK2025が検出された。

SX156は砂礫層上面に粗朶(葦や木の枝など植物の茎)を東西方向に敷き、その上に径10~20cmの礫を敷き詰め、さらにその上を版築により土を積み上げている。版築中の黒色土は、武蔵国分寺跡周辺で検出されている竪穴住居跡に堆積している黒色土に酷似している。範

囲は東山道西側溝通過ラインより東へ9.5mの幅で、南北の延長が5m以上である。調査トレンチを北側に拡張した結果、礫敷き版築遺構は国家座標でX-33559、Y-32645.5の地点で出土した礫を押さえるために設置されたと考えられる丸太（径25cmのブナ科コナラ）より北側には延びていないことが明らかとなった。版築遺構からの遺物は、礫敷き内から縄文時代のスタンプ型石器1点、版築内から縄文時代中期の土器片1点・歴史時代の土師器片1点、その他として礫をおさえるためにもちいられた丸太1本、丸太を固定するためにもちいられた木杭2本、礫の下に敷いた植物の茎や枝等がある。

SD338・339はSX156と重複しており、新旧関係は溝跡が新しい。SD338の底面からは、三尊種子部分（阿弥陀如来・観世音菩薩・勢至菩薩）が残り周囲は磨滅している板碑が1点出土している。SD339の覆土中より近世の陶器片1点が出土した。両溝跡ともに覆土中に砂粒が多く含まれていることが特徴である。

SK2025は北壁土層断面にて検出した遺構で、SX156との新旧関係は土坑が新しい。土坑内からは古銭（寛永通宝）が4枚出土していることより江戸時代の土坑である。

北側トレンチ（図3,4）

道路遺構に関係する側溝や硬質面、版築等の遺構や、その他の遺構ともに検出されなかった。遺物は、古代の土師器坏片、須恵器坏片、灰釉陶器片が出土している。また砂礫層上面に径10〜20cmの礫（内1点は縄文時代石皿）が少量点在して検出された。これらの出土遺物は、砂礫層の上面に堆積している粘質でローム粒子やブロックが混じる暗黒色土層に多く含まれており、この土層は古代の遺物包含層と考えられる。南側のトレンチでは版築の西側でこの層の堆積が確認される。

Ⅳ　まとめ

恋ヶ窪谷低地部分の「東山道武蔵路」道路遺構確認調査で検出されたSX156（礫敷き版築遺構）は、出土遺物が極めて少ないため遺構の築造時期については明らかでないが、これまでの調査成果より道路遺構の側溝延長上[2]に該当することから、低地部分における道路遺構に関係する遺構と考えられる。しかし、本遺構は南側トレンチ内で終わり北側トレンチでは道路遺構と考えられる側溝や硬質面、版築遺構が確認されていないことより、単なる道路遺構ではなく何らかの構造物か、あるいは橋脚の基礎部分である可能性も考えられる。

野川の源流である恋ヶ窪谷の河床に丸太と杭で囲いを作り、その内側に粗朶を敷き、その上に礫を敷き詰め、さらに版築を行なう工法は、たえず水に浸かった状態より遺構が崩壊しないようにと考えられた古代の土木技術であり、低地部分の道路遺構のありかたを検討する上で貴重な資料が明らかとなった。

（国分寺市教育委員会社会教育部文化財課）

〔注〕
1) 福田信夫「武蔵国分寺と古代道路」『古代文化』第49巻第8号　1997年　上村昌男「恋ヶ窪遺跡36・40次概要」『恋ヶ窪遺跡調査報告』Ⅷ1997年
2) 調査地の南側傾斜地で実施した第364次調査の成果では、道路跡の側溝が約9.5m幅で検出される。

図1 調査地位置図

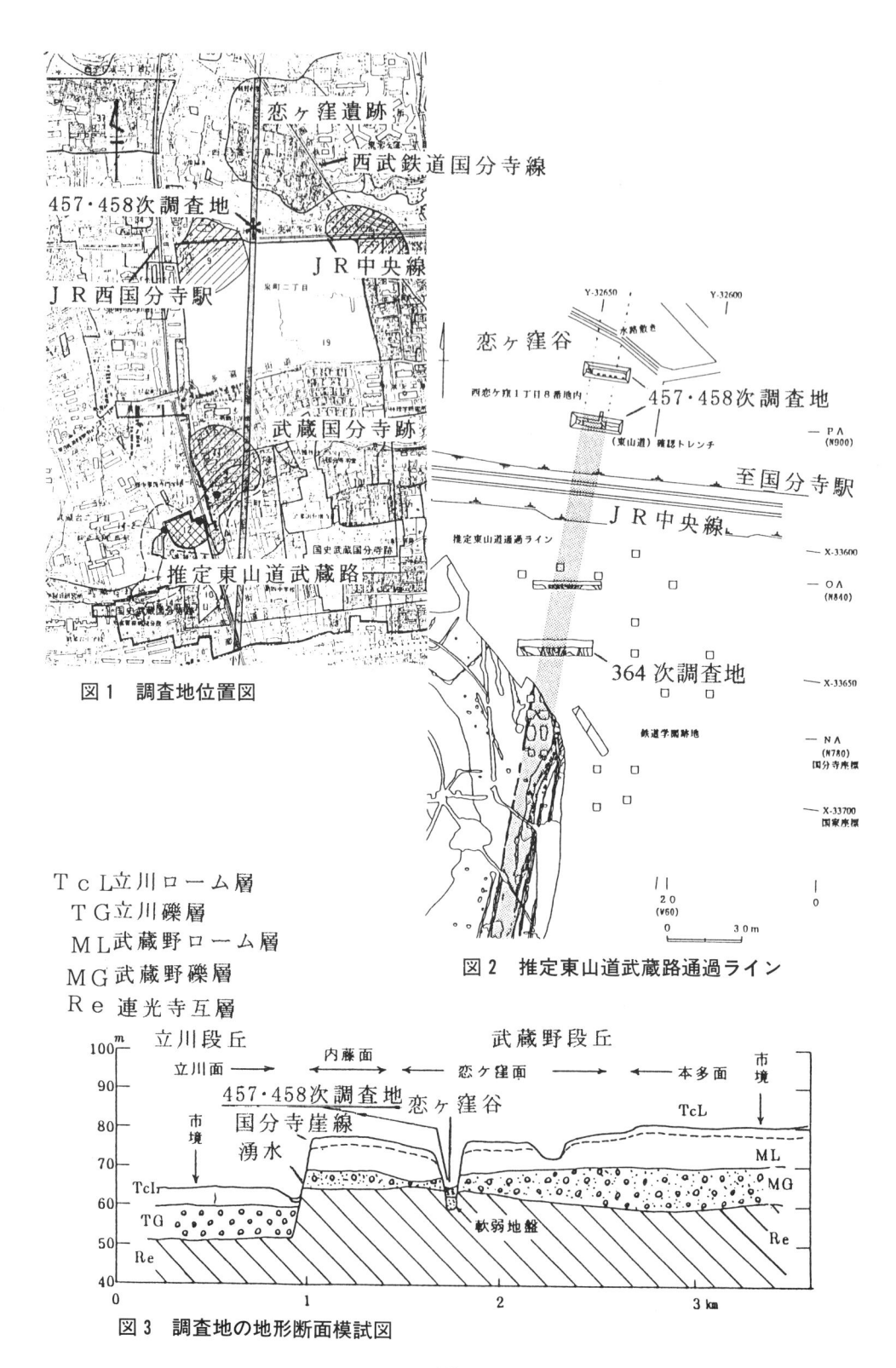

図2 推定東山道武蔵路通過ライン

TcL 立川ローム層
TG 立川礫層
ML 武蔵野ローム層
MG 武蔵野礫層
Re 連光寺互層

図3 調査地の地形断面模試図

図4 調査地平面図

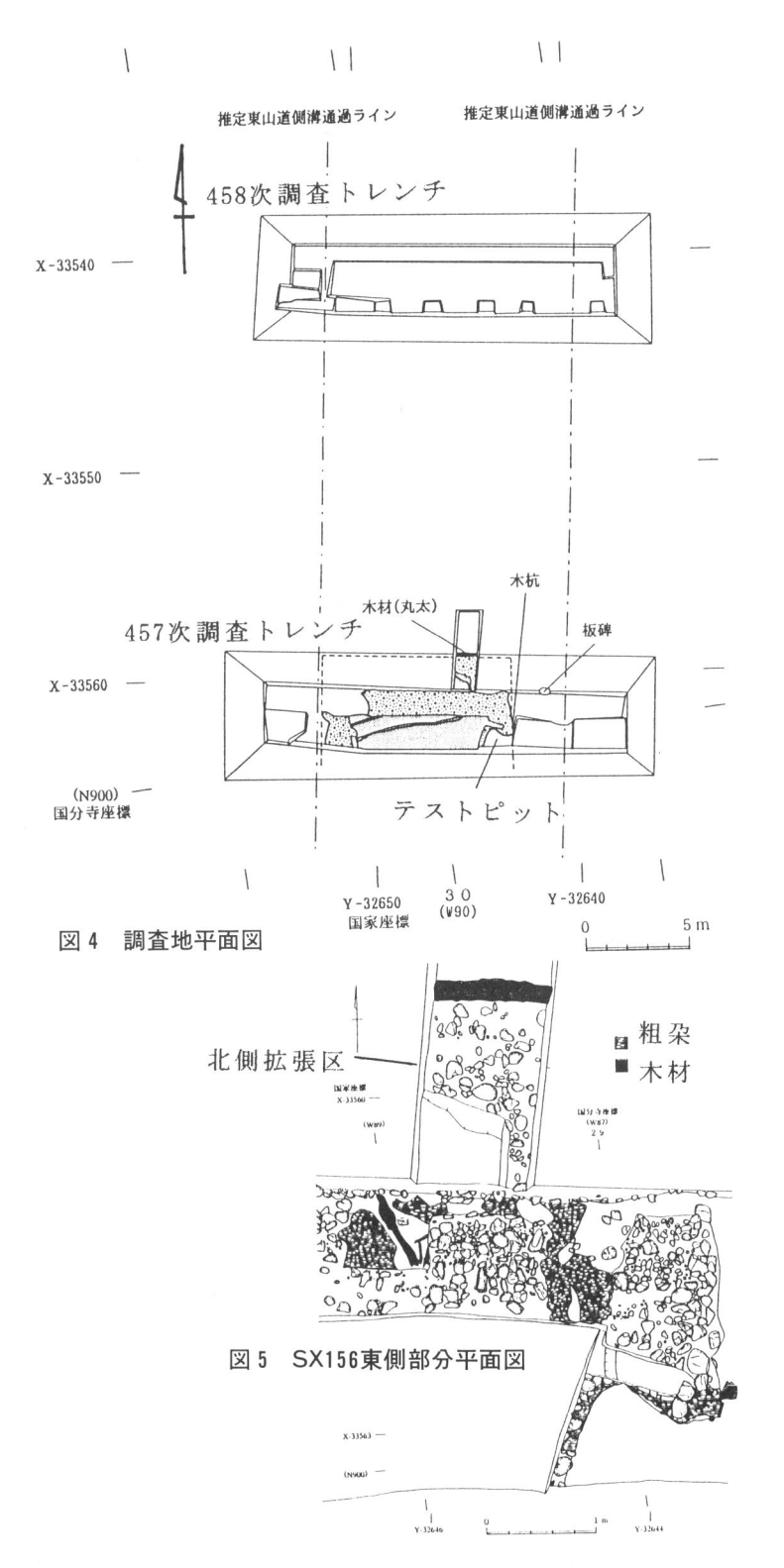

図5 SX156東側部分平面図

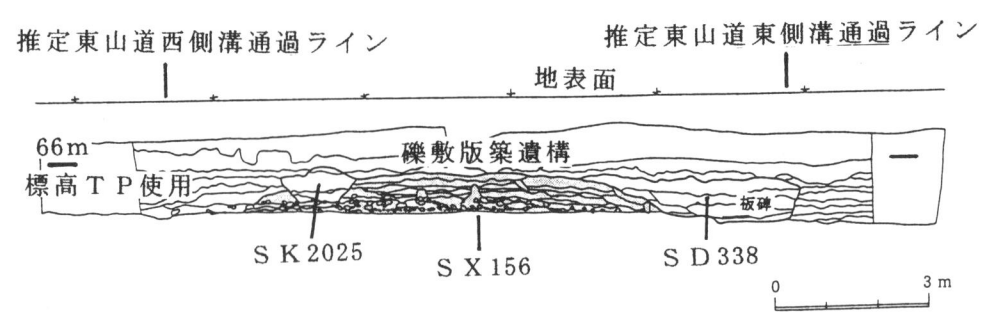

図6 457次トレンチ東西土層断面（北壁）

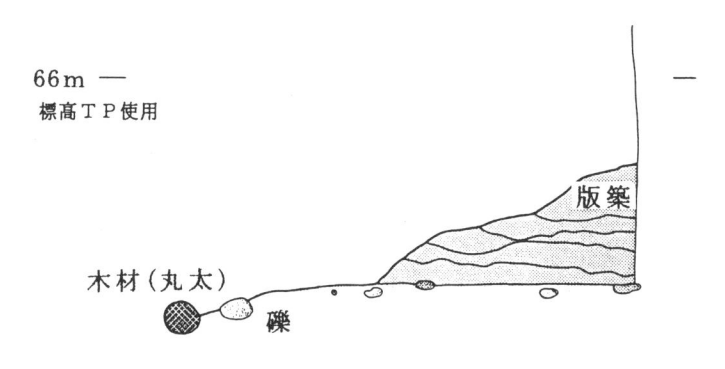

図7 北側拡張区土層断面（東壁）

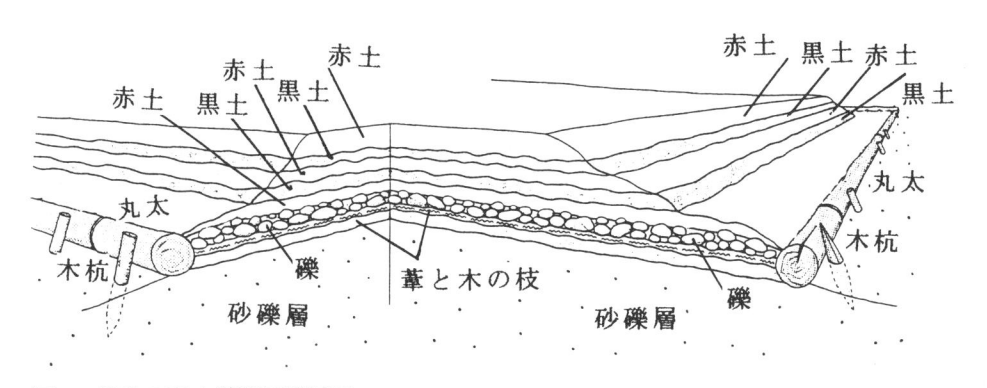

図8 低地の東山道断面模試図

図9　SX156礫敷版築遺構全景（東から）

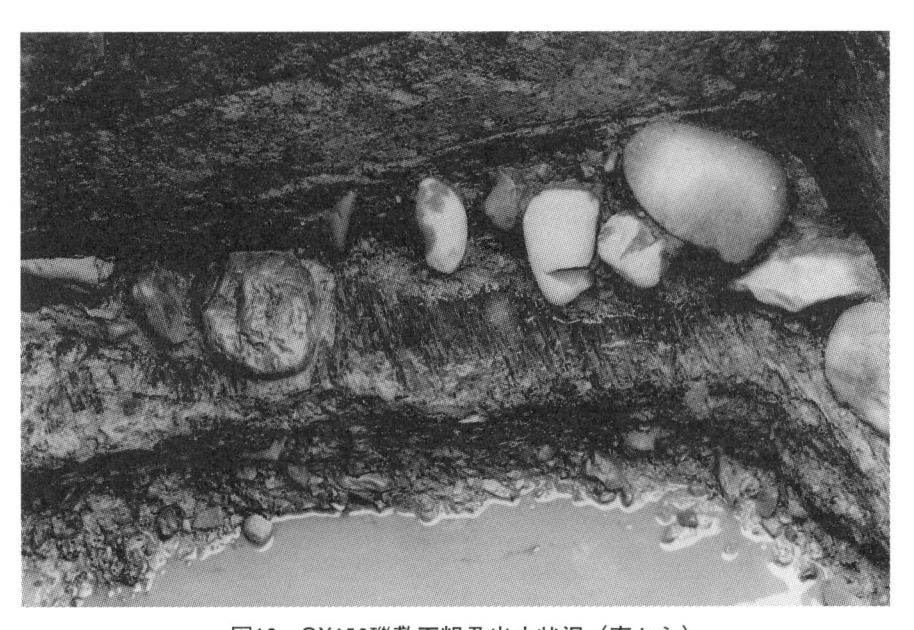

図10　SX156礫敷下粗朶出土状況（東から）

新潟県岩船郡朝日村元屋敷遺跡の道
――縄文時代の砂利敷きの道――

滝 沢 規 朗

I　はじめに

　元屋敷遺跡は縄文時代後期前葉～晩期末葉の集落跡であり、新潟県北部の山形県境に近い岩船郡朝日村三面字黒渕に位置する。この地は海岸線から直線距離で約30km入った山間部で、通称「奥三面」と呼称される。朝日山系では唯一といっていいほど河岸段丘が発達する地域であるが、四方を500m級の山々に囲まれ、近年まで外部との交通が困難な地域でもあった。

　発掘調査は県営奥三面ダム建設に伴い実施された。ダム建設に伴い発掘調査が行われた遺跡は元屋敷遺跡を含めて19ヶ所存在し、これを「奥三面遺跡群」と称している（第1図）。調査はダム建設という性格から、全面発掘を基本とする。また水没範囲内に平坦地が包括されており、19という遺跡数はおおむね当地域の遺跡数を網羅していると考える。またダム建設に伴い移転した人々の生活は、「山（自然の恵み）に生かされた」と形容され、民俗学的にも注目されてきた。発掘調査で得られた成果を、民俗調査結果と共に検討しえることが特徴となる。

　今回報告を行う道は1996年度の調査で確認し、昨年度に本格的な調査を実施した。これまで道路状遺構としてきたものである（滝沢・池田1998ほか）。整理中のため集落内での併存遺構や構築年代の詳細に検討の余地を残す。1999年6月に行った古代交通研究会での発表内容を中心とするが、発表後の質疑に極力答える形で現状で把握しえる事項を中心に概略を記す。

II　調査の概要

　元屋敷遺跡は三面川によって形成された東西に長い河岸段丘上に位置しており、主な居住域である上段（標高約200m）と、生活の痕跡を若干残す下段（標高191～194m）、上段から下段に至る土器捨て場である斜面に分かれる（第2図）。上段と現三面川川床の比高は約10mである。調査は1991～1993年、1996～1998年の6ヶ年に及び、昨年度で調査が終了した。調査面積は33,100m²である。

　元屋敷遺跡上段における遺構検出面は複数に及ぶ。道以外の主な検出遺構には①竪穴住居21棟、②掘立柱建物24棟、③埋甕約240基、④配石墓約100基、⑤各種の配石遺構、⑥川に伴う盛

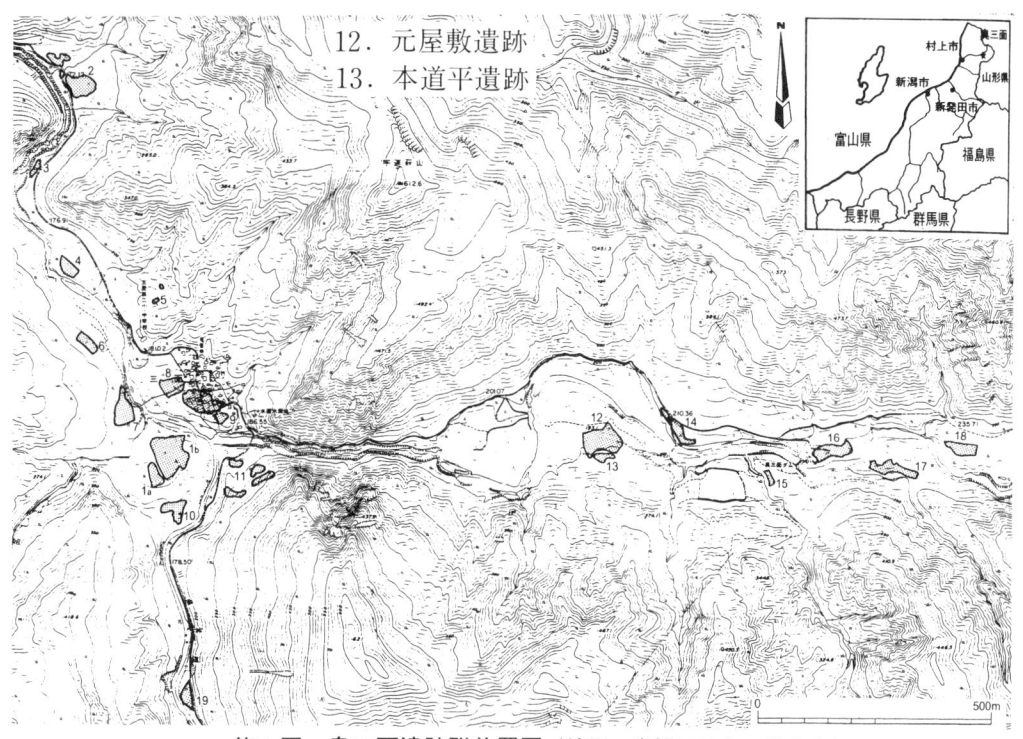

第1図　奥三面遺跡群位置図（滝沢・富樫1998を一部改変）

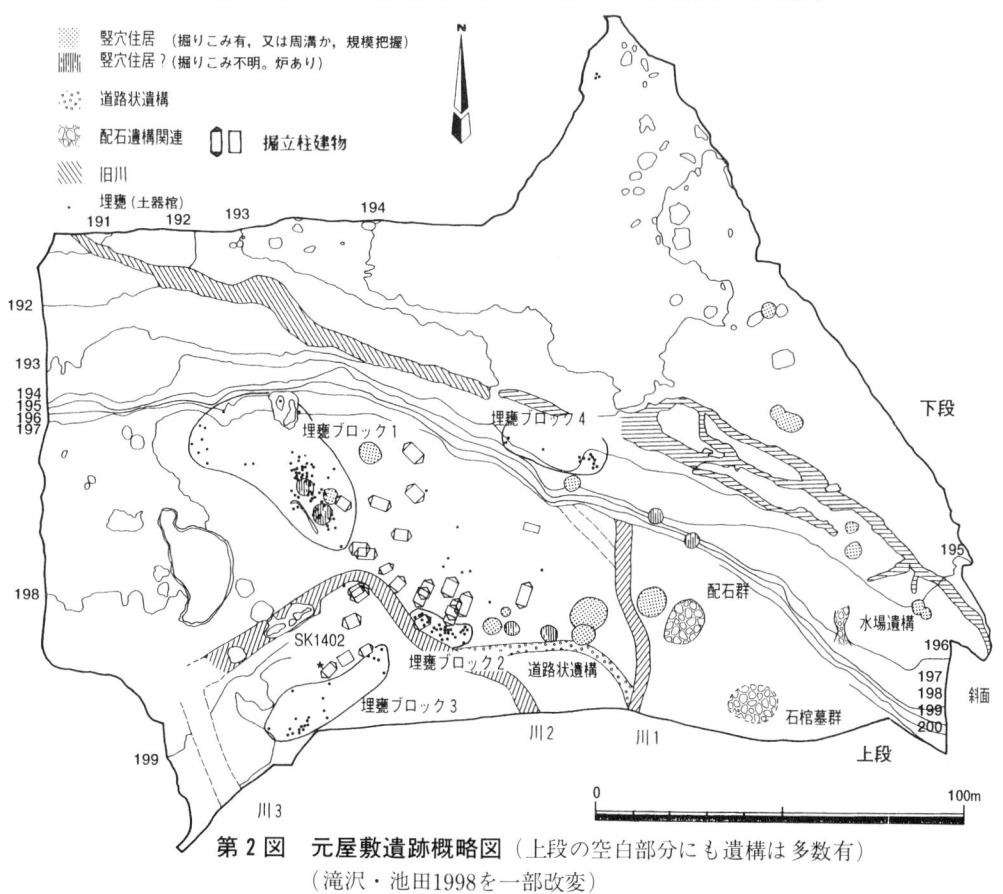

第2図　元屋敷遺跡概略図（上段の空白部分にも遺構は多数有）
（滝沢・池田1998を一部改変）

土（土手）、⑦付け替えた川、⑧護岸工事跡、⑨岩盤をくり抜いた水場遺構、⑩イネ科植物を敷き詰めたトチの加工施設などがあるが、道や⑩の他に①・⑤の多くは黒色土中で検出した。集落構造としては竪穴住居・掘立柱建物は遺構が希薄な部分を中心に、円を意識した配置となっているが、縄文時代中期的な環状集落とはやや異なると考える。なお今後の整理により、掘立柱建物の棟数は倍増する可能性が高い。

出土遺物はテン箱（54×34×20cm）で約6,500箱と膨大な量を誇る。特徴として磨製石斧の多量生産が認められ、未製品が約10,000本出土している。この他、環状石斧、独鈷石、石冠など、剥離―敲打―研磨仕上げの石器・石製品の生産が活発に行われた集落である。

Ⅲ 道

縄文時代において頻繁に利用されたり、計画的に定められたもので、考古学的にその痕跡を遺構として確認できる「道」は幾つか報告例がある。踏み分けによる硬化面主体のもの、掘り窪めるなど土木工事を伴うもの、石敷き、木組みなどが挙げられるが、元屋敷遺跡で確認された砂利敷きの道は縄文時代では全国で初の確認例である。

1 位置と形状・規模

道は居住域の外側（南側）に位置し、遺跡の特徴である湧水の2地点を結ぶ（第3図）。この地点は、元屋敷上段の更に1段高い段丘（南側）に位置する本道平遺跡（標高約210m前後）に至る段丘の傾斜変換点に近い。形状は川1の水源から北西に向かい、緩やかにカーブして西に伸びている。第2図では道は西側で川2と平行するようになっているが、これは道構築以前の痕跡であり、道が構築された時点において川2の流路はほとんど確認できていない。

確認しえた道の範囲は全長約40m、幅約2〜2.5mである。堅く締まった黄褐色の川砂利を敷いた部分（幅約1.1m）と、その両側縁の石列部とからなる（第3図）。これまで類例がないことから意義付けには苦慮したが、砂利部分がわずかに盛り上がり、また堅く締まることから歩行を意図したもので、石列はそれを区画する部分と判断した。道そのものを否定する「水路説」についてや、道の歩行以外に考えられる機能・用途については後述する。

側縁の石列は径30cm〜40cmの扁平な川原石が使用されている。晩期末葉の住居構築に伴い、一部が破壊されている。確認した道の中央部分の石列は残存状況が良好である。それ以外の地点では疎らな状況であり、特に道の最西部では序々に痕跡が不明瞭になっている。石列部における石の粗密が、意図的なものか否かは、明確でない。

2 構築方法

構築方法は①幅約1.1m、深さ約50cm黒色土を掘り込んで歩行部分の砂利を詰め（盛り）、②上面両縁に区画として径30〜40cm程を主体とした川原石を置く（第3図）。①の過程で掘り込

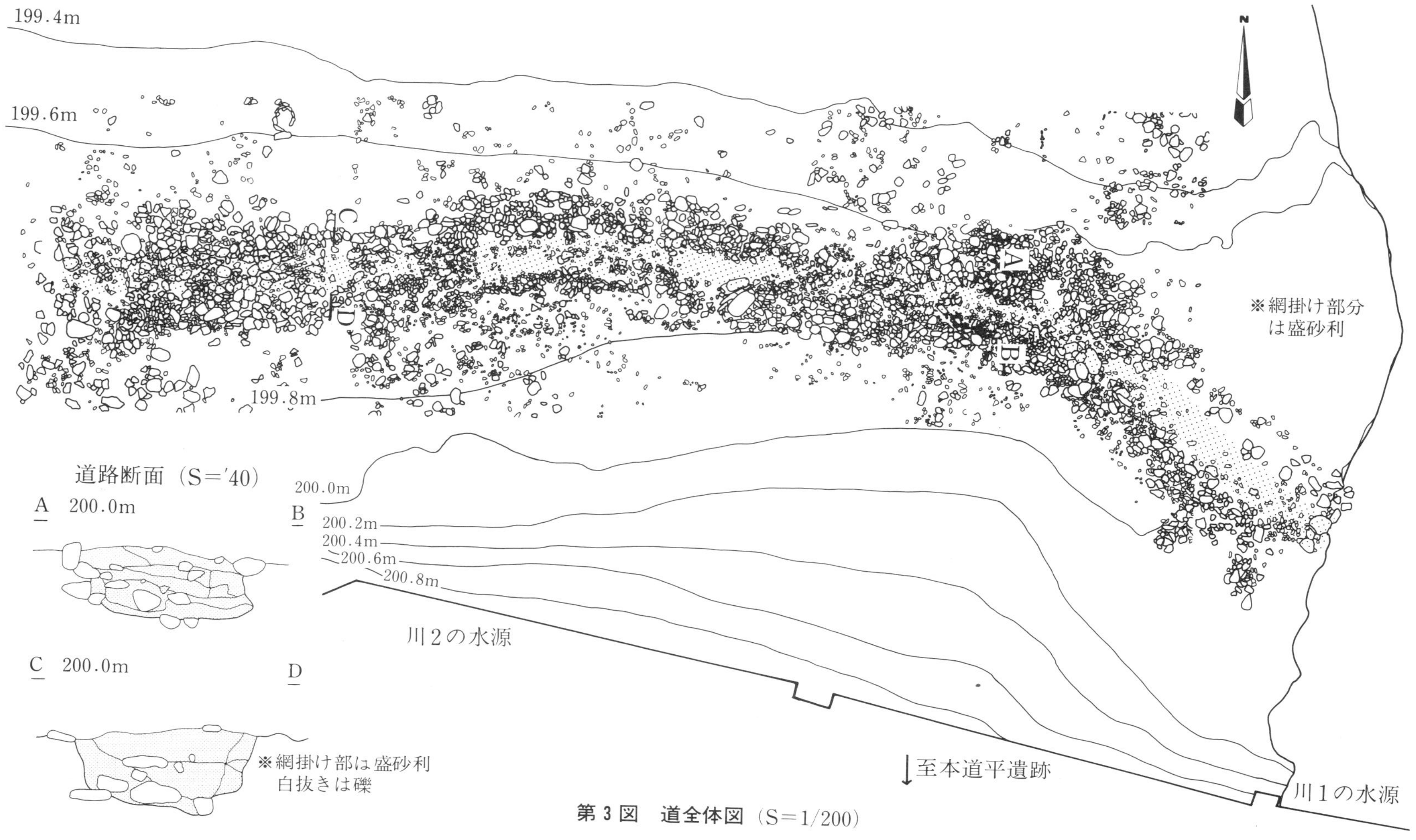

※網掛け部分は盛砂利

川1の水源

至本道平遺跡

川2の水源

道路断面 (S=40)

A 200.0m
B 200.2m
 200.4m
 200.6m
 200.8m

C 200.0m
D

※網掛け部は盛砂利
白抜きは礫

第3図 道全体図 (S=1/200)

み、底面に径50cm程の扁平な川原石が置かれた地点が数カ所ある。

歩行部分の盛砂利は集落周辺で採取した可能性が高い。盛砂利部分からは石器と共に、多量に土器片が出土している。土器片の割れ口は磨耗したものが認められることから、砂利を詰め込む際に人為的に混入されたのではなく、砂利部分に廃棄されたものが一緒に持ち運ばれたと考える。土器・石器が廃棄され、なおかつ砂利が採取しえる地点は、川1以外に存在しない。このことから盛砂利は、川1を掘削して搬入した可能性が高いと考える。なお盛砂利部に黒色土の介入は認められないことから、短期間で構築されたと考える。盛砂利は30数層に細分しえたが、1回における盛砂利の単位は明確にしえない部分が多い。

3　構築年代

道は後期後葉〜末葉（瘤付土器）の包含層を掘り込んで構築している。盛砂利内出土土器には晩期前葉（大洞BC式）の土器を含むこと、晩期前葉〜中葉（大洞BC式〜C1式）の包含層が上面に堆積することから、晩期前葉の構築と考える。

4　水路説について

道の位置する地点は、縄文時代後期前葉に廃絶された旧川2の上にあたる。道の形状は川1の湧水地点から北に向かって伸び、緩やかにカーブして西に伸びる点など、旧川2の流路と似たあり方を示す。このことから、発表当日には「水路」ではないかという意見を多数いただいた。しかし水路とするには以下の点から無理があろう。

①道の歩行部分と考えた盛砂利部には黒色土の介入が認められないことから、掘削後に長らく放置されていた状況は認められない。また盛砂利内出土土器は、上層に行くに従いより新しい土器が出土するという自然堆積を示す状況は認められない。このことから、当時の生活面を深さ約50cm、幅約1.1mを掘削直後に砂利が盛られたと考える。

②川1の水源となる湧水の標高からすると、盛砂利の掘形底面には水が流れることは可能であるが、掘形上面では流れ得ない。盛砂利という語の通り、当時の生活面よりも若干高く砂利が盛られていることからも、水路とは考えられない。

③旧川2が川1に付け替えられた要因に、居住域よりも高い位置に水の流れがあると、水ハケが悪くなることが挙げられる（高橋ほか1999）。このことから、再び居住域よりも高い位置に水路を築くことは想定しがたい。①〜③の理由から水路とは考えがたいと判断した。

5　築造要因について

歩行以外の機能や構築要因について以下の点が挙げられる。磨製石斧の未製品や調整剥片が道周辺で大量に出土していること、磨製石斧製作の最終工程である研磨に不可欠な水を得やすい湧水2地点を結ぶ地点に位置することから、磨製石斧製作と関連した施設と考える。

また道は東西に細長い段丘に平行して構築されている。南北方向は南から北に向かい緩やか

に傾斜しているが、その傾斜変換付近に位置する。しかしこの傾斜は西側に行くに従って解消されており、居住域と本道平遺跡に向かう斜面に最も接近した地点に道が築かれている。主な居住域の南側に位置していることから、南側斜面からの流水阻止の機能も想定しえる。砂利敷き部が約50cm掘り込まれたことからも、居住域への流水対策も構築要因の一つと考える。

　元屋敷遺跡は湧水地点が集落内部にある。磨製石斧生産を行うにあたり、湧水が豊富なことから選地された可能性もある。この場合に湧水を使い易いように、いかに管理するかが東西に細長い河岸段丘である当地で生活するための重要なポイントとなる。昨年度確認された旧川2に盛土をして土手を築いたり、川を付け替えるなどの土木工事はその好例といえる（高橋ほか1999）。細長い東西方向に平行して築造され、狭い南北方向の傾斜変換点近くに位置して湧水2地点を結んでいる道は、機能を歩行一つに限定しえるものではなく、多目的な機能を想定した方が妥当と考える。

Ⅳ　まとめ

　縄文時代において砂利敷きの道が確認されたのは本遺跡が初例である。ダム建設という原因から集落全面を発掘調査したことから、集落内での位置づけが行えることが可能である。

　砂利敷き部が旧地表面を50cmも掘り込んで構築されていることは、水対策が要因と考える。また湧水の2地点を結ぶことや遺物の出土状態から、磨製石斧製作関連の施設ということも想定しえ、機能を歩行に限定しえることはできないと考える。しかし上記の条件を、この規模の道でなければ満たすことができなかったのかや、道の廃絶後に代わる施設が確認しえなかったことなど、十分に説明しえない点もある。また発表当日に道は川1の水源と埋甕ブロック2とを結んでいる可能性があることを指摘された。埋甕ブロック2の土器のうち、時期が把握しえるものは後期後葉〜晩期初頭が主体である。現状で把握しえる土器の年代は道より若干、先行するが、粗製土器の年代を検討することで、その空白が埋まる可能性もある。この点については、整理作業の中で検討していきたい。また集落内における土地利用の時期的な変遷などを明確にした上で、道の意義付けを再検討することとする。

〈引用文献〉
滝沢規朗・富樫秀之　1998『奥三面ダム関連遺跡発掘調査報告書Ⅷ　アチヤ平遺跡中・下段』新潟県朝日村教育委員会
滝沢規朗・池田淳子　1998「新潟県岩船郡朝日村元屋敷遺跡」『日本考古学年報』49　pp.496〜499
高橋保雄・滝沢規朗・池田淳子・野水晃子・山田寛子・古沢妥史　1999「新潟県奥三面遺跡群元屋敷遺跡の調査」『考古学ジャーナル』446号　pp.40〜43

古代吉野川下流の条里再検討に基づく
交通路の復原

木 原 克 司

I 古代阿波国の条里と南海道をめぐる問題点

　阿波国では条里制に基づく条里地割が郡単位で広く分布し、戦前から戦後にかけて条里地割と条里呼称法から成るシステム（条里プラン）の復原的研究が、藤田九十九、福井好行、高重進や服部昌之らの諸氏によって展開されて来た。なかでも、服部は吉野川下流平野に位置する阿波・麻植・板野・名東・名西の5郡域の条里については、中流域の三好・美馬郡や阿波南部の勝浦・那賀郡とは異なり、N10°Wという方位の同一性だけでなく地割の連続性も認められるとし、同一企画による統一的地割であると指摘する。さらに旧名方（名西・名東）郡の条里地割が、吉野川を越えて北岸の旧高師村（現板野郡上板町）にも連続すると指摘する（図1）。

　しかし、こうした既往の阿波条里に関する研究は、2.5万分の1地形図を中心とした小縮尺地形図の検討であり、服部が指摘するような方位の同一性や地割の連続性についても、大縮尺地形図を用いて再度検討してみる必要がある。

　また、都を起点として日本各地に向けて建設された幹線道路（駅路）の1つである南海道の四国内のルートは、『続日本紀』養老2年（718）5月7日条の「土左国言す。公私の使直に土左を指せども、その道伊予国を経、行程迂遠にして、山谷険難なり。但し阿波国は、境土相接して、往還甚だ易し。請うらくは此の国に就いて、以て通路と為んと。之を許す」の記事から、養老2年以前には阿波から讃岐、伊予を経て、四国西部を巡って土佐国府に至るルート（南海道本路）が存在し、養老2年以降、『日本後紀』延暦16年（797）正月27日条の「阿波国駅家□、伊予国十一、土佐国十二を廃して、新たに土佐国吾椅舟川二駅を置く」に見られる旧駅家の廃止まで、奈良時代を通じて阿波から直接土佐に至るもう1つのルート（南海道支路）があったことが判明する。いずれにしても、駅路が都と諸国の国府の連絡道路という機能を有するものであることを考慮すれば、奈良時代あるいはそれ以降も、南海道本路から阿波国府に至る支路が存在しなければならず、さらに、国府と阿波国内の各郡に設置された郡衙とを結ぶ交通路としての伝馬路（伝路）もあったはずである。

　ところが、阿波国内の交通路に関する研究は、小字地名の検討をもとにした羽山久男の吉野

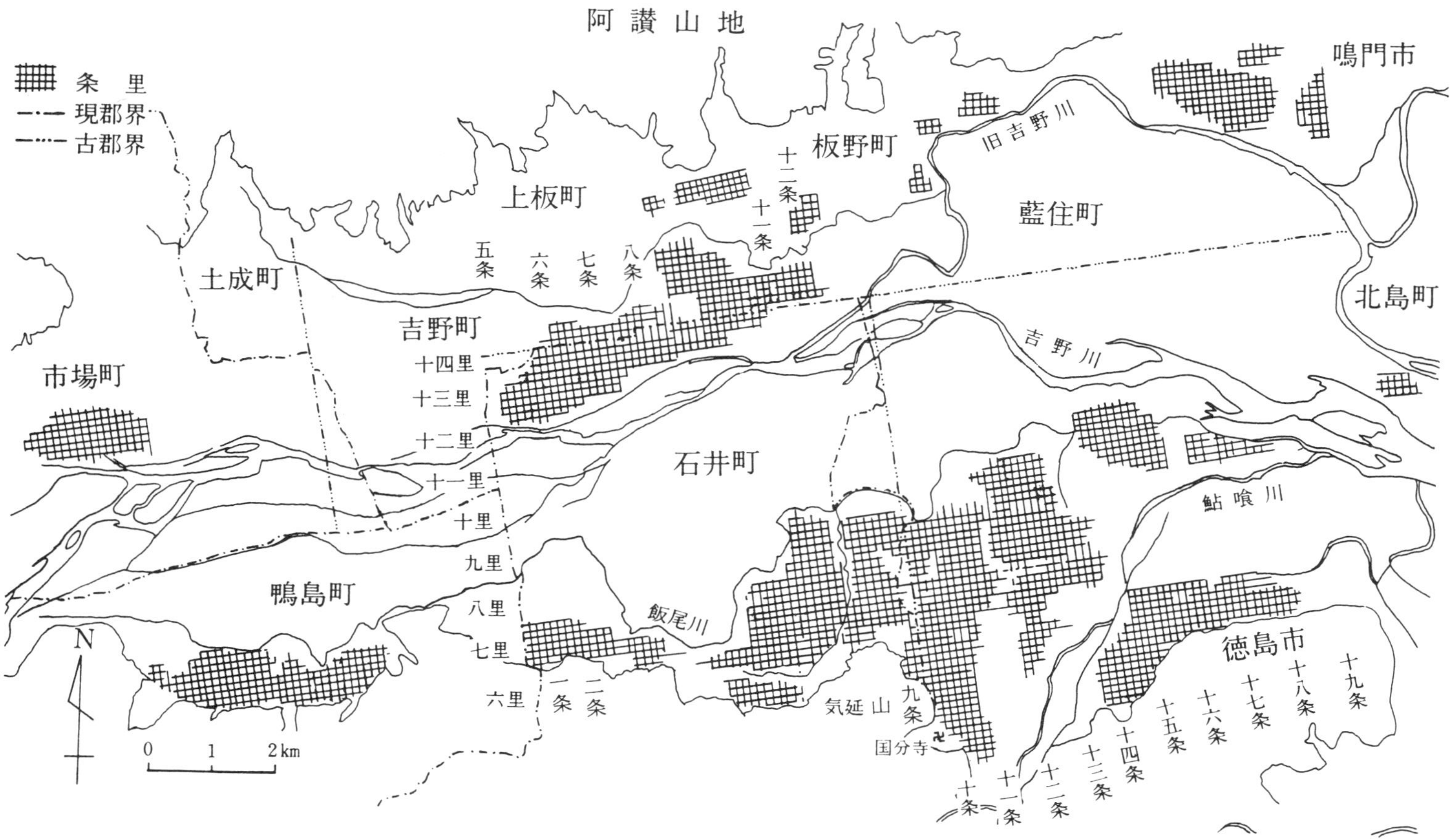

図1 吉野川下流の条里分布

川北岸交通路の考察、南海道本路や養老2年以降に開設された支路をめぐっての日野尚志や長谷正紀の考察がみられるだけで、伝路に関する研究事例はきわめて少ない。

　それ故に、条里の再検討と平行して、大縮尺地形図上での条里地割の1町方格の坪の辺長計測、小字地名や参考資料の検討を通して、南海道支路や伝路のルートを明らかにする必要がある。

〔研究の方法〕
吉野川下流の名西・名東郡と板野郡を取り上げ、2千5百分の1地形図をベースマップとして小字界・小字地名・大字界・大字地名・現存畦畔・道路・考古資料などをもとに各郡ごとに条里地割の再検討を行い、さらに、条里1町区画の各辺長の計測や市町村界の詳細な観察を通して、南海道支路や伝路のルートを考察する。なお、板野郡は別として、条里地割の復原にあたっては発掘調査によってほぼ寺域が確定されている国分尼寺（名西郡石井町所在）と国分寺（名東郡国府町所在）周辺の地割を基準とし、そこから周辺地域に拡大していくという方法を採用した。

II　板野郡の条里と南海道

　図2に示すとおり板野町と上板町を中心として散在的に条里地割が分布する。イ～ニとヘ（ただ、ロ・ハ付近の発掘調査では10世紀前後と推定）はN10°Wの地割であり、ホは正方位（13世紀前後と推定）を示す。一方、板野町の（ヘ）条里地割は上板町条里地割にみごとに連続するが、両町の条里地割の1町区画（約109m）の坪の辺長計測の結果、図3のB－Cラインを挟んで2つに分かれその間に幅約10mの余剰帯が存在することが明らかとなった。これはA－B間にも認められ、このA－B－Cラインは明治期の地形図にみられる板野・名西両郡界に一致し、服部の推定した古代の板野・名方郡界（A－D）に他ならない。また、このA－Dを挟んで南から北に連続する条里地割は、条里呼称法からみると明らかに別個の地割と考えざるを得ない。（上六條・下六條、五條・七條などの大字地名の遺存）

　ところで、南海道のルートは日野尚志によれば、鳴門市木津（石隅駅）から鳴門市大麻町の姫田・池ノ谷を経て非条里地域を直進し、白鳳期の金光明寺（現金泉寺）から大字大寺に至るルートとされ、本路は図2の（b）から（a）の直線ルートを経て大坂峠から讃岐国引田駅に至ったとされる。また、阿波国府に向かう支路については、（b）から（c）を経て真っ直ぐに条里の余剰帯を南下するルートを想定する。しかし、図2の（ロ）地割や国府町付近にも日野が指摘するような余剰帯は認められない。筆者自身は郡頭駅を図2の小字郡頭（ト）付近に比定しておく。小字郡頭の南端は黒谷川に面しており、その名称（郡津）からして水駅としての機能も兼ね備えた駅家と考えられ、ここから水路旧吉野川を遡上して図3のA地点あるいは

もう少し南のE地点付近に至り、陸路破線で示した南北直線古道（名西・名東郡界）に沿って南下し国府に至ったと考えたい。

また、東大寺領荘園「大豆処」の位置比定については、図4の南北流する大川を現在のどの

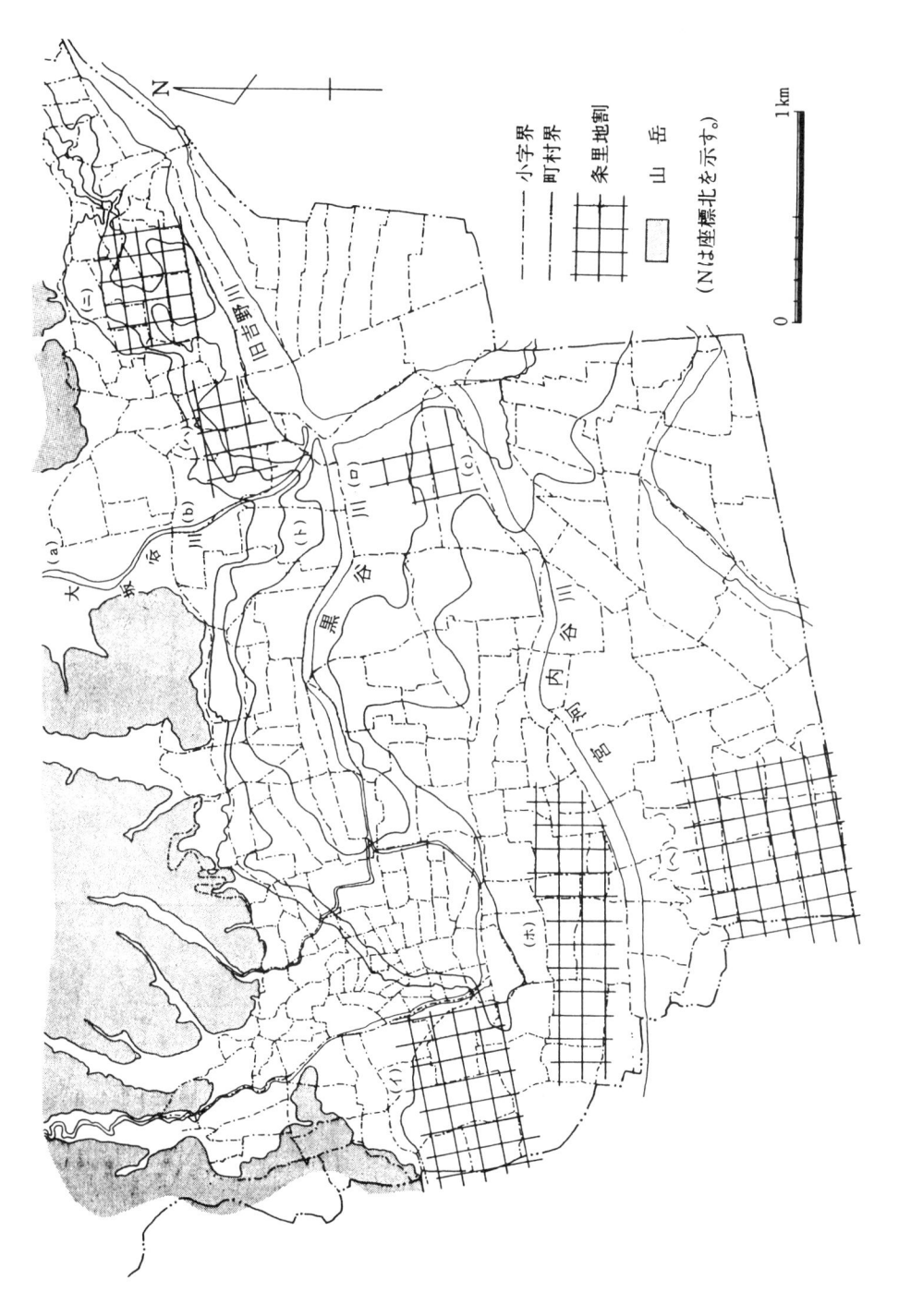

図 2　板野郡板野町の小字界と条里

図3 板野郡上板町の条里地割

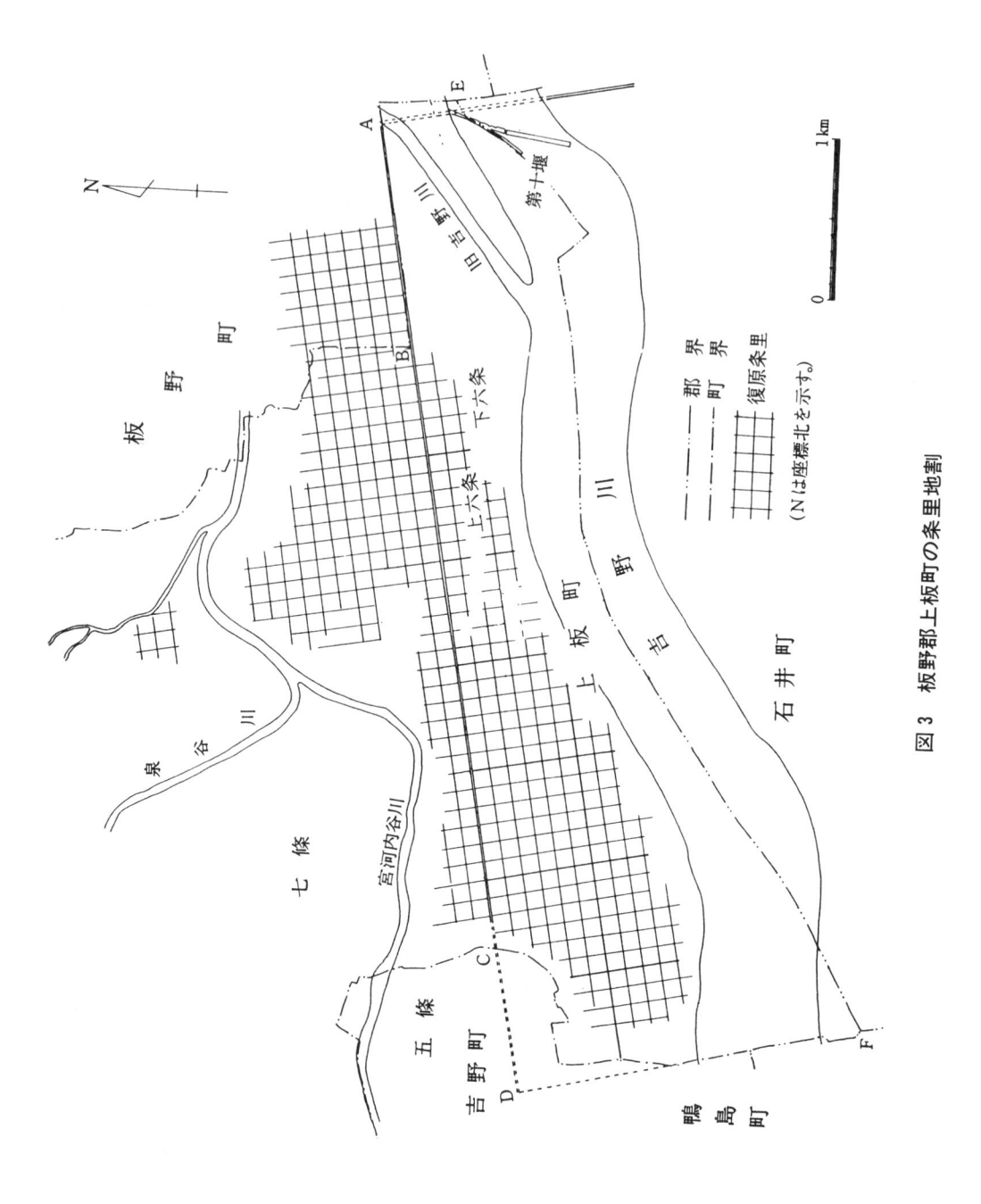

河川に比定するかによって諸説が提示されているが、板野・名方郡界（道路＝余剰帯）の確定、絵図に記載された土地条件や旧吉野川の旧河道の存在（空中写真判読）から図3のA点から南の現第十新田および第十堰付近に比定できる。

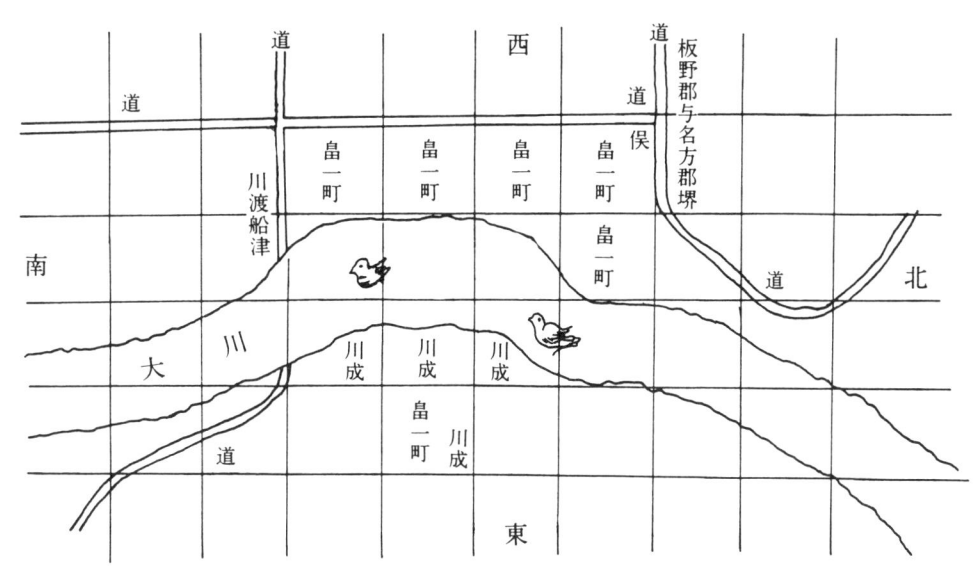

図4　阿波国名方郡大豆処図

III　名西郡の条里と交通路

飯尾川と吉野川との間は、島や池の付く小字地名が多く、吉野川や飯尾川によって形成された自然堤防やバックマーシュが広がる。条里地割の遺存範囲はみごとにこうした土地条件と呼応する。条里地割は東西・南北方向に連続し、さらに郡界を越えて麻植郡鴨島町の条里地割に続いており、東部も徳島市との行政界を越えて国府町条里に連続している。ただし、条里呼称に関連する地名はまったく遺存しない。

ここでもG—HラインとI—Jラインで幅約10mの余剰帯を検出した。さらに図5のH地点の手前では最近まで機能していた幅約8mの切通し道の存在を現地で確認した。この余剰帯は東には延びないため、H点から国分尼寺に抜ける現存する南に向かう切通し道を経て阿波国府に達したと考えられる。

名西郡条里と板野郡条里の連続性という問題を検討するため、名西郡条里の北端すなわち図5のKの東西坪界線から図3のA—Bラインで検出した余剰帯の南までの距離を1万分の1地形図上で計測したところ、約3270mという値が得られた。この距離は条里1町＝109mの30町にあたり、間違いなく両郡の条里は吉野川を越えて連続していると言える。とすれば、条里呼称法も板野郡のA—B古道から南の条里と同じと判断でき、麻植・名西直線郡界が条の起点（一条）となって、西から東へ二条・三条と数えることになろう。

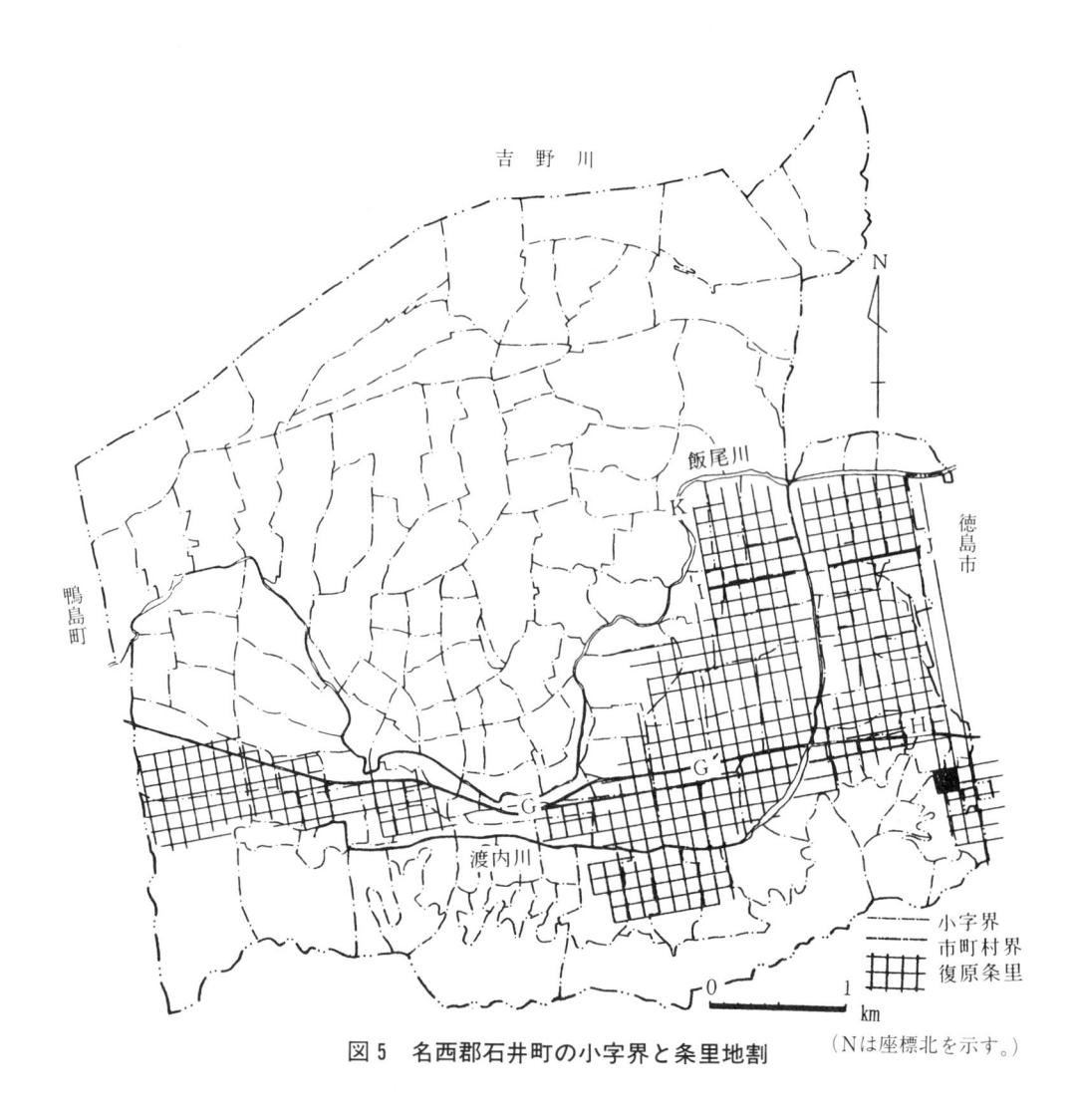

図5　名西郡石井町の小字界と条里地割　　　（Nは座標北を示す。）

凡例：小字界／市町村界／復原条里

IV　名東郡鮎食川左岸の条里と交通路

　図6のM－L、N－OおよびP－Qライン上でそれぞれ幅約15m（M－N）と約10m（N－O、P－Q）の余剰帯を検出した。

　南北余剰帯（M－L）は、条里施行時あるいはそれ以前から存在し、旧名方郡条里の基準線として採用され、寛平8年（896）の名西・名東2郡への分割の際にも直線郡界として採用されたと考える。この余剰帯は国道192号線の南で南北の現道として残っており、北部ではこの余剰帯上に地形の傾斜状況を加味した登々路という小字地名が遺存する。

　東西余剰帯（N－O）も西半部は直線状の現道となっており、この道に面して天平13年（741）聖武天皇の勅願による創建と伝えられる観音寺や延喜式内社の大御和神社が並ぶ。また

(P−Q）は名西郡で確認された余剰帯と一連のものである。

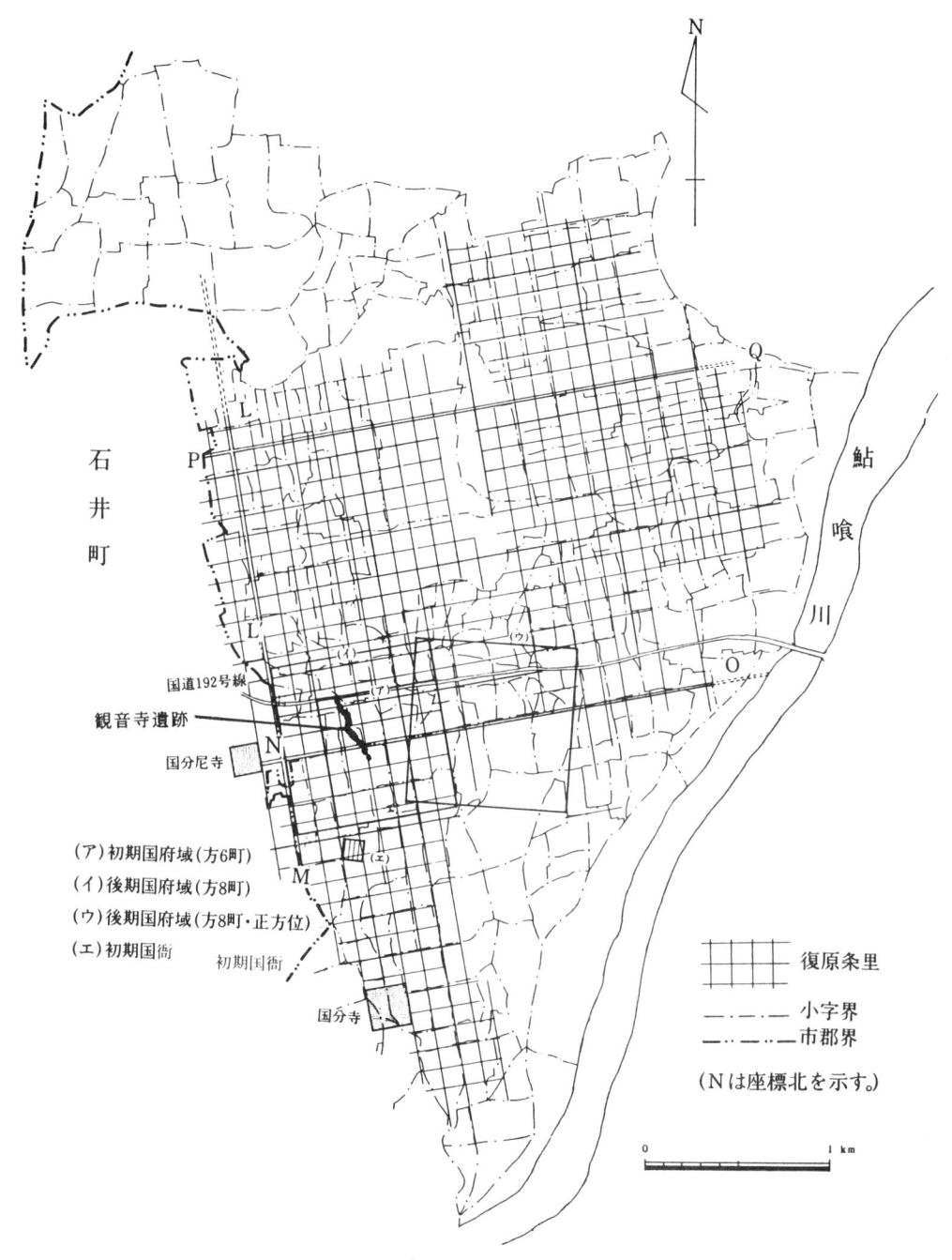

図6 名東郡国府町小字界と条里地割

V 名東郡鮎喰川右岸の条里と交通路

　眉山北部の名東町から佐古町にかけて N10°W の条里地割が遺存する。田宮川と鮎喰川に挟まれた北部は、細かな旧河道が多く開発の遅れた地域と考えられる。したがって、小字界の形態からも明らかなように条里地割も西部の一部を除いて遺存しない。当該地域の条里地割は、鮎喰川を越えて左岸の国府町域の地割と明らかに連続している。

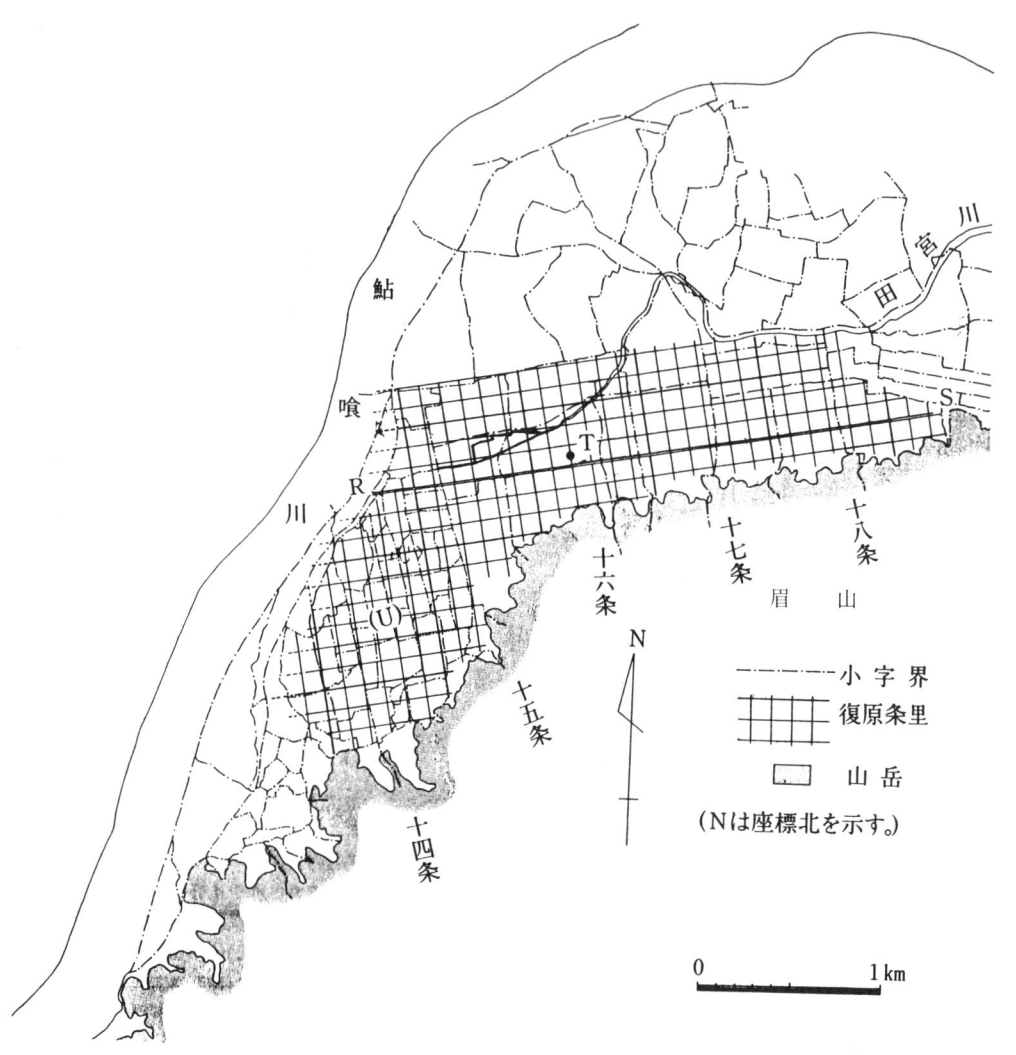

図7　名東郡鮎喰川右岸の小字界と条里

　図7のR－Sライン上で幅約10mの余剰帯を検出した。これは左岸で検出した余剰帯の延長線上にのる。

　また、当該余剰帯の北に接するT地点では、8世紀前半の正方位の掘立柱建物群で構成される名東郡衙と推定されている遺跡が検出されている。とすれば、国府町から鮎喰川を越えて連

続するこうした余剰帯（道路）は、国府と郡衙を結ぶ伝路とも考えられる。あるいは、S点からさらに東に向かい眉山東麓を南下して土佐国府に向かう奈良時代の南海道支路を兼ねていたとも考えられる。

以上Ⅱ～Ⅴの検討結果をまとめると、図8のような幅10～15mの条里余剰帯としての交通路網（幅1～2mの側溝を除いた実際の道路幅は6～10mとなる）が復原でき、こうした交通路に沿って国府（国衙）、郡衙、駅家や寺院が配置されていたと考えられる。

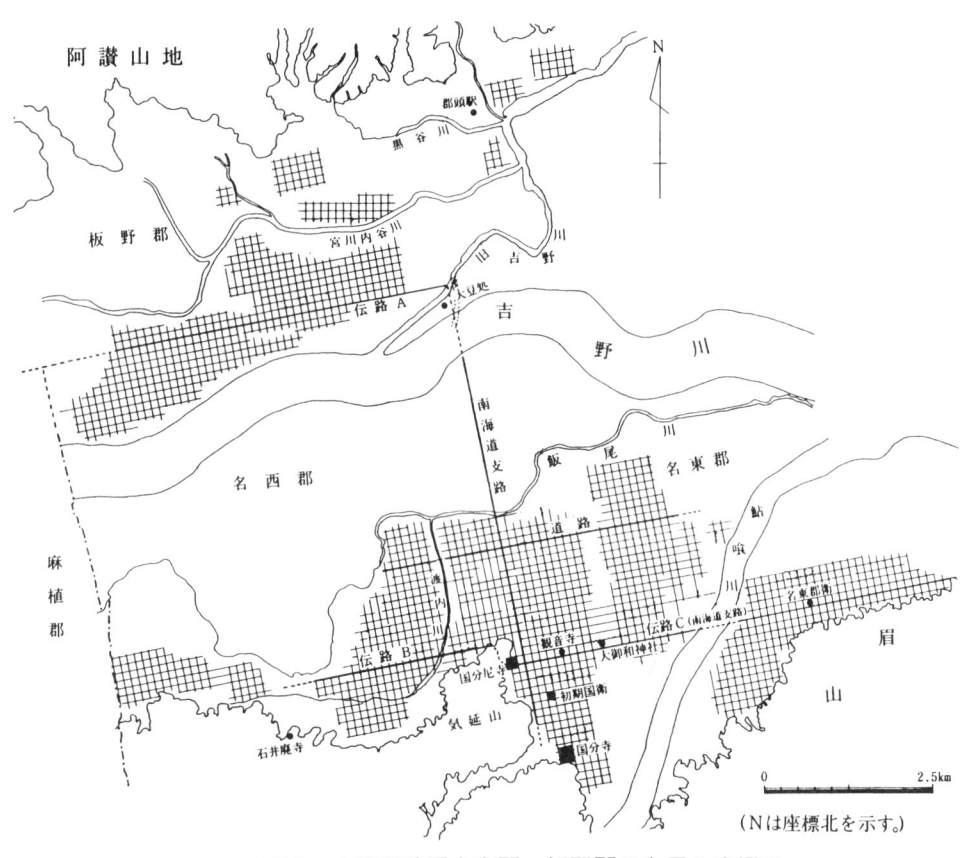

図8 古代阿波国名方郡・板野郡の条里と交通路

Ⅵ 阿波の国府と出土木簡

昭和57年以降徳島市教育委員会によって継続的に実施されてきた発掘調査を通じて、図6に示したように（ア）～（ウ）の3箇所の国府推定地が提示されて来た。（ア）の初期国府域は観音寺を中心とする方6町域で、大規模な掘立柱建物・塀・溝・井戸などが検出され、「政所」の文字を記した墨書土器や石帯などの出土がみられる。（イ）の後期国府域は観音寺を中心とする方8町域（平安時代後期以降）であり、（ウ）の後期国府域は国府町府中の大御和神社を

中心とする方8町域（平安時代後期以降）である。また、（エ）の初期国衙は平成8年末に国府町矢野で発見された正方位の掘立柱建物群から構成される推定方1町四方の国衙域（8世紀中頃）であるが、その後、当該地で実施された範囲確認調査では具体的な関連遺構は検出されていない。しかし、方6町や方8町と推定されている国府域については、全国の国府の発掘調査の成果からみると否定的なものであるが、平成9・10年に観音寺遺跡で7世紀後半～8世紀にかけての税に関する木簡、国守木簡や習書木簡など約90点におよぶ木簡や土器・祭祀遺物が出土しており、（ア）の初期国府域付近に7世紀後半頃から初期国衙が存在した可能性が強くなった。阿波国府の構造については、金田章裕の指摘にもあるように、国庁を中心として先に述べた観音寺周辺にその存在が推定される東西あるいは南北の幹線道路に沿って各種官衙、館、工房、寺院などが配置される形態が予想される。

（鳴門教育大学）

〔引用・参考文献〕
藤田九十九「阿波国板野村の条里と地割」『歴史地理』71―1、1938年
福井好行「阿波に於ける条里の遺址」『徳島大学学芸学部紀要』7、1958年
同上「阿波の国府と其の附近の条里」『徳島大学学芸学部紀要』8、1959年
同上「阿波の条里補遺」『徳島大学学芸学部紀要』9、1960年
高重進「阿波新島庄の歴史地理」『社会科研究』9、1961年
服部昌之「阿波条里の復原的研究」『人文地理』18―5、1966年
羽山久男「吉野川河谷の古代交通路と郡衙」金沢治先生喜寿記念論集刊行会編『阿波・歴史と風土』教育出版センター1976年
長谷正紀「阿波の国の駅家と駅路について」『和歌山地理』11、1991年
早渕隆人「吉野川下流部における条里地割の継続性について―黒谷川宮ノ前遺跡に見られる区画溝を中心として―」『徳島県埋蔵文化財センター年報』2、1990年
日野尚志「南海道の駅路―阿波・讃岐・伊予・土佐四国の場合」『歴史地理学紀要』20、1978年
丸山幸彦「古代の大河川下流域に於ける開発と交易の進展―阿波国新島庄をめぐって―」『徳島大学総合科学部紀要』2、1989年
徳島県教育委員会・石井町教育委員会『阿波国分尼寺発掘調査概報』1971、1972年
徳島市教育委員会『阿波国分寺跡第1次～第3次調査概報』1979～1981年
徳島市教育委員会『阿波国府第1次～第10次調査概報』1983～1992年
（財）徳島県埋蔵文化財センター『観音寺木簡―観音寺遺跡出土木簡概報―』1999年
金田章裕「国府の形態と構造について」『国立歴史民俗博物館研究報告』第63集、1995年

長崎県における古代遺跡の調査
―― 現状と課題 ――

川 口 洋 平

I　はじめに

　長崎県は、旧国名でいうと肥前国西部と対馬・壱岐の二島（国）にあたる地域である。地理的にみると九州の西端部にあたり、大陸や朝鮮半島との交渉において必然的に一定の役割を担った地域でもある。古代においては、唐や統一新羅との関係の中で水際的な位置を占め、文字通り辺要として中央からも重視されていた。本稿では、考古学的な立場から、長崎県域における古代遺跡の調査を概観し、現時点での問題点や課題を抽出していくと共に、文献史や歴史理学的な研究との整合性についても考えてみたい。

II　研究略史

　長崎県域において、古代の遺跡の発掘が行われた最も古い事例としては、延宝四（1676）年に平戸藩の国学者橘三喜が行ったという壱岐・鉢形嶺経塚の探索をあげることができるが[1]、考古学的手法による発掘調査は、1973年の永留久恵らによる対馬国府推定地の試掘（永留1987）に始まったということがいえよう[2]。その後、1970年代から80年代にかけて、県内での発掘調査が増加していったが、古代については、散発的に確認されるといった状況であった。その中で、注目された報告例をあげるとすれば、1980年代始めの西彼杵郡大瀬戸町の串島遺跡（高野編1980）と、ホゲット石鍋製作所跡（正林・下川1980）の調査があげられる。串島遺跡では、海岸部で土師器・須恵器が出土したことが注目され、ホゲット石鍋製作所跡は、広域的に流通した石鍋生産地の調査として注目された。1980年代後半には、壱岐・勝本町の串山ミルメ浦遺跡の調査が行われ、遺構・遺物が確認されている（平川1985・安楽1989・宮崎1990）。

　1990年代になると、古代についての調査例も増加してくる。代表的なものとして、壱岐島分寺（高野1991・1993・1994）、原の辻遺跡（川口1995・1997）、椿遺跡（川口1996）、大浜遺跡（福田1998）、大宝遺跡（西・村川1999）、金田城跡（美津島町教委調査中）などがある。

　一方、古代をテーマとした考古学的な研究としては、下川達彌による滑石製石鍋についての諸論（下川1974・1984ほか）のほか、宮崎貴夫による県内出土の初期貿易陶磁の評価（宮崎

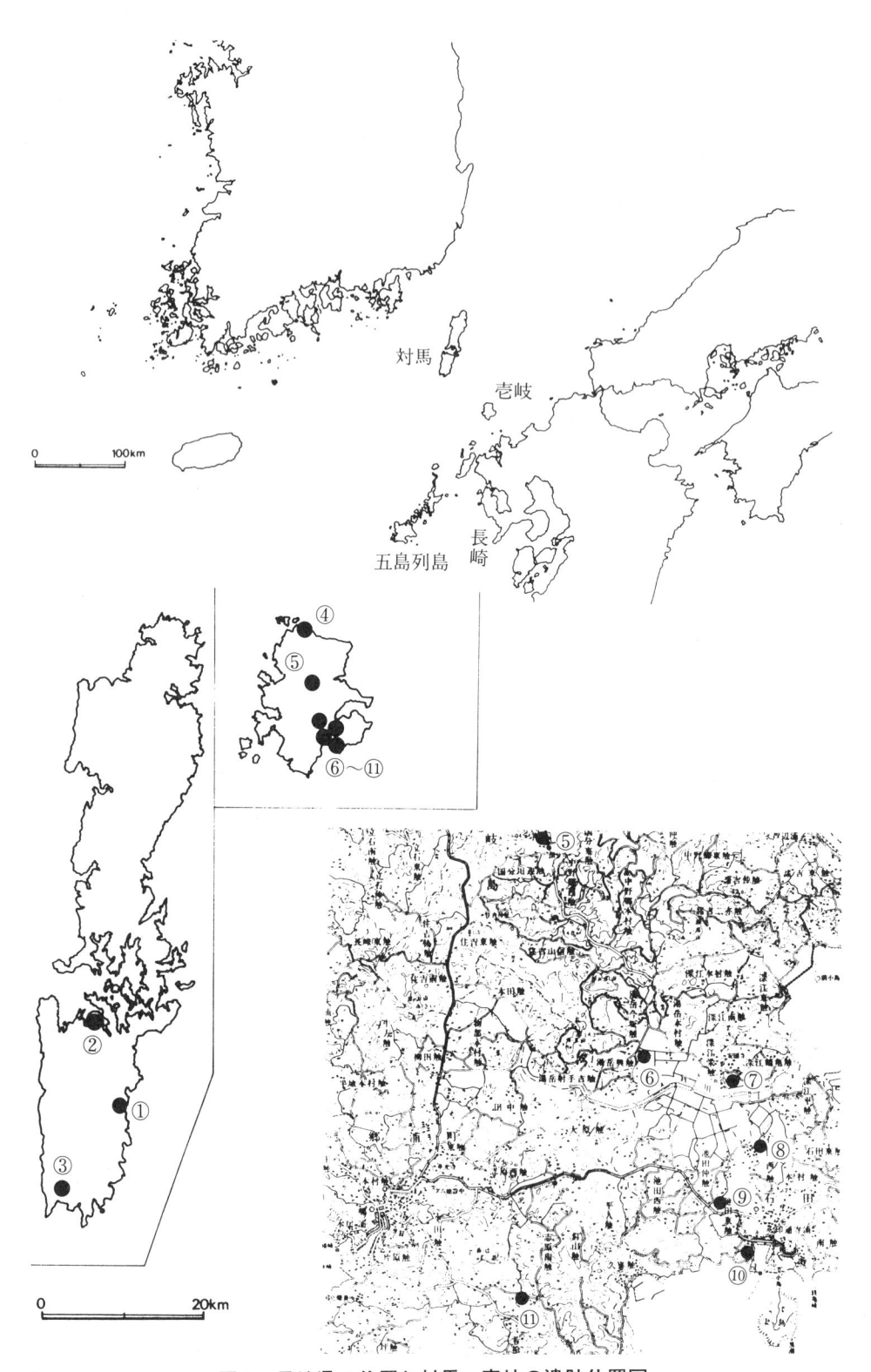

図1 長崎県の位置と対馬・壱岐の遺跡位置図

1994・1998）がある。また、文献記録への実証的なアプローチとして、高野晋司による壱岐島分寺についての研究（高野1995）と川口洋平による壱岐における駅家や官衙等の推定地と実際の調査成果の整理（川口1997）がある。

Ⅲ 考古学的成果と分析

ここでは、まず地域別に古代遺跡の調査成果を概観し、つぎに個々の内容から遺跡の性格を分析して、再評価を行いたい。

1 地域別にみた調査成果と分析

（1） 対馬

①対馬国府推定地（下対馬郡厳原町）

②金田城（下県郡美津島町）

③馬乗石遺跡（下県郡厳原町）

①は、対馬国府の推定地とされる現在の厳原町役場の建設の前に、永留久恵らが試掘を行ったものである。調査の結果、古代の遺物包含層が確認され、須恵器が出土している（永留1987）。永留は、遺構が確認されなかったことなどから、国府とは直接結び付けてはいないが、推定地からの遺物の出土は極めて興味深い[3]。

②は、特別史跡の朝鮮式山城で、一ノ城戸、二ノ城戸、三ノ城戸が明瞭にのこる。近年の調査で、門礎石、土塁、掘立柱建物などの遺構が確認されている（本田1995・1996）。また、遺物

金田城二ノ城戸（美津島町教委提供）

は7世紀後半の須恵器や統一新羅系の陶器などが出土している。

③は、調査当初、古墳と考えられた塚であるが、調査の結果、多数の貿易陶磁や須恵器などが出土した。中には越州窯系青磁・緑釉陶器が数点含まれており、古代から中世にかけての祭祀遺跡と考えられる（村川・宇土1998）。

（2） 壱岐

　④串山ミルメ浦遺跡（壱岐郡勝本町）

　⑤壱岐島分寺跡（壱岐郡芦辺町）

　⑥興触遺跡（壱岐郡芦辺町）

　⑦安国寺前A遺跡（壱岐郡芦辺町）

　⑧原の辻遺跡（壱岐郡芦辺町・石田町）

　⑨椿遺跡（壱岐郡石田町）

　⑩中尾遺跡（壱岐郡石田町）

　⑪大宝遺跡（壱岐郡郷ノ浦町）

④は、壱岐島の北端の海岸に位置し、土師器の甕を主体とする遺物が出土している。特徴的なのは、亀卜に用いられた亀の甲が出土していることで、航海に関する占いが行われていたとも考えられる（安楽1989）。また、出土した須恵器の中には墨書が認められるものがあり、何らかの公的な力が介在していたとも考えられる（宮崎1990）。調査者は、付近で大量のアワビが出土していることから、調などに用いられる水産加工の場であった可能性を示唆している。

⑤は、古くから古瓦が採集されており、山口麻太郎によって壱岐島分寺に比定され、県指定の史跡となっている。調査では、版築基壇をもつ建物跡や平城宮六二八四A型式と同笵の軒丸瓦などが確認され、都と深く関係した島嶼の国分寺の様相が明らかになりつつある。文献記録によれば、もとは壱岐直の氏寺であったものを転用したものであるとされるが、調査者によれば、8世紀末から9世紀始めにかけて遺物の量がピークをむかえるという（高野1993）。しかしながら、氏寺から官寺への変化の画期については、不明な点が多い。

⑥は、歴史地理学の分野から壱岐国府に比定されている場所のひとつである。調査では、古代から中世前期にかけて使用されたと考えられる溝状遺構が確認されており、奈良時代の土師器、須恵器がまとまって出土している。国府との関連は、現時点では明かではないが、供膳具を主体とする出土状況から、公的な場としての機能も推測される（川口・松永1998）。

⑦は、⑧の北側に隣接する遺跡で、遺構は検出されなかったが、包含層から銅製の銙帯や越州窯系青磁が出土している。付近は、後述する⑧の川原畑地区で検出された道路状遺構から北西に約200m延長した位置にあたり、その関連が注目される（宮崎1997）。

⑧は、弥生時代の大規模環濠集落として知られているが、数カ所において古代の遺構・遺物

が確認されている。⑦で述べたとおり、北側の川原畑地区で、両側に側溝をもつ道路状遺構が確認されている。埋土からは、8世紀後半頃の須恵器と布目瓦片が出土しており、この頃には廃絶したと考えられる。路面幅は約5m、側溝幅は約0.7mでN－40°－W傾斜している（川口1997）。また、この遺構の南東約300m離れた石田高原地区で、木簡五点が出土している。

「白玉六□」や「赤万呂七八升」と書かれており、物品に関わる貢進・請求木簡と記録木簡であると考えられている（平川1995）。さらに、南側の大川地区では、須恵器や土師器と共に初期貿易陶磁器がまとまって出土している。越州窯系青磁、定・邢州窯系白磁、長沙窯系青磁水注のほか、中国南部産と考えられる白磁（山本1997）や新羅・高麗産の無釉陶器も確認されている。数はごく少ないが、墨書土器や円面硯の脚部が含まれることから、官衙的な性格が推測されている（川口1997）。

⑨は、優通駅家に比定されている印通寺港に隣接する遺跡で、布目瓦のほか刻書土器や石帯（丸鞆）が出土している[3]。遺構としてはピットが確認されたが、遺跡の性格は明らかではない。立地や遺物からして、小規模な公的施設や草堂的な寺院が想定される。

⑩は、印通寺港の西岸に位置し、初期貿易陶磁や製鉄関連遺物などが出土している[3]。遺構等については不明であるが、やはり港に関連のある施設等の跡と考えられる。

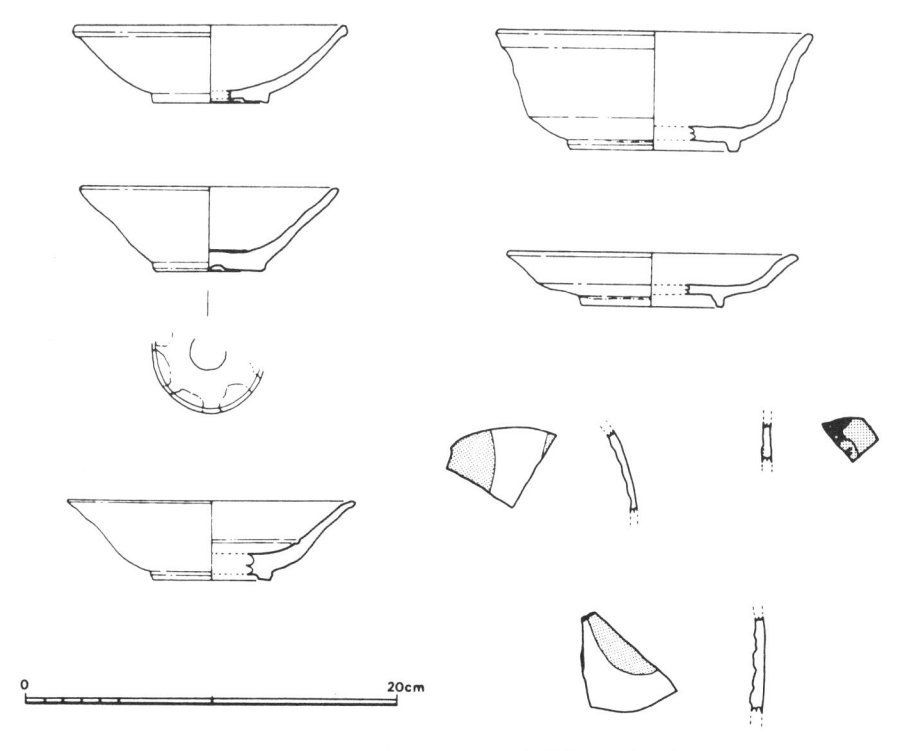

図2　原の辻遺跡出土初期貿易陶磁（1/4）

⑪は、内陸部の谷間に立地する遺跡で、調査では古代の溝状遺構やピット群が確認されている。遺物の中には須恵器や土師器のほかに、初期貿易陶磁や製塩土器が出土している（西・村川1999）。遺跡の性格としては、地理的な条件から官衙などは想定されず、有力者の拠点などが考えられる。

（3） 五島列島

⑫宮ノ首遺跡（北松浦郡宇久町）

⑬大浜遺跡・中島遺跡（福江市）

⑫は、五島列島の最北端に位置する宇久島の西海岸にある遺跡で、須恵器や製塩土器の甕などとともに大量のアワビが出土している。

⑬は、同島の南東部の海辺に位置し、大量の獣骨とともに、越州窯系青磁、統一新羅系陶器、国産施釉陶器、土師器、須恵器などがまとまって出土した（福田1998）。須恵器には円面硯の脚部と思われるものも含まれており、付近に何らかの公的な拠点が存在した可能性を示唆

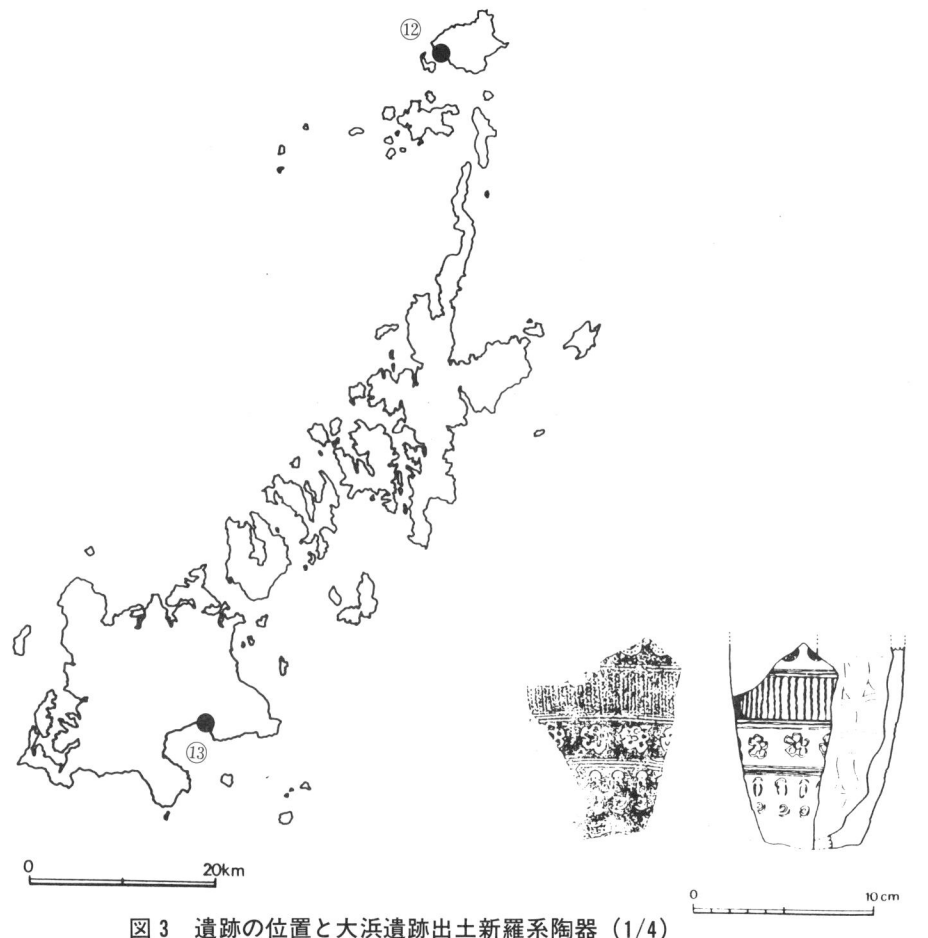

図3　遺跡の位置と大浜遺跡出土新羅系陶器（1/4）

している。遺物からみると、この遺跡は12世紀頃まで続き、以後急激に少なくなる。また、組成が大宰府や博多に近いことから4)、五島列島では現時点で唯一、律令体制の枠内で推移した様子がうかがえる遺跡である。また、北側に隣接する中島遺跡では、墨書土器が採集されており（木本1996）、同一の視点でとらえられるものと考えられる。

（4） 本土部

⑭松浦今福遺跡（松浦市）

⑮里田原遺跡（北松浦郡田平町）

⑯串島遺跡（西彼杵郡大瀬戸町）

⑰ホゲット石鍋製作所跡（西彼杵郡大瀬戸町）

⑱下茅場遺跡（西彼杵郡大瀬戸町）

⑲脇岬遺跡（西彼杵郡野母崎町）

⑳大園遺跡（北高来郡吾妻町）

㉑五万長者遺跡（北高来郡国見町）

㉒大野原七反畑遺跡（北高来郡有明町）

㉓松尾遺跡（北高来郡有明町）

㉔稗田原遺跡（島原市稗田町）

⑭は、数は少ないが越州窯系青磁が出土している（高原1998）。⑮はやはり、越州窯系青磁6点（宮崎1994）と緑釉陶器1点、また布目瓦が出土しており（川道1997）、弥勒知識寺との関連も指摘されている（木本1996）。

⑯は、海岸部に位置し、須恵器のほか多量の土師器の甕が出土している。壱岐の串山ミルメ浦遺跡や宇久の宮ノ首遺跡のように水産加工の場所であったと考えられる（高野編1980）。

⑰・⑱は、滑石製石鍋の製作所跡で、未製品が岩盤から切り離されずにのこるなど、製作の様子がわかる（荒木1998）。年代については、明らかではないが、⑰付近のたき火跡の放射性炭素年代測定では、11世紀前後の実年代結果が得られている（正林・下川1981）。⑲は、肥埼警固所があったともいわれており、越州窯系青磁や墨書土器が出土している（町田1993）。

⑳は、島原半島の付け根にある遺跡で、須恵器や土師器がまとまって出土している。土師器の杯には文字が刻書されたものもあり注目される（安楽1991）。

㉑は、古くから古瓦が採集されており、老司系古瓦との指摘がなされていた（小田1958ほか）。礎石が存在していたともいわれ、高来郡寺の可能性が指摘されている（本馬1996）。最近の調査では、版築や祭祀遺構が確認され、須恵器や土師器も出土している（川道編1997）。

㉒は、廃棄土壙から、須恵器・土師器が集中して出土している。遺物の中には文字が刻書されたものもある。隣接する大野原一丁田遺跡からも刻書土器が採集されている（諫見1993）。

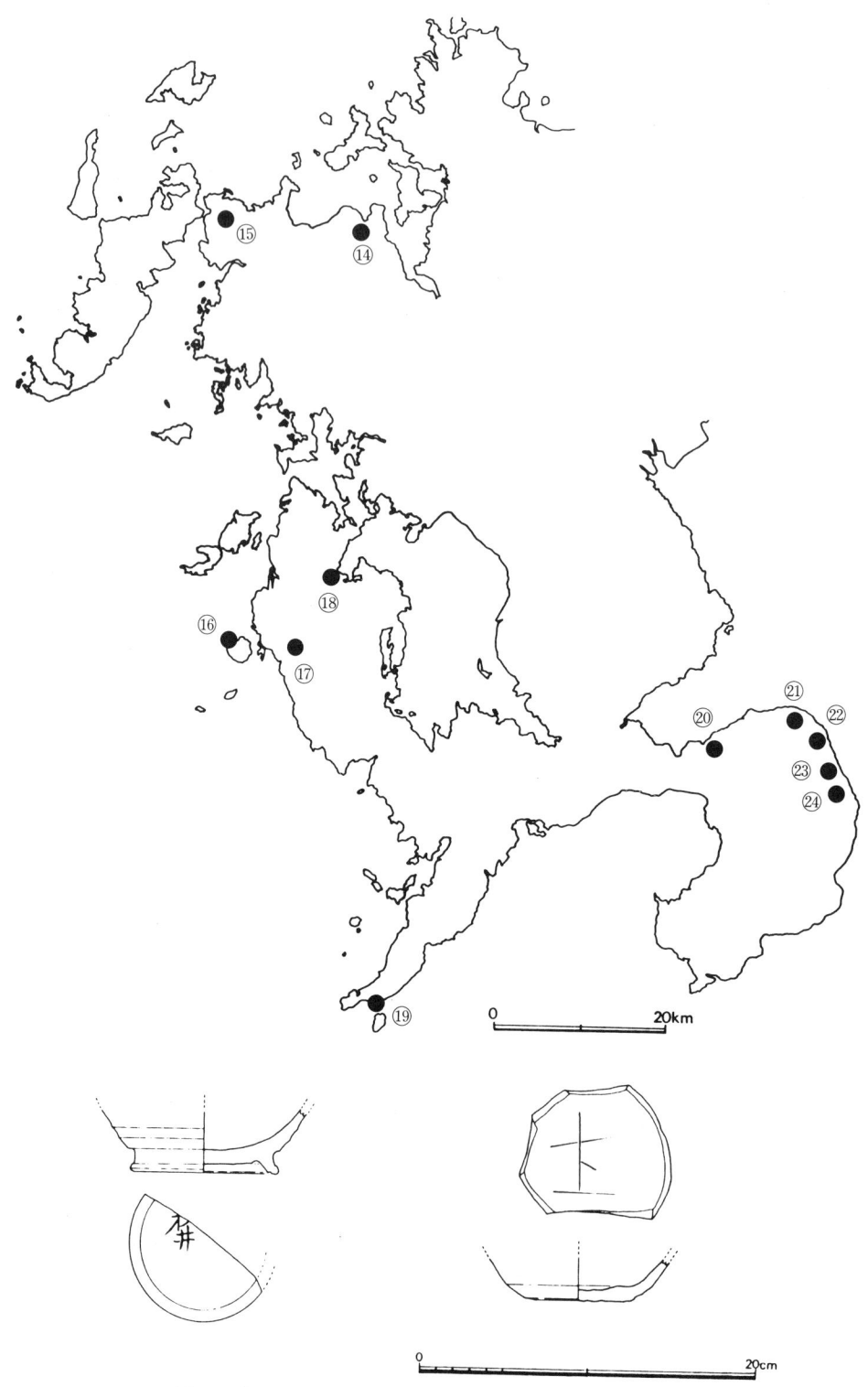

図4 遺跡の位置と稗田原遺跡出土の刻書土器 (1/4)

㉓は、土師器・須恵器がまとまって出土している。量的にみると土師器の甕が主体となっているが、坏には刻書が認められるものもある（安楽1988）。

㉔は、土石流の流れた旧河道から、古代の遺物がまとまって出土している。土師器が主体を占めるが、刻書土器や越州窯系青磁も出土している（川口編1999）。

2　遺物による遺跡の分析

ここでは混沌とした調査成果から、特色のある遺物に注目して分析を試みてみたい。律令体制下の遺跡について考える場合、文献との整合性から、官衙であるのか、違うのかということが大きな問題であるといえる。したがってここでは、官衙的な遺物をキーにして、遺跡の整理を行いたい。

（1）銙帯・石帯、木簡

いずれも官衙的な性格が強い資料であると考えられる。県内では壱岐に集中して出土している。出土した安国寺前A遺跡（銙帯）、原の辻遺跡（木簡）、椿遺跡（石帯）は互いに近く、何らかの関連があったとも考えられる。

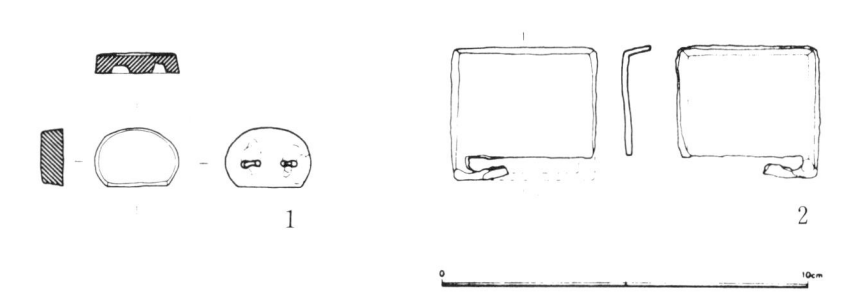

図5　椿遺跡出土の石帯（1）・安国寺前A遺跡出土の銙帯（2）

（2）墨書・刻書土器

県内では、11遺跡での出土が確認されている。出土傾向としては、島嶼部と島原半島に多いことがあげられる。文字は、人名を除けば意味の不明なものが多い。土器の納入元・先の意味もあると考えられるが、同一の文字がまとまって出土していない以上、何ともいえない。その中で椿遺跡出土の刻書土器は、福岡県大野城市のハセムシ窯跡出土の刻書の須恵器と共通点があり、興味深い（川口1996）。

（3）初期貿易陶磁・国産施釉陶器

県内における初期貿易陶磁については、宮崎貴夫による評価があり、1994年の論攷時には、「一遺跡からの出土数は数点を越えない」という見解であったが、その後、壱岐・原の辻遺跡で

表1 長崎県出土の墨書・刻書土器一覧

番号	遺跡名	所在地	種別・器種	部位	種類	文字
1	串山ミルメ浦遺跡	壱岐郡勝本町	須恵器・蓋	天井部	墨書	「足嶋」か
2	原の辻遺跡	壱岐郡石田町	須恵器・坏	底部か	墨書	「木」か
3	椿遺跡	壱岐郡石田町	須恵器・甕	口縁部	刻書	「郡平」
4	大浜遺跡	福江市大浜町	須恵器・坏	底部	墨書	判読不能
5	中島遺跡	福江市増田町	須恵器・坏	高台内	墨書	「八田亡」
6	脇岬遺跡	西彼杵郡野母崎町	土師器・皿	底部か	墨書	「西」
7	大園遺跡	南高来郡瑞穂町	土師器・坏	体部	刻書	「太」
8	大野原七反畑遺跡	南高来郡有明町	須恵器・鉢	体部	刻書	「佐」
9	大野原七反畑遺跡	南高来郡有明町	土師器		刻書	「八」「田」
10	大野原一丁田遺跡	南高来郡有明町	土師器		刻書	「八」「田」
11	松尾遺跡	南高来郡有明町	土師器・坏	底部	刻書	「直」
12	稗田原遺跡	島原市稗田町	土師器・坏	見込	刻書	「土」
13	稗田原遺跡	島原市稗田町	須恵器・坏	高台内	刻書	「杉井」
14	稗田原遺跡	島原市稗田町	土師器		刻書	「七」「井」

まとまった量の初期貿易陶磁が出土し、評価を塗り替えている（宮崎1998）。また、原の辻遺跡ほどではないが、各地での出土例も増えつつある状況である。一方、初期貿易陶磁とならんで稀少な遺物として、国産の施釉陶器があげられる。これまでまとまった論攷もないことから、ここで県内での出土状況を概観してみたい。

国産の施釉陶器は、初期貿易陶磁以上に出土例が少ない。まとまった出土例としては、やは

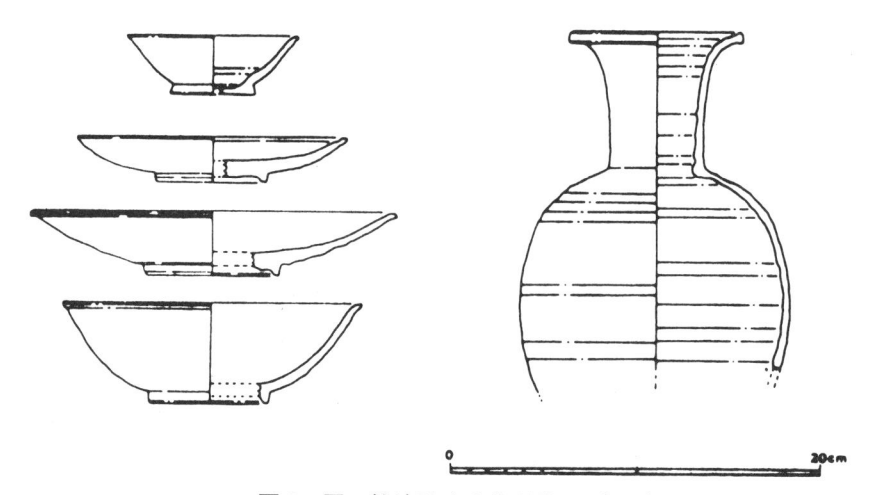

図6　原の辻遺跡出土施釉陶器（1/4）

表2　長崎県出土の施釉陶器一覧

番号	遺跡名	所在地	内容（点数）
1	馬乗石遺跡	下県郡厳原町	緑釉・坏（1）
2	興触遺跡	壱岐郡芦辺町	緑釉・坏（2）、壺（1）
3	原の辻遺跡	壱岐郡芦辺町・石田町	緑釉・坏、皿（25）、灰釉・坏、皿、壺（38）
4	大浜遺跡	福江市大浜町	緑釉（2）
5	里田原遺跡	北松浦郡田平町	緑釉

— 104 —

り原の辻遺跡をあげるほかはないが、散発的には確認される例が増加してきている。出土傾向としては、壱岐に多く対馬や五島、県北で散見されている。

原の辻遺跡のものは、猿投系の灰釉陶器、洛西の緑釉陶器が主体で、九世紀前半から中頃の資料と考えられる（川口1995・1997）。量的にみると初期貿易陶磁を上回る点が注目され、中央との深いつながりを感じさせる。

Ⅳ　まとめ
1　歴史地理学的成果との整合性
（1）研究概況

長崎県における、古代の歴史地理学的研究は、対馬・壱岐の国府の所在地と、両島と肥前西部の官道の推定を中心に進められてきたといえる。県内で所在の明らかな古代の拠点は、対馬の金田城と壱岐島分寺のみであり、肥前国府は佐賀県側であることから、両島の国府に関心が集まったものと思われる。各研究の概要については、自身の研究も含め、木下良によりまとめられている（木下1986・1989）。また、川口洋平による補足的な整理もある（川口1996）。

官道については、肥前について木下良（1979）が、対馬・壱岐について高橋誠一（1979）が官道のルートと駅家の推定をしており、日野尚志（1995）と木本雅康（1988）にも大方支持されている。また、郡家や寺院についての研究は少なく、壱岐の郡家（日野1976）や弥勒知識寺（木本1996）、五万長者屋敷跡（本馬1996）に関するものがある程度である。

（2）考古学的成果との対照

それでは、これらと実際の調査成果を対照して、現時点でどの程度の実証が可能なのであろうか。最も興味深いのは、壱岐における国府の推定地における調査であろう。とくに多くの支持を集めていた興触遺跡の調査では、古代〜中世にかけて使用された溝が確認されている（川口・松永1998）。現時点では遺物の内容から国府に直接結びつくとは考えにくいが、溝は12世紀頃に廃棄の祭祀が行われており、律令体制の終末と関連があるとも考えられる。隣接する興神社（印鑰神社）が国司印の形骸化したものと考えれば興味深く、今後の調査による成果を待ちたい。

また、日野尚志が移転後の国府と推定した池田仲触に近い椿遺跡では、瓦や石帯が出土して注目された（川口1997）。谷状の地形であることや、瓦が出土していることから、寺院的な性格が強いと考えられるが、優通駅家が置かれたとされる印通寺に近く、日野の指摘する利便性に優れる点からも興味深い。さらに、印通寺港を見下ろす丘にある中尾遺跡からは、初期貿易陶磁や製鉄関連の遺物が出土しており、駅家との関連も指摘される。

本土部では、弥勒知識寺を里田原遺跡付近に推定する説があり（木本1988）、実際に布目瓦

や越州窯青磁、緑釉陶器も採集されている。遺構の確認されない現時点では確定することはできないが、他の官衙の可能性も含め検討していく必要があろう。また、肥前国風土記にみえる肥埼警固所を野母崎町の脇岬遺跡周辺に想定する説もある（宮崎1994）。調査では、越州窯青磁や墨書土器が出土していることから、役人などが介在していた可能性が高く、この説を裏付けるものとなっている。しかし、確定するには、遺構の確認とより公的性格の強い遺物の確認が必要であろう。

2　問題点の抽出と課題

長崎県における古代遺跡の調査を概観して、認められる特徴を記したい。全体的にみると、遺物・遺構から大きく以下の三つのグループに整理できると考えられる。

①文字資料や初期貿易陶磁、施釉陶器などが出土する官衙的性格の遺跡。

②瓦や礎石が認められる寺院的な性格の遺跡。

③土師器の甕が主体を占め、水産加工を行っていたと考えられる遺跡。

①は、国府、郡家、駅家などの候補地となりうる遺跡であり、現時点では、原の辻遺跡がこれに相当するものと考えられる。②は、国分寺、郡寺、私寺などが想定される遺跡であり、椿遺跡、里田原遺跡、五万長者遺跡が該当しよう。③は、調などの税との関わりも考えられ、本県域における特質といえるかもしれない。串山ミルメ遺跡や宮ノ首遺跡などの島嶼部の遺跡と松尾遺跡や稗田原遺跡など島原半島の遺跡の多くがこれに該当する。ごく少ないが文字資料や初期貿易陶磁が出土する例も多く、公的なものとの関わりが指摘され、単純に生産遺跡と片づけるのは躊躇される。また、五島の大浜遺跡は、獣骨が多く出土していることから、牛馬の解体などが行われていたと考えられる。やはり、緑釉陶器や墨書土器が出土しており、官営の牧との関連などが推測される。

さて、個々のグループについて考える場合、いくつかの問題が指摘される。①については、歴史地理学的研究との相互研究が不可欠であり、実証的立場での調査が望まれるのはいうまでもないが、官衙推定地が周知の遺跡ではない場合も多く、今後の課題としてあげられよう。いずれにせよ、対馬・壱岐の国府、各郡家については、体系的な把握と早期の場所の特定が望まれる。②についても、国や郡との関わりの中で理解していくべきであろう。ただ、瓦を例にとっても、壱岐嶋分寺では平城宮式、五万長者遺跡では老司式を採用しているなど、背景的に異なる状況が推測される。また、椿遺跡にみられるような、ごく少量の瓦の出土する遺跡をどのようにとらえていくのかも今後の課題であろう。③については、穀物の生産基盤が乏しい地域での出土状況として興味深いが、やはり文献史などを参考にしながら、何をどのように生産していたのかを具体的に探っていく必要がある。

以上、長崎県域における古代遺跡の調査についてまとめてみたが、個々の出土遺物など点的にみると、興味深い事実が明らかになっていることは確かであるが、官衙の場所など大きな問題については、未解明なことが多いことが改めて実感された。各地で官衙の発掘が行われている現在、その内容の比較などが研究の主流になりつつあり、位置の特定の問題は、とくに国府に関しては、過去のものとなりつつある。いつの日か、長崎県域の官衙の位置が特定され、その内容が明らかになる時を待ちたい。

(長崎県教育委員会)

〔註〕
（１）　全国の一の宮巡礼の際に、台座、後背と共に掘り出されたもの。滑石製で、国司佐伯良孝などの銘文がある。奈良国立博物館所蔵。
（２）　残念ながら、周知の遺跡として登録されていない。然るべき措置が望まれる。
（３）　石田町教育委員会の調査による。
（４）　九州土器研究会（長崎大会）にて山本信夫氏より御教示いただいた。

〔引用・参考文献〕
荒木伸也　1998『下茅場遺跡』西彼町文化財調査報告書第１集、西彼町教育委員会
安楽勉編　1991「大園遺跡」『守山地区県営圃場整備事業に係る埋蔵文化財発掘調査報告』吾妻町の文化財第12集、吾妻町教育委員会
安楽勉編　1988「松尾遺跡」『長崎県埋蔵文化財調査集報』長崎県文化財調査報告書第91集、長崎県教育委員会
安楽勉編　1989『串山ミルメ浦遺跡』勝本町文化財調査報告書第７集、勝本町教育委員会
諌見富士郎　1993『大野原七反畑遺跡』有明町文化財報告書第10集、有明町教育委員会
宇土靖之・村川逸朗編　1998『馬乗石遺跡』長崎県文化財調査報告書第149集、長崎県教育委員会
小田富士雄　1958「九州に於ける大宰府系古瓦の展開（３）」『九州考古学』５・６、九州考古学会
川口洋平・山下英明編　1997「原の辻遺跡」『原の辻遺跡・安国寺前Ａ遺跡・安国寺前Ｂ遺跡』原の辻遺跡調査事務所調査報告書第１集、長崎県教育委員会
川口洋平　1996「壱岐国」「対馬国」『国府―畿内・七道の様相―』日本考古学協会三重県実行委員会
川口洋平　1997「壱岐島の古代の遺跡―最近の発掘調査から―」『古代交通研究』第６号、古代交通研究会
川口洋平　1998「生産と流通」『原始・古代の長崎県』通史編、長崎県教育委員会
川口洋平編　1988『興触遺跡』原の辻遺跡調査事務所調査報告書第７集、長崎県教育委員会
川口洋平編　1996『椿遺跡』石田町文化財調査報告書第１集、石田町教育委員会
川口洋平編　1997『原の辻遺跡Ⅱ』石田町文化財保護協会調査報告書第２集、石田町文化財保護協会
川口洋平編　1999『稗田原遺跡Ⅲ』長崎県文化財調査報告書第152集、長崎県教育委員会
川道寛　1997「五万長者遺跡」『県内重要遺跡範囲確認調査報告書』Ⅴ長崎県文化財調査報告書第133集、長崎県教育委員会
木下良　1979「肥前国」『古代日本の交通路』Ⅳ、大明堂
木下良　1986「壱岐嶋」「対馬嶋」『国立歴史民俗博物館研究報告』第10集、国立歴史民俗博物館
木下良　1989「壱岐国府」「対馬国府」『国立歴史民俗博物館研究報告』第20集、国立歴史民俗博物館
木本雅康　1996「古代国家の下に」『図説長崎県の歴史』河出書房
木本雅康　1998「駅制と軍防制」『原始・古代の長崎県』通史編、長崎県教育委員会

下川達彌　1974「滑石製石鍋考」長崎県立美術博物館研究紀要2、長崎県立美術博物館
下川達彌　1984「滑石製品石鍋地名表（九州・沖縄）」『九州文化史研究所紀要』29、九州大学
正林護・下川達彌　1981「滑石製石鍋の炭素測定値」『長崎県埋蔵文化財調査集報』Ⅳ長崎県文化財調
　　査報告書第55集、長崎県教育委員会
正林護編　1980『大瀬戸町石鍋製作所遺跡』大瀬戸町文化財調査報告書第1集、大瀬戸町教育委員会
高野晋司　1995「壱岐嶋分寺と壱岐直」『風土記の考古学5　肥前国風土記の巻』同成社
高野晋司編　1980『串島遺跡』長崎県文化財調査報告書第51集、長崎県教育委員会
高野晋司編　1991『壱岐嶋分寺』Ⅰ芦辺町文化財調査報告書第5集、芦辺町教育委員会
高野晋司編　1993『壱岐嶋分寺』Ⅱ芦辺町文化財調査報告書第7集、芦辺町教育委員会
高野晋司編　1994『壱岐嶋分寺』Ⅲ芦辺町文化財調査報告書第8集、芦辺町教育委員会
高橋誠一　1979「壱岐国」「対馬国」『古代日本の交通路』Ⅳ、大明堂
高原愛　1998「中世の遺物」『松浦・今福遺跡』松浦市文化財調査報告書第14集、松浦市教育委員会
永留久恵　1987「国府」『新修国分寺の研究』第五巻下　西海道、吉川弘文館
西信男編　1999『大宝遺跡』原の辻遺跡調査事務書調査報告書第14集、長崎県教育委員会
日野尚志　1976「壱岐嶋の国府・郡家について」『史元』17、史元会
日野尚志　1983「西海道国府考　壱岐国府」『大宰府古文化論叢』上、吉川弘文館
日野尚志　1996「西海道」『古代を考える　古代道路』吉川弘文館
平川敬治編　1985『串山ミルメ浦遺跡』勝本町文化財調査報告書第4集、勝本町教育委員会
平川南　1995「長崎県壱岐郡原の辻遺跡出土の木簡」『原の辻遺跡』長崎県文化財調査報告書第124
　　集、長崎県教育委員会
福田一志編　1998『大浜遺跡』長崎県文化財調査報告書第141集、長崎県教育委員会
本田秀樹　1995「対馬・金田城」『古代文化』第47巻第11号
本馬貞夫　1996「五万長者屋敷跡」『図説長崎県の歴史』河出書房新社
町田利幸　1993「脇岬遺跡」『県内重要遺跡範囲確認調査報告書』長崎県文化財調査報告書第109集、
　　長崎県教育委員会
宮崎貴夫　1991『宮ノ首遺跡』宇久町文化財調査報告書第2集、宇久町教育委員会
宮崎貴夫　1994「長崎県における貿易陶磁研究の現状と課題」『長崎県の考古学―中・近世特集―』長
　　崎県考古学会
宮崎貴夫　1998「長崎県地域の貿易陶磁の様相―肥前西部・壱岐・対馬―」『貿易陶磁研究』No.18、日
　　本貿易陶磁研究会
宮崎貴夫編　1990『串山ミルメ浦遺跡』勝本町文化財調査報告書第8集、勝本町教育委員会
宮崎貴夫編　1997「安国寺前A遺跡」『原の辻遺跡・安国寺前A遺跡・安国寺前B遺跡』原の辻遺跡調
　　査事務所調査報告書第1集、長崎県教育委員会
山本信夫　1997「九州地方」『東洋陶磁学会会報』第33号、東洋陶磁学会

日向峠越えルートについて

瓜 生 秀 文

I はじめに

　現在の県道大野城・二丈線をはさんで「雷山神籠石」と「怡土城」の2つの古代山城が築城されている。「雷山神籠石」は糸島地方のみならず博多湾や玄界灘まで広く一望できる景勝の地に位置している。「北水門」から北方向を一望すると、「怡土城」を望むことができる。この県道大野城・二丈線（「日向峠越えルート」）は今日も太宰府へ続いており、「雷山神籠石」と「怡土城」築城の要因の一つであったと考えられる。従って、ここでは「日向峠越えルート」について考察したいと思う。

雷山神籠石上空から怡土平野のながめ

II 弥生時代の幹線道路と「日向峠」

『魏志倭人伝』によると末盧国・伊都国・奴国・不弥国等の記述が確認できる。唐津市付近（末盧国）、前原市付近（伊都国）、春日・福岡市付近（奴国）の遺跡分布をみると、各平野の中心的な遺跡は一本の道で結ぶことができる。現在、唐津から海岸沿いに深江にいたると、ここを起点とする県道（大野城・二丈線）によって日向峠越えの最短距離で春日市須玖にいたる。この道に沿って三雲・井原・丸尾台・須玖岡本をはじめ多くの遺跡が所在している。さらに、県道を東に進むと、宇美町を経由してショウケ越えで飯塚市にいたる。宇美は文献の上で、また立岩遺跡の位置する飯塚は考古学的に、それぞれ「不弥国」に比定されることが多い。こうしてみると、末盧国→伊都国→奴国→不弥国は最短距離で結ばれ、そこに当時の交通路の存在がうかがわれる[1]。その弥生時代の交通に関して、『魏志倭人伝』によると倭国には「京都」=「都」へ「傳送文書賜遣之物」するシステムがあったことが想定され、この末盧国から日向峠越えを経由して不弥国にいたる幹線道路が重要な役割を果たしていたと考えることもできる。

ところで、この末盧国から不弥国にいたる弥生時代の幹線道路に沿って神功皇后伝承に関する遺称地が分布していることが指摘されている。そこで、『日本書紀』・『古事記』に限定して神功皇后伝承をみていくと「深江」→「日向峠」→「宇美」→「ショウケ越え」というようにその遺称地と高倉氏の想定する弥生時代の幹線道路と一致してくる（第1図）。あくまでも神功皇后伝承は史料としての信憑性を問われているためそれ自体は史実とはいえない。ただし、『日本書紀』神功皇后39年条によると「魏志にいわく」という記述があることから『日本書紀』の編者は『魏志倭人伝』を理解した上で編集したことがうかがわれる。このことから、二丈町深江から日向峠を経由して飯塚市立岩へと続くルートは『魏志倭人伝』すなわち中国の歴史書に記録されている史実であった可能性がたかい。その史実を『日本書紀』の編者が国家的意図の下に「神功皇后伝承」というかたちで改ざんしたのではなかろうか。そのために史実として記録にのこらなかったと理解できる[2]。

III 古墳時代から歴史時代にかけての日向峠越えルート

継体天皇21年（527）、現在の八女地方に勢力の中心をおいていた筑紫（九州）最大の豪族筑紫君磐井が大和政権に反旗をひるがえす。これが「筑紫君磐井の乱」である。乱は『日本書紀』によると継体天皇21年から翌22年（527～528）まで続き、三井郡で磐井が誅殺され、子の葛子が「糟屋屯倉」を献上することによって乱は終結する。

乱の終結後、大和政権は「屯倉」（大和政権の直轄地）の設置等の政策を実施して筑紫（九州）支配を強化する。なお、この一連の政策のなかで筑紫君一族は磐井が誅殺された後も存続しているのが確認できる[3]。その一方において、筑紫君にかわって肥後地方に本拠地をおく

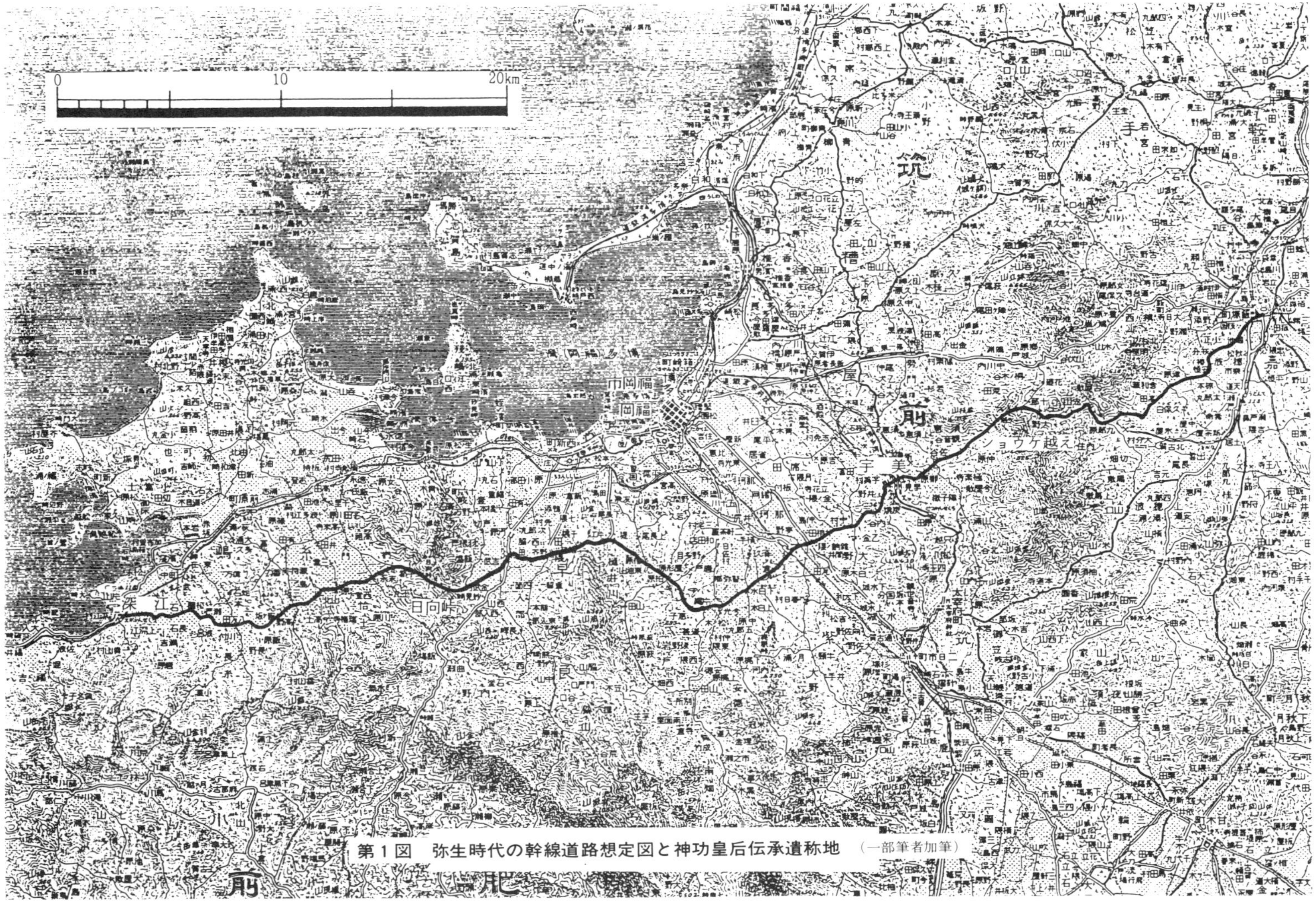

第1図 弥生時代の幹線道路想定図と神功皇后伝承道遺称地 (一部筆者加筆)

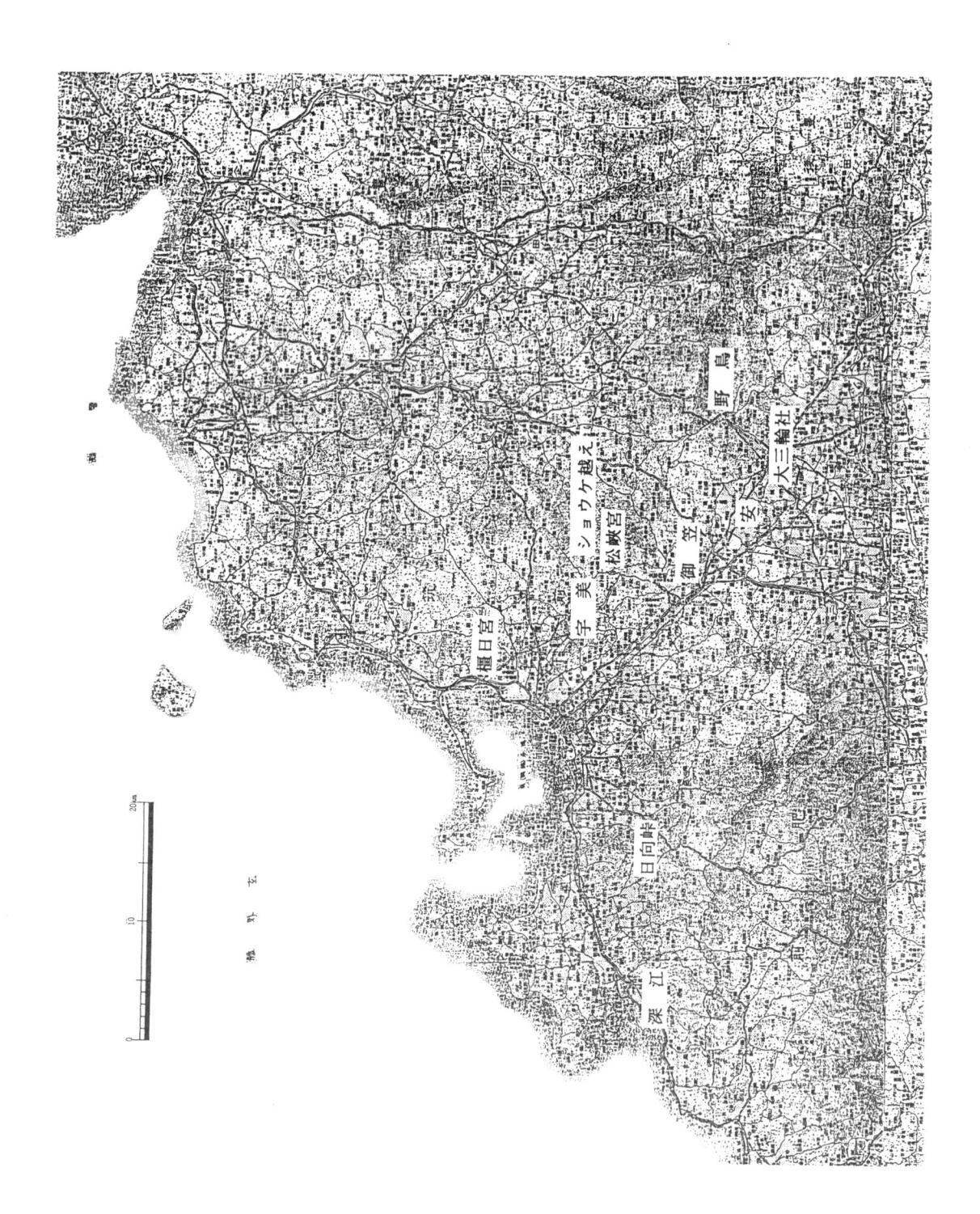

宇美 ショウケ越え 松峡宮 野鳥
植日宮 御笠 安 大三輪社
日向峠
深江 玄界灘

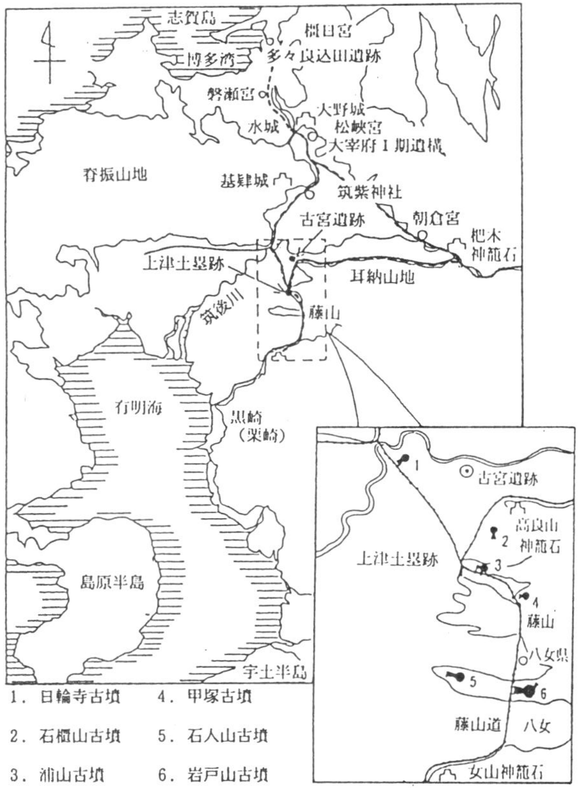

第 2 図 『日本書紀』『古事記』に限定した神功皇后伝承遺称地（一部筆者加筆）

1. 日輪寺古墳
2. 石櫃山古墳
3. 浦山古墳
4. 甲塚古墳
5. 石人山古墳
6. 岩戸山古墳

6〜8世紀における筑紫と藤山道
（『やまとをうえる磐井の乱』1991、古川弘文館・松村一良作図）

「肥君」一族が台頭してくる。「肥君」一族は、「肥君」として本拠地から各地に進出したものと、筑紫君との婚姻関係をつうじて「筑紫肥君」として本拠地から各地に進出したものとに大きく２つに分類できる。

「肥君」一族の分布は本拠地の肥後地方（肥後国八代郡氷川流域の肥伊郷）の他、肥前地方（松浦郡・養父郡）、筑前地方（御笠郡・早良郡田比伊郷・怡土郡飽田郷・嶋郡）にも確認できる。そしてその職掌は『日本書紀』によると「水軍」をになう豪族として位置付けられ、欽明期に朝鮮半島の港まで兵士を送り届けている[4]。

ところで、乱の後に肥君が筑紫君にかわって各地に進出しているが[5]、これには乱における肥君の動向が影響していると考えられる。筑紫君磐井が乱をおこす以前については不明ではあるものの、乱の際、肥君は中立的立場をとったのかもしくは大和政権に同調した可能性がたかい[6]。そのために、本拠地の肥後地方から肥前地方、筑前地方へも進出し得たと理解できる。そして、その進出先を肥後地方からたどっていくと、かつて筑紫君磐井が支配していたと想定される「藤山道」を通り、肥前国養父郡→筑前国御笠郡→同国早良郡田比伊郷→同国怡土郡飽田郷・嶋郡→肥前国松浦郡という筑前国御笠郡経由日向峠越えルートが想定可能となる（第１表）。このことから古墳時代においても「日向峠越えルート」が存在しており、そのルートに沿って「肥君」一族が進出していったことがうかがわれる[7]。

第１表　北部九州における「肥君一族」の進出先一覧表

表　記	進　出　先	出　　典	備　考
火君之氏	肥前国松浦郡	『日本霊異記』下巻・三十五	肥　君
肥君猪手	筑前国嶋郡	『大宝二年筑前国嶋郡川辺里戸籍』	肥　君
飽田郷	筑前国怡土郡	『和名抄』筑前国怡土郡条	肥後国飽田郡からの移住
毗伊郷	筑前国早良郡	『和名抄』筑前国早良郡条	肥　君

益城連	筑前国御笠郡	『続日本紀』和銅二年六月廿一日条	肥後国益城郡からの移住
筑紫公火公貞直	肥前国養父郡	『続日本後紀』嘉祥元年八月六日条	筑紫肥君

Ⅳ 歴史時代

　歴史時代には軍事施設として県道（大野城・二丈線）沿いに「雷山神籠石」と「怡土城」が築城される。「雷山神籠石」は福岡県前原市大字雷山・飯原に所在する神籠石式山城である。築造年代については『日本書紀』斉明天皇4年（658）の末尾の記事の「是に由りて（A）国家、兵士甲卒を以て、西北の畔に連ぬ。（B）城柵を繕修ひ、山川を断ち塞ぐ兆しなりといふ」という部分に着目し、A以下を斉明天皇の西下、B以下を神籠石式山城の築城と理解することができる[8]。また、他の神籠石式山城の発掘調査の結果からも築造年代は7世紀前半から7世紀中頃におさまると考えられている。雷山神籠石もほぼ同時期の築城と想定され、「朝倉宮」を中心とする防衛構想の一翼をになう防衛施設の一つ[9]であった。雷山神籠石を築城していた当時も「日向峠越えルート」は存続しており、軍事的にも重要であったのであろう。そのために雷山神籠石は築城される際、県道（大野城・二丈線）沿いに選地され、当該ルートを含めた軍事的構想のもとに築城されたと理解することができる。

　「怡土城」は福岡市と前原市との境が接する高祖山西斜面一帯に築かれた中国式山城である。『続日本紀』によると雷山神籠石の築城から遅れること約一世紀、天平勝宝8年（756）6月[10]から神護景雲2年（768）2月[11]まで約12年の歳月を要して完成したとされる。その「怡土城」に隣接する「日向峠」の麓に、末永・高木遺跡が所在する[12]。この末永・高木遺跡からは「前田」と墨書された土師器が出土している（第3図）。器形から8世紀（前半〜中頃）のものと考えられる。この「前田」の墨書の意味については不明ではあるものの、墨書土器が出土することから、当該遺跡一帯には「官衙」関連施設が所在したことを示唆する。また、末永・高木遺跡からは「伊刀郡託」の線刻土器も出土しており（第3図）、このことから末永・高木遺跡一帯には「調」として大宰府に納めるための土器を焼く窯があったのかもしくは怡土郡家に関する施設が所在した可能性も高く[13]、「前田」の墨書土器の出土も考えあわせるとこのルートを郡家間を繋ぐ道路と理解することもできる[14]。いずれにしても、怡土城を築城する際、すでに築城予定地の側には海岸沿いにのびる「駅路」[15]とは異なった別のルートが存在していたことになる。さらに怡土城は「駅路」のほか「日向峠」を見渡せる位置に所在し「主船司」とも隣

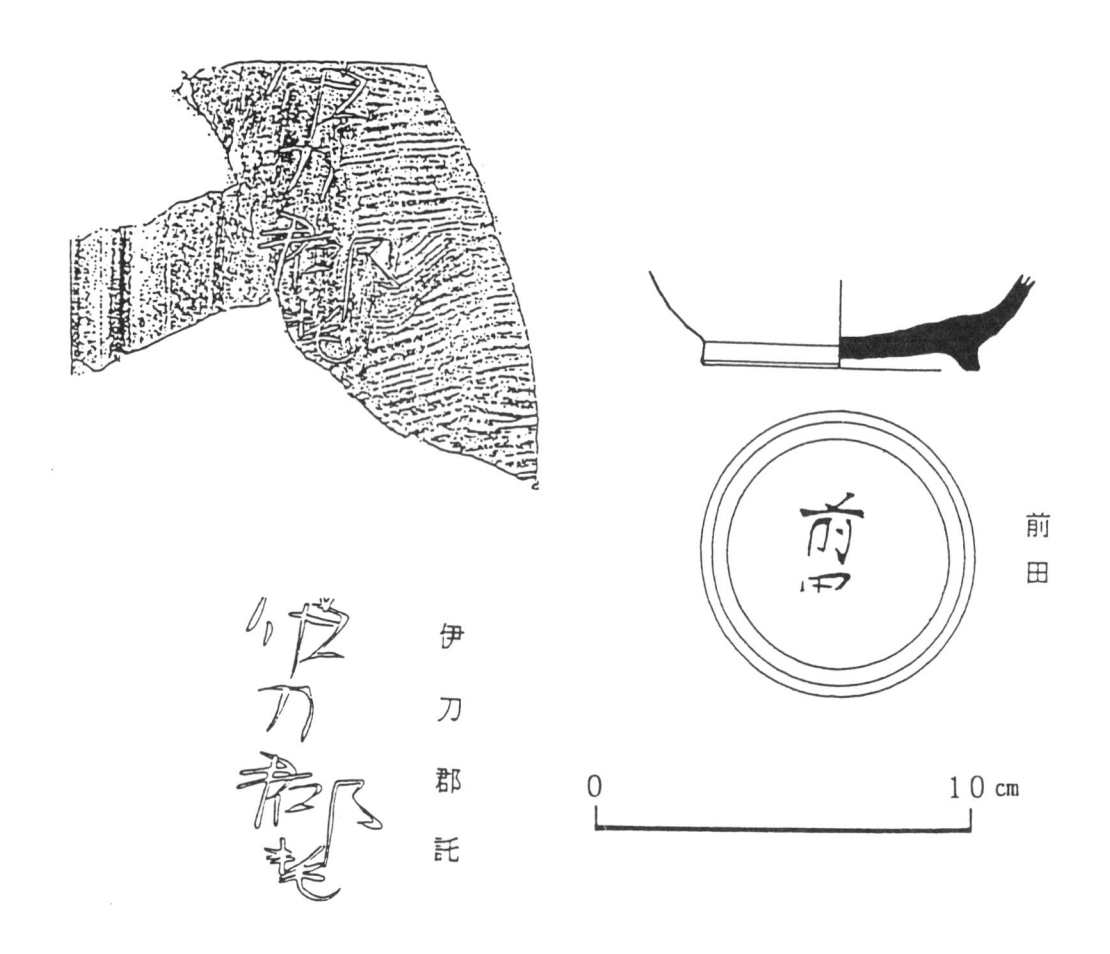

第3図　末永高木遺跡出土土器

接することから、最初の怡土城の築城専当官であった吉備真備は「駅路」と「日向峠越えルート」を含めた軍事的構想のもとに築城したと理解することもできる[16]。

　以上、「雷山神籠石」と「怡土城」の2つの軍事施設が県道（大野城・二丈線）沿いに築城されていることから7世紀～8世紀にかけても「日向峠越えルート」は存続していたと理解しても問題はないと考える。

　V　まとめ

　弥生時代から歴史時代にかけての「日向峠越えルート」について考察した。その結果、『魏志倭人伝』が記す伊都国の時代（弥生時代）から8世紀（前半～中頃）にかけて「日向峠越えルート」は存在したと考える。しかしながら史料の制約のため弥生時代から8世紀（前半～中

頃）にいたるまですべてを網羅しているとはいえない。その意味からも、今後の「日向峠越えルート」関連史料の増加を期待しつつ、さらなる調査・研究を続けていく必要がある。

〔注〕
1) 高倉洋彰「九州本土とその周辺の弥生文化」（『日本歴史地図』原始・古代編〈上〉の解説　柏書房　1982年）162頁。
2) 『日本書紀』・『古事記』に限定して神功皇后伝承をみていくと、「深江」→「日向峠」→「宇美」→「ショウケ越え」を通るルートの他に、「橿日宮」→「宇美」→「松峽宮」（現太宰府市内山付近）→「御笠」（旧御笠郡一帯）→「安」（現夜須町）→「大三輪社」→「山門」（旧山門郡一帯）を通るルートが想定できる。このルートはかつて筑紫君磐井の勢力下のルートと考えられ、岩戸山古墳の所在する後の上妻郡から糟屋の地を支配するのに重要であったことが伺われる。このルートも国家的意図の下に「神功皇后伝承」というかたちで改ざんされたと考える（第2図）。

また、「野鳥」の地は、後に「穂波屯倉」が設置される穂波の地につながる軍事的拠点であり、当地も筑紫君磐井の勢力下にあったのであろう。

なお、岩戸山古墳のそばには「藤山道」が想定されている。筑紫君磐井が生前にこの岩戸山古墳を造った際、必要な資材等はこの藤山道を利用して運んだと考えられている（『上津土塁跡』久留米市教育委員会　1986年）。この藤山道は浦山古墳の所在地から二つに分かれ、その西に延びるルートは筑後川を渡り、基肄城が所在する基山の西麓沿いに延びて、松峽宮比定地につながって一本のルートとなる（第2図）。
3) 佐田　茂「筑後地方における古墳の動向」（『鏡山猛先生古希記念・古文化論攷』1980年）553頁〜578頁。
4) 『日本書紀』欽明天皇17年正月条
5) 対馬に所在する朝鮮式山城である「金田城」の1997年の土塁断ち割り調査の結果、前期土塁の上に後期土塁を重ねた二重構造であることが明らかになっている。その前期土塁から採取した二つの炭化物の放射性炭素年代測定によると①540〜630年、②590〜650年と年代値を示している。いずれにしても『日本書紀』に記載されている天智6（667）年の築造年より古い年代に築かれたことがわかっている。このことから「金田城」は既存施設を改修したと考えることができる。

そこで、「金田城」の下の既存施設の築造時期を6世紀前半〜中頃ととらえると、筑紫君磐井の乱後に肥君一族の肥後地方から北部九州へ進出した時期と一致してくる。肥君一族は『日本書紀』の記載によると欽明期に朝鮮半島の「彌弖」という港まで兵士一千人を渡海させている。また同書によると「津の路の要所を守らしむ」と記述があることから、「対馬」を「津の路の要所」の一つと想定すると、「対馬」にも肥君一族が進出していたと理解することができ、「金田城」の下の既存施設を肥君一族の進出にともない築造されたものととらえることができる。その意味からも今後の発掘調査・研究に期するところである。
6) 肥後地方は阿蘇凝灰岩の産地であり、この阿蘇凝灰岩を石材とする石棺が大和の大王墓に入っている。近藤義郎編の前方後円墳集成編年の7期から8期にかけては「北肥後型石棺」（菊池川流域）が大王墓に入っている可能性があると指摘されている。

しかし、8期中頃からは「中肥後型石棺」（宇土半島）に一斉にかわっている。この「中肥後型石棺」（宇土半島）が大和地方へ搬出されるのは、いわゆる「磐井の乱」前後のことであり、継体大王の墓と目される「今城塚古墳」において「中肥後型石棺」が使用されていることが確認されている。

『日本書紀』によると、筑紫君磐井は豊の勢力、火の勢力と手を結んで乱を起こしたとされるが、それが事実であるとすれば、肥後の場合、古墳文化の特性から考えると、この「火」とは菊

池川流域のことを示すと理解できる。ということになれば、宇土半島基部や氷川流域の肥後中・南部勢力は磐井とは行動を共にせず、むしろ大和政権側についた可能性も指摘できる。そのために、乱後における北九州各地への進出に際して、肥君一族でも「肥君」として各地へ進出したものと、筑紫君と婚姻関係を結んで「筑紫肥君」として各地へ進出したものがいたと解釈できる。
　　高木恭二・蔵冨士寛「肥後における古墳文化の特性―筑後八女古墳群との比較―」(第1回九州前方後円墳研究会シンポジウム『八女古墳群の再検討』　1998年) 69～84頁、『史跡・今城塚古墳』(高槻市教育委員会　1998年)。

7) 『大宝二年筑前国嶋郡川辺里戸籍』には「穂波売」と称する人物がいる。この「穂波売」の出身地を穂波地方と考えると、この穂波売も弥生時代から所在する「日向峠越えルート」をとおり、大宝2年 (702) 以前に糸島地方へ進出したと理解できる。
8) 渡辺正気『日本の古代遺跡・34・福岡県』(保育社　1987年) 239～241頁。
9) 長　洋一「朝倉橘広庭宮をめぐる諸問題」『神戸女学院大学論集』　第26巻　第3号　1980年・13～43頁。
10) 『続日本紀』天平勝宝8年6月22日条
11) 『続日本紀』神護景雲2年2月28日条
12) 『川原川右岸地区遺跡群Ⅱ』(前原市教育委員会　1998年)
13) 前原市大字末永一帯から怡土城とほぼ同時期の「鬼瓦」が出土している。このことからも、前原市大字末永一帯には怡土郡家に関する施設が所在した可能性が高い。
14) 現時点において、早良郡家が福岡市早良区有田遺跡群に想定されている。福岡市早良区有田遺跡群の所在する有田付近で条里に従って西に延びる道と、西北と西南にそれぞれ条里に斜行する直線道路がある。西に延びる道を直行すると額田駅に比定される福岡市西区野方に通じ、西北の道は何処に向かうのか不明ではあるものの、西南の道は飯盛を指しており、そのまま延長すると日向峠越えルートに接続することになる。
　　駅路は野方からは今宿に出て怡土城の北側を通り、郡家間を繋ぐ道路が日向峠越えルートをとったとすれば、駅路と郡家間を繋ぐ道路の複線的配置がここでも見られ、一般的に郡家間を繋ぐ道路がより古い交通系を踏襲するということにも合致する。
15) 「雷山神籠石」と「怡土城」の2つの軍事施設が所在する筑前国怡土郡には『延喜式』によると、「深江」と「比菩」の2駅家が所在していたことが確認できる。「深江駅家」については現福岡県糸島郡二丈町に所在する「塚田南遺跡」がそれに関する遺構と想定されている。「比菩駅家」については『大日本地名辞典』では現福岡県前原市大字泊をその比定地とし、また、「比菩」の「菩」を「喜」の誤りととらえて、「比喜」(ひき) と理解して「引津」周辺にその所在地を想定するなど様々な説がある。
　　「駅路」としては「深江駅家」→武→牧→前原→浦志→「主船司」(現福岡県福岡市西区周船寺) を経由して「額田駅」(現福岡県福岡市西区野方) へと通じるルートが想定されている。
　　藤岡謙二郎『古代日本の交通路Ⅳ』(大明堂　1979年) 9～13頁。
16) 「怡土城」には築城時をしのぶ遺構として計8ケ所の望楼跡の所在が確認されているが、そのうち「日向峠」に隣接する南西尾根上に3ケ所の望楼跡の所在が確認されている。この南西尾根上の望楼跡群からは「日向峠」一帯を一望できることから、当該望楼跡群は築城当時に所在していたと考えられる「日向峠越えルート」を軍事的視野に入れた軍事的構想のもとに設置されたと理解できる。

(前原市教育委員会)

絵図・地図のなかの交通
——行基図と中世絵図を中心に——

青 山 宏 夫

はじめに

　これまで、私は中世～近世の日本図や中世の荘園絵図などについて考察するところがあった。今回の講演の題目は「絵図・地図のなかの交通」であるが、ここではこれまであつかったことのあるこれらの絵図や地図をとりあげて、それらのなかで交通がどのように描かれているかを紹介し、若干の考察を試みることにする。もとより、研究の対象としてきた時代もテーマも異なるため、「古代交通研究の新視点」と銘うたれた今大会での講演として相応しくない点も多々あると思うが、ご寛恕いただきたい。

　さて、絵図や地図のなかに描かれた交通を考える場合、さしあたり2つの視点を設定することができる。1つは交通論の視点である。これは、絵図のなかに描かれた交通から、実際の交通のありようを考察すること、つまり交通研究のための1つの資料として絵図を利用することである。交通研究にとっては、むろん第1義的な視点ということになろう。

　しかし、これには前提となるべき別の考察が必要になる。というのは、絵図や地図には、現実の世界の姿が必ずしも正確に描かれているわけではないからである。そこで、絵図や地図のなかに描かれた交通の特徴について把握しておくことがもとめられる。つまり、絵図や地図において、交通がどのような図像で描かれるのか、あるいは描かれないのか、さらに交通がどのような構図のなかで表現され、どのような意義を担っているのか、などについて考察しておかなければならないのである。これがもう1つの視点、すなわち絵図論の視点である。言い換えれば、絵図研究のための1つの着眼点として、交通の描写に注目するのである。今回の講演では、この視点から交通を考察する。

I　行基図のなかの交通

1　行基図の図的特徴

　行基図とは、行基作との伝承をもつ、近世初頭以前に作製された簡略な日本図の総称で、このうち現存最古のものとしては、嘉元3（1305）年の仁和寺蔵日本図[1]、およびそれと同時代

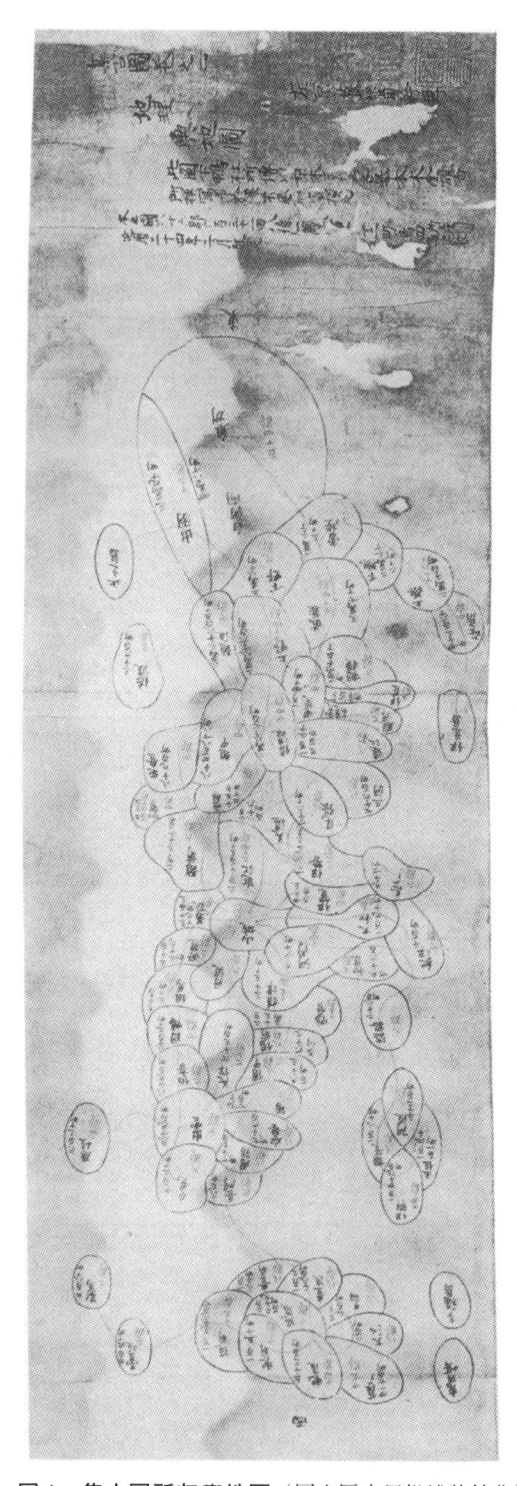

図1 集古図所収輿地図（国立歴史民俗博物館蔵）

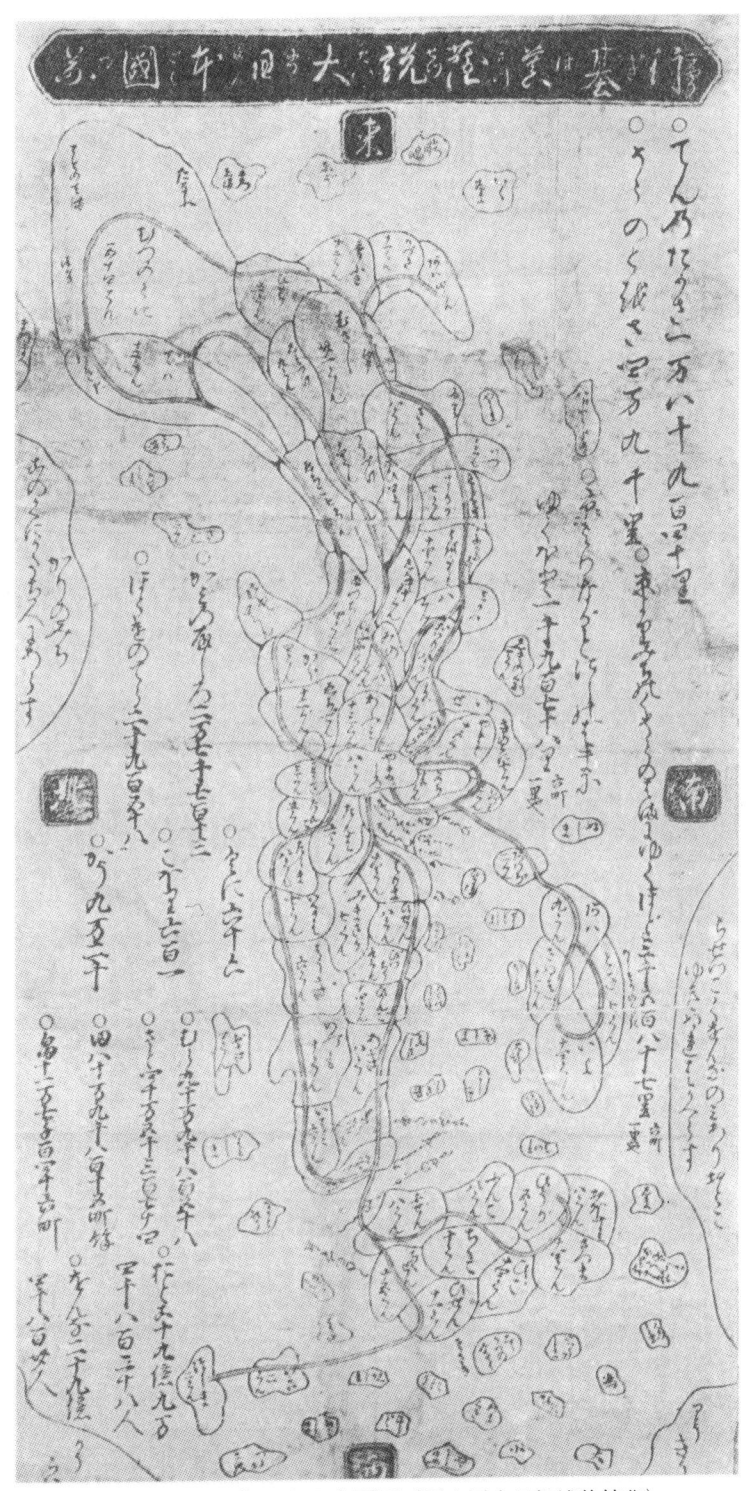

図2　行基菩薩説大日本国図（国立歴史民俗博物館蔵）

と推定されている金沢文庫蔵図[2)]が知られている。現在、古代の原図は残されていないが、延暦24（805）年と伝えられる輿地図の江戸時代の写しがあり（図1）、年代自体の当否はともかく行基図の古い形態を伝えるものと考えられている。

このほか、中世のものとしては、唐招提寺蔵の南瞻部洲大日本国正統図[3)]や拾芥抄所載の大日本国図などがある。このうち後者については、天文17（1548）年書写本（天理図書館蔵）[4)]や天正17（1589）年書写本（尊経閣文庫蔵）などに日本図が掲載されている。近世になるといくつかの手描図のほか、寛永元（1624）年刊の大日本国地震之図（個人蔵）[5)]や南瞻部洲大日本国正統図（東京大学蔵）、行基菩薩説大日本国図（図2）などの木版図もあらわれる。このように、行基図は17世紀前半までの日本図の主流の1つを形成していた。

さて、この行基図については、従来から2つの図的特徴が指摘されている。1つは、山城国を中心にして、諸国が団子を重ねたように描かれ、そのため本州、九州、四国などの海岸線は平滑な丸みをおびた線の連続となっていることである。つまり、海岸線の形状を正確に描出することには、あまり関心が払われていない。

もう1つの特徴は、山城国を起点として、諸国を通過する数本の線が記載されていることである。たとえば、図1をみると、一部分岐などをしつつ、8本の朱線が山城から四方の諸国へ延びている。この線が、従来から道と考えられてきたことはいうまでもない。行基図のなかの交通を考察する場合には、まずこの第2の特徴が検討されなければなるまい。

2　行基図のなかの「道」

道と考えられてきたこの線をもう少し詳細にみてみよう。まず、その図像に注目すると、それには2つのタイプがあることがわかる。1つは、たとえば、図1にみられるように、朱線で描かれたものである。こうした朱線による表現は、仁和寺蔵図、唐招提寺蔵図、天文17年拾芥抄掲載図などにみられる。もう1つは、大日本国地震之図、東京大学蔵図、行基菩薩説大日本国図（図2）などのように、黒の二重線で表現されるものである。ただし、このなかには、二重線の内側が印刷後に彩色されたものもある。

この2つのタイプは、手描図か刊行図かによって明確に区分することができる。すなわち、手描図では朱線、刊行図では黒の二重線で記載されているのである。このことを端的に示すのが、拾芥抄に掲載された図であろう。同じ拾芥抄の掲載図でありながら、手書の写本では朱線、刊本では二重線で表現されている。

こうしたことは、この線が本来は朱線で描かれるものであり、それが印刷で単色とされる場合に二重線に代えられたことを示唆する。いわば、二重線は朱線の代わりに用いられたのである。それは、単色刷の刊行図において、海岸線や国境などの線と区別するという現実的な要請

のほかに、手描図における朱線の意義を保持させるためにとられた工夫でもあったにちがいない。いずれにしても、行基図において、この線は重視されていたとみなすことができよう。

さて、前述のように、この線は従来から陸上交通路としての道と考えられてきた。しかし、これを詳細にみると、海上にも記載されていることに気づく。たとえば、九州、四国をはじめ、隠岐、佐渡、伊豆島などの島嶼へ向かう朱線がそれである（図1）。したがって、この線は、少なくとも現実の陸上交通路としての道を表現したものではない。

かりに、これを海上交通路も含めた意味での道と考えたとしても、なお現実の交通路を表現しているとはいいがたい点もある。たとえば、仁和寺蔵図では、山城から発した朱線が伊賀から志摩に至っている。つまり、この線は現実にはありえないコースを通っているのである。

ところで、この線それぞれが通過する国々は、一部の例外はあるにしても、同一の行政区画としての道に属する国々である。この線を、このように同一の道に属する国々をつなぐ線とみるならば、前述の伊賀から志摩に至る線も理解することができよう。ただし、それは実際の交通路のコースと重なることが少なくないことはいうまでもない。

このようにみてくると、この線は、現実の交通路に対応させて描かれた線というよりは、むしろ当該の諸国を一筆書きで貫くように、図上で創作された線とみなすべきではあるまいか。とすれば、行基図においては、この線によって国土がいくつかにくくられ、京を結節点として束ねられていることになる。ここに、行基図の構図におけるこの線の意義を見出すことができる。しかし、同時に、国土をまとめ上げるための表現が、こうした交通路の表現ととれる線によってなされていることにも、注目しなければなるまい。

なお、この線は、行基図が日本図の主流から後退する17世紀半ば以降に作製された行基図系の日本図、たとえば『いせこよみ』や『大雑書』などに掲載された日本図では、時代が下がるにつれて形骸化し、意味不明の太線となったり、国境線と混同されるに至るのである。

3　そのほかの交通関係の記載

行基図は比較的簡略な図であるため、これまで検討してきた線以外には、図像としての表現はみあたらない。しかし、文字に注目すると、いくつかの行基図には交通に関連する地名が意外に多く記載されていることに気づく。そのうち、もっとも詳細な記載のある天文17年書写の拾芥抄掲載図をみると、九州に「嵯峨関、釜戸関、門司関、壇浦、金御崎、博多、イキノ松ハラ、白河湊、大御崎」、山陰・山陽に「石見湊、赤間関、竃戸関、ムシアケノセト、室、明石浦、スマ」、四国に「最御崎、アシズリノミサキ、里ノアマ」、東海に「ハマヤ（ナ：筆者注）ノハシ、サヤノ中山、キヨミガセキ」、信濃に「キソノカケハシ」、陸奥・出羽に「壷石踏[6]、ムヤムヤノ関」などの記載がある。また、これらのほとんどは、近世の行基菩薩説大日本国図

(図2)や神戸市博蔵の大日本国地震之図などにもみえる。

ここで、これらの地名の分布に注目すると、東日本に記載された地名は陸上交通に関係し、西日本に記載された地名は海上交通に関係していることに気づく。つまり、「西船東馬」の状況が描かれているのである。この拾芥抄の日本図には、諸国からの調庸物運搬所要日数など交通の実際に関する記載もあることから考えると、この「西船東馬」もある程度現実を反映しているものとみなすことができるのではあるまいか。

以上のように、行基図にもかなりの海上交通関係の地名をみとめることができるが、それらは、港湾や関などの、いわば点としての陸上施設の記載にとどまっており、海上の記載を著しく欠いている。しかし、いうまでもなく、このことは直ちに海上交通が未発達であったということを意味するものではない。日本の伝統的な地図においては、一般に海への関心が低い。行基図において、海岸線の形状の描出にあまり注意が払われてないことも、そうしたことの1つの反映であろう。この点で、朝鮮に伝わった行基図が『海東諸国紀』(1471年)に掲載されて日本本国之図[7]となると、海上に航路が記載されるようになることと好対照をなすといえよう。

II 中世絵図のなかの交通

1 中世絵図と交通

中世絵図は、行基図のような簡略な図とは異なり、景観を絵画的に描出している。そこで、本報告では、景観の構成要素としての交通施設がいかに描かれているかに注目することにしよう。とりあげる絵図は、さしあたり、『中世荘園絵図大成 第1部』[8]におさめられた30点とする(表1)。これらは代表的な中世絵図としてとりあげられているものであり、絵画的描写にも富んでいるため、ここでの検討にかなっているといえよう。しかも、同書には、大判のカラー図版とともに、紙面構成や図像分類などの資料学的検討に必要な基礎データや詳細な解説もおさめられているので、それぞれの絵図についての良質な情報が通覧でき、通絵図的な考察には便利である。なお、それぞれの絵図に関するこうした情報については、同書に掲載された各図の解説を参照されたい。

さて、これらの中世絵図に描かれた交通施設をみると、30点の絵図のうち、陸上交通については、道を記載するものが24点、橋を記載するものが10点、階段を記載するものが4点みられる。一方、水上交通については、港と船を記載するものが1点づつある(表1)。

このように、中世絵図に記載された交通施設の多くは陸上交通施設であり、水上交通施設はほとんど記載されない。それは、中世絵図の作製目的が、荘園の立券、堺相論、支配などの土地自体に関連することが多いためと考えられる。つまり、道や橋などの陸上交通施設は、そう

表1　中世絵図における交通施設

	道の図像	橋の図像	備　考
備中国足守荘絵図	d		
紀伊国桛田荘絵図（神護寺）	e		「大道」
紀伊国桛田荘絵図（宝来山神社）	f		「大道」
紀伊国神野真国荘絵図			
山城国神護寺絵図	e		
山城国高山寺絵図	e	ウ(2)、エ	「梅尾路、高尾路、槇尾路、瀧尾山路、徳大寺山路、北限大道、南限大覚寺堺横道、古路小骨坂」
山城国主殿寮御領小野山与神護寺領堺相論図	a	エ(2)	
山城国嵯峨舎那院御領絵図	d		「大道」、垣根
越後国奥山荘波月条近傍絵図			街村（「七日市、高野市」）
越後国荒河保上土河・奥山荘桑柄堺相論和与絵図	f	エ	
大和国西大寺与秋篠寺堺相論図（東大）	f		「京内一条、大道(広)、道(狭)」
大和国西大寺与秋篠寺堺相論図（西大寺）	a		「一条、二条」
大和国西大寺領之図	d		「京内一条」
近江国葛川下立山絵図	c, e, f	ア	
近江国葛川絵図	e	エ、	「大道、瀧マイリノ道、ｸﾂﾙｻｶノ堂ﾖﾘ伊香立ｶ新道ｦﾂｸﾙ道也」「瀧川橋」
近江国菅浦絵図		イ、エ	
武蔵国鶴見寺尾絵図	c	オ	「ミチ」
近江国比良荘絵図（北小松）			
近江国比良荘絵図（北比良）			
伯耆国東郷荘下地中分絵図	b	イ(2)	「紫縄手、広熊路」、船(2,3)
薩摩国日置北郷下地中分堺絵図	e, f	エ(2)	「ニカタノハシ、ハシロハシ」「ホノミナツ」
和泉国日根野村荒野絵図	e, f		「熊野大道(片側輪郭)」
和泉国日根野・井原両村荒野絵図	a, d, f		広狭3種
陸奥国骨寺村絵図（在家絵図）	d		「古道、馬坂新道」
陸奥国骨寺村絵図（仏神絵図）	a		
播磨国鵤荘絵図（嘉暦図）	b		「筑紫大道、大道」
播磨国鵤荘絵図（至徳図）	b		「筑紫大道」
尾張国富田荘絵図	d, f	エ(3)	
紀伊国井上本荘絵図			
讃岐国善通寺一円保差図	a, d		「さかいのみち」

※　道の図像と橋の図像の記号は、表2、表3による。

表2 道の図像分類

	墨	色（黄土等）	墨＋色
一本線	a ———	b ………	c ⋯⋯⋯
太　線	d ═══	e ▓▓▓	f ▓▓▓

した土地を表現するベースマップにとっては重要な構成要素であり、さらには境界の目印などとして直接主題に関わる場合さえあるからである。そのため、陸上交通施設が記載されることが多くなる。

　一方、そうしたベースマップにとって、水上交通の通路となる河川、湖沼、海などの水域も重要な構成要素の1つであるため、それ自体は記載されることは少なくない。しかし、その水域の記載だけでは水上交通の表現とみなすわけにはいかない。そのため、東郷荘下地中分絵図のように船が描かれる希有な例をのぞけば、港や渡し場などの水上交通関連の施設が描かれないかぎり、そこに水上交通が描かれているとみなすことはむずかしくなる。

　しかし、もちろん、これは水上交通がなかったことを意味するものではない。明示的には表現されていなくても、別の表現から推定できる場合もある。たとえば、のちに詳しく検討するように、富田荘絵図（図3）では水上交通施設の記載はないものの、萱津宿などには渡し場があったと考えられる。また、東郷荘下地中分絵図には大湊宮が描かれており、海上と湖上の船の記載とあわせて、この付近に港があったことを推定させる。なお、東郷池に海上交通の港があったことは、前述の『海東諸国紀』掲載の日本本国之図に、伯耆国の湖から発する航路が描かれていることからも知ることができる。

　橋については10点の絵図に描かれているが、もちろんこれがすべてではあるまい。絵図によっては橋があっても描かれない場合もあるし、同じ絵図のなかでもある橋は描かれるが、ある橋は描かれないということもある。たとえば、神護寺絵図と高山寺絵図には同じ渡河点が描かれているが、後者には橋が描かれるが前者には描かれない。前者は橋をいっさい描いていないのである。

2　中世絵図のなかの道と橋
（1）道

　では、中世絵図のなかで道はどのような図像で描かれているのであろうか。道の図像は、太さと彩色の2つの観点から、a～fの6つのタイプに分類することができる（表2）。これを

それぞれの絵図についてまとめたものが表1である。これをみると、道は一定の幅をもつ図像で表現されるものが多く、墨以外の色が使われる場合にも黄土系が使われ、実際の景観を反映したものとなっている。これに対して、墨のみの一本線で表現されるものもこれについで多く、簡略な表現における常套手段の1つとなっているといえるかもしれない。

　表1によると、同一の絵図において、異なるタイプの図像が混在しているのは6点の絵図である。これをさらに細かくみると、タイプの違いが作製段階の違いによると考えられる葛川下立山絵図や意図的な描き分けとは考えにくい富田荘絵図[9]をのぞけば、道のランクが図像の描き分けに関係していることにまず注目しなければなるまい。つまり、日置北郷下地中分堺絵図では、外部に通じる幹線道路か集落内部の道かによって、また日根野村荒野絵図（図4）と日根野・井原両村荒野絵図（図5）では、幹線道路の熊野大道か荘内の道かによって描き分けられているのである。そして、aからfに向かうにしたがって、幹線道路のようなランクの高い道の表現に採用される傾向にあると考えられる。

　一方、善通寺一円保差図において2つのタイプの図像が混在するのは、やや事情が異なる。つまり、善通寺と誕生院を結ぶ参道が、幅員をもった現実景に近いdタイプの図像で表現されているのは、この図の中心で、かつひときわ精細なモードで描かれた両寺院境内のなかの施設の1つとして、それらの表現と整合させるためであったからと考えられる。

　さて、絵図に描かれた道のなかには、その名称が注記されているものがある（表1）。それらは、絵図の主題やベースマップ表現などに関わっているために記載されたものが少なくない。たとえば、高山寺絵図において名称の注記された道はすべて寺領の境界に関係したものであり、嵯峨舎邢院御領絵図の「大道」や西大寺関係の3点の絵図における「京内一条」、東郷荘下地中分絵図における「紫縄手」「広熊路」なども、境界に関係した道であって、いずれも絵図の主題に関わっている。

　また、葛川絵図の「…新道」や鶴見寺尾絵図（図6）の「ミチ」なども、固有名ではないが、特定の道であることを示すための注記で、同じく主題に関わっている。前者は絵図作製の契機となった相論で争点となったものであり、後者は境界とする道である。

　これに対して、2点の桛田荘絵図（図7）の「大道」、葛川絵図の「大道」、2点の日根野関係の絵図の「（熊野）大道」、2点の鳰荘絵図の「筑紫大道」などは、描かれた絵図の空間を外部空間のなかに定位する役割を担っている。いわばベースマップの表現において重要な構成要素として、注記されたものと理解することができよう。

　ところで、こうした道は、現実の空間において基本的な景観構成要素であるため、絵図作製においても重要な位置を占める場合も少なくない。たとえば、桛田荘絵図、日根野村荒野絵図などでは、道が大枠となって絵図の空間を限定しているし、葛川絵図、骨寺村絵図（仏神絵

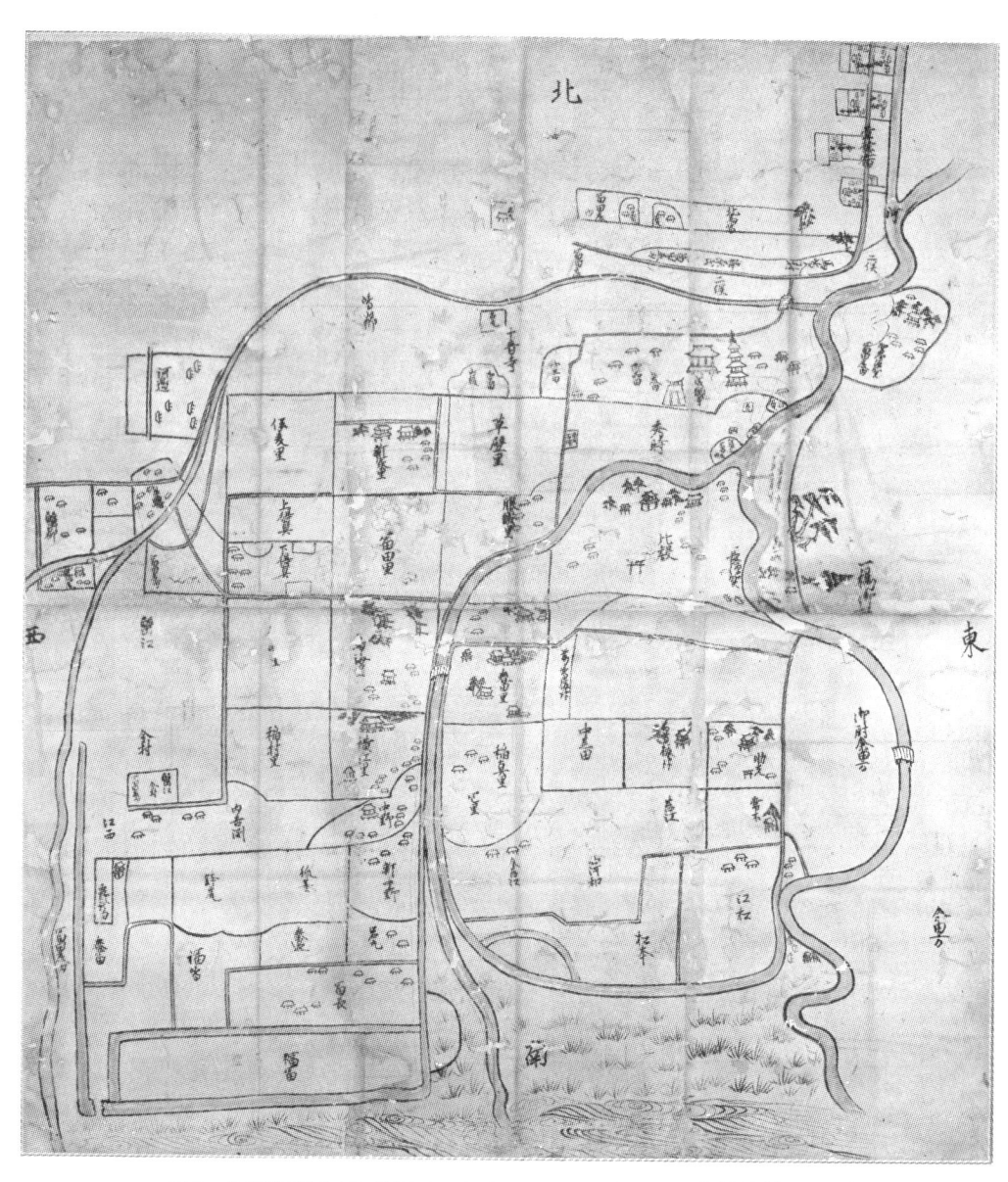

図3　尾張国富田荘絵図（円覚寺蔵・国立歴史民俗博物館複製による）

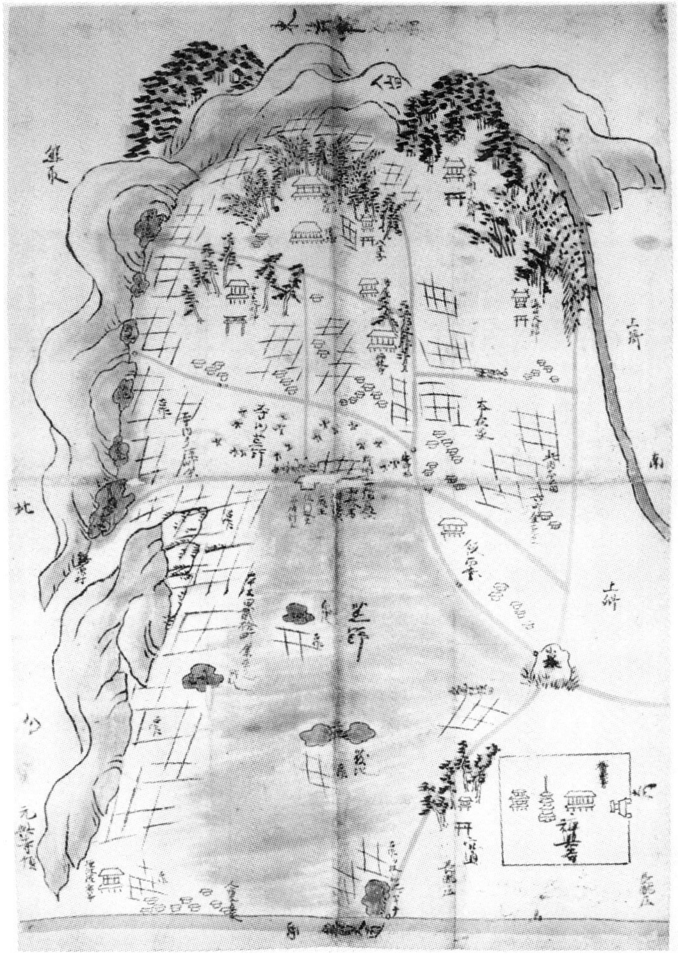

図4 和泉国日根野村荒野絵図
（宮内庁書陵部蔵・国立歴史民俗博物館複製による）

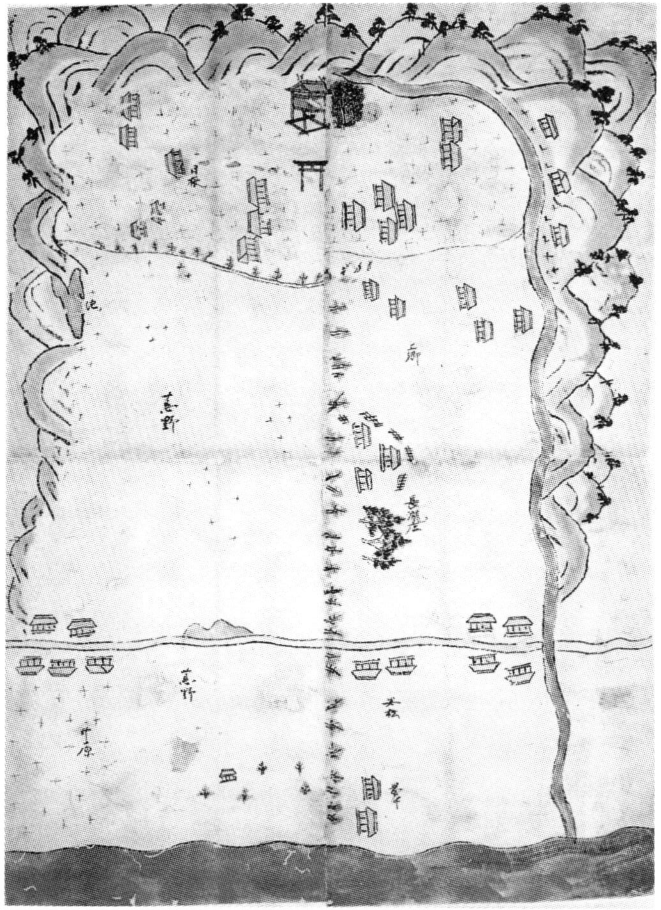

図5 和泉国日根野・井原両村荒野絵図
（宮内庁書陵部蔵・国立歴史民俗博物館複製による）

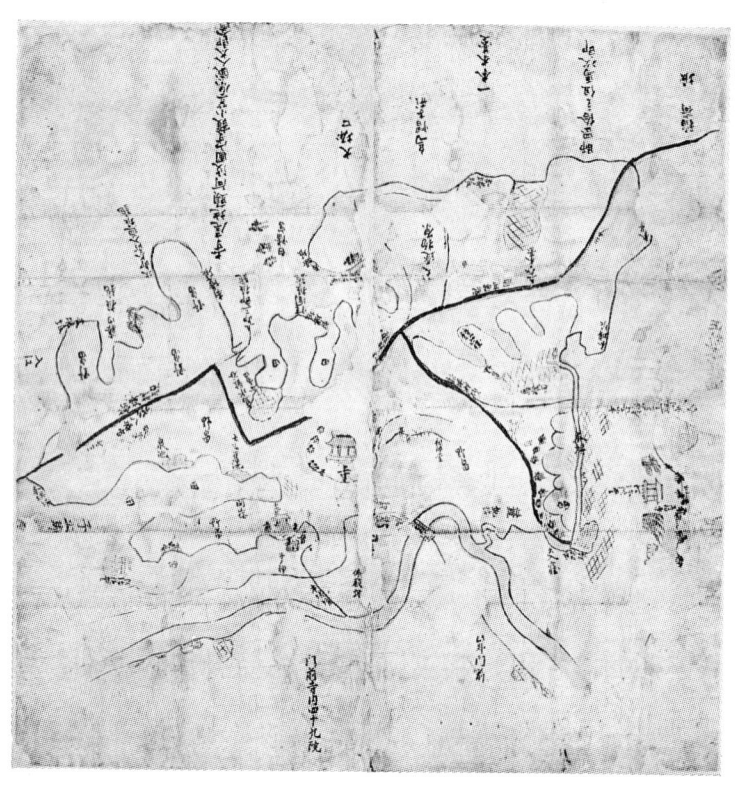

図6　武蔵国鶴見寺尾絵図（神奈川県立金沢文庫蔵・国立歴史民俗博物館複製による）

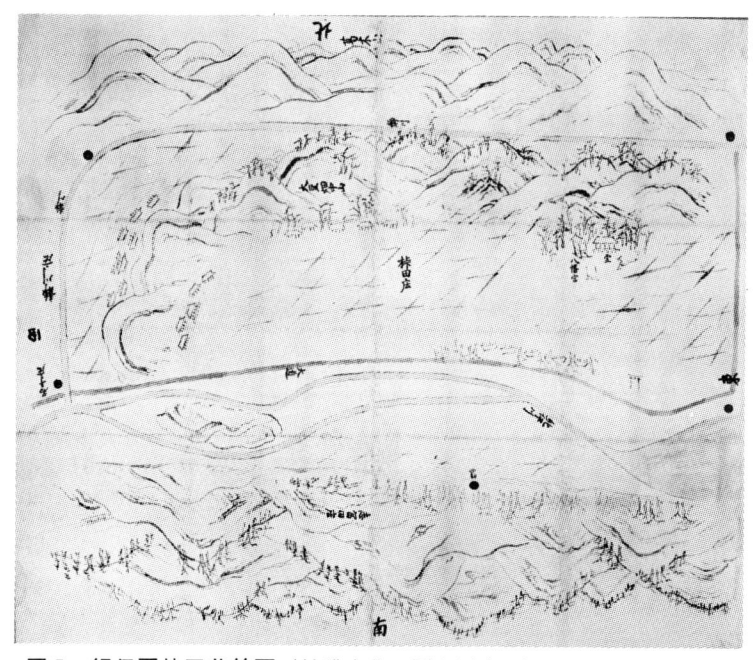

図7　紀伊国桛田荘絵図（神護寺蔵・国立歴史民俗博物館複製による）

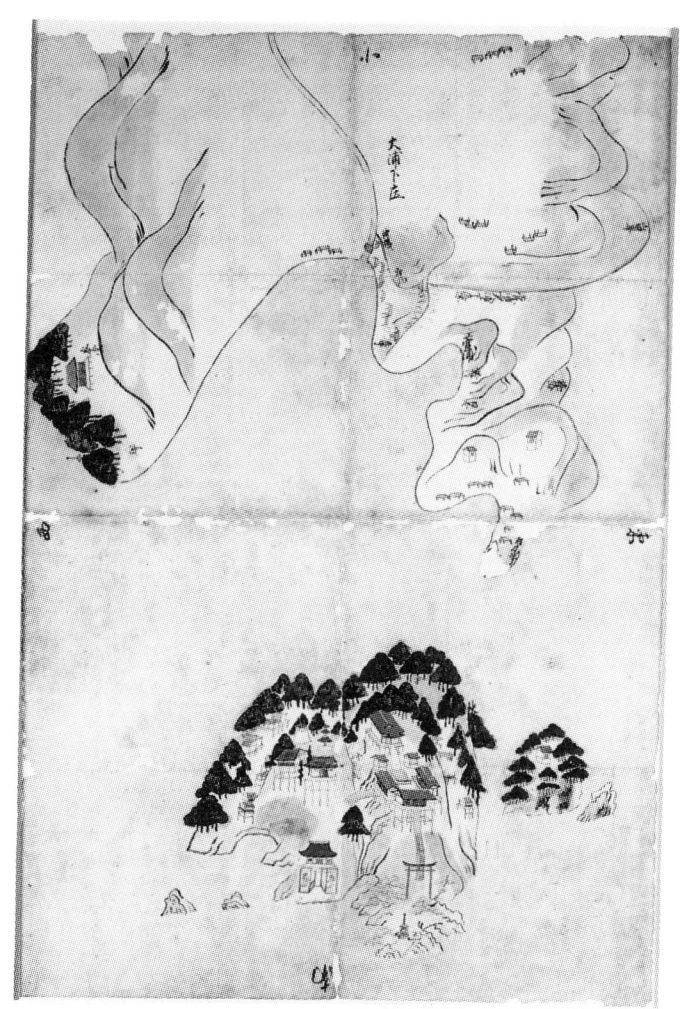

図8　近江国菅浦絵図（菅浦区蔵・国立歴史民俗博物館複製による）

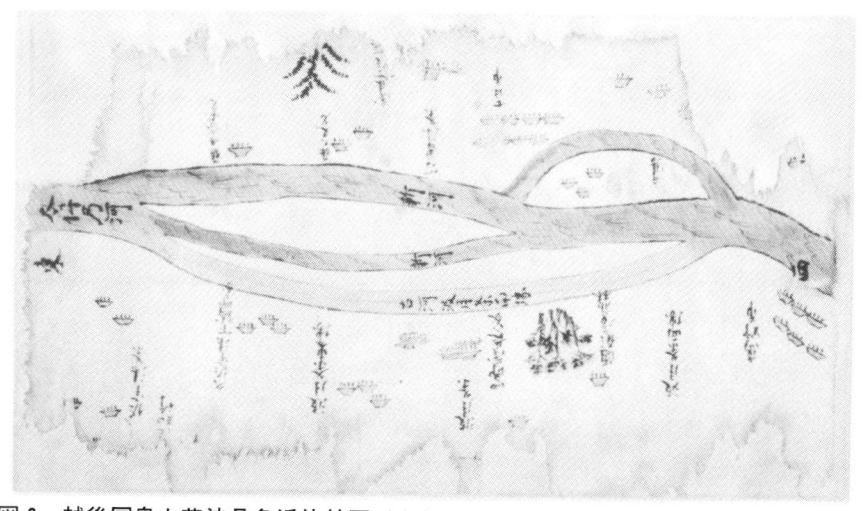

図9　越後国奥山荘波月条近傍絵図（中条町役場蔵・国立歴史民俗博物館複製による）

表3 橋の図像分類

橋床			
縦	ア ▱	イ ▭	ウ ▤
横	エ ▨	オ ▦	

図)、荒河保上土河・奥山荘桑柄堺相論和与絵図などでは、図の中央に配されて、そのほかの諸地物の配置や構図に大きく関係している。

　（２）　橋

　橋の検討に移ろう。橋の図像は、①橋床の板が道の方向に対して直角か同方向か（横板タイプと縦板タイプ）、②橋床の板が複線か単線かによって４タイプになるが、さらに橋床が連続するものを亜タイプとして、都合５タイプに分類することができる（表３）。

　このうち、同一絵図で複数のタイプの橋が描かれているのは、高山寺絵図と菅浦絵図（図８）である。これらの絵図では寺社境内の橋が横板タイプで描かれており、それ以外の橋は縦板タイプになっている。この点で興味深いのは、絵図自体の個性の問題もあるので一概にはいえないが、そのほかの絵図についてみても、横板タイプで描かれる橋は、寺社境内や門前などの宗教施設関連や、大道に架かる橋に採用されることが多い。このタイプの橋は、概して大きな橋であり、あるいは実際の景観を反映した表現であるかもしれない。

　さて、橋にもその名称が注記されているものがある。日置北郷下地中分堺絵図における２つの橋への注記は、それらが中分線の目印となっており、その位置を確実にするために記載されたものと考えられる。また、葛川絵図の「瀧川橋」は、絵図の主体である明王院の関連施設として記載されたものと考えられる。もっとも、この絵図に描かれた諸地物には悉く文字注記がなされているので、それがこの絵図の描画方針であったのかもしれない。

３　中世絵図のなかの道と集落

　（１）　道と市・宿

　これまで、中世絵図のなかの交通施設、とりわけ道と橋それ自体について検討してきた。では、これらの交通施設は、中世絵図のなかでそのほかの諸地物とどのように関係するものとして描かれているのであろうか。ここでは、道と集落との関係について考えてみることにする。

　そこで、まず道と市・宿との関係について考えるために、市が描かれた絵図として有名な奥山荘波月条近傍絵図（図９）をみると、川の北岸に「高野市」南岸に「七日市」があり、それ

それが2列の3または4宇の家々つまり全体で6または8宇の家々として描かれていることがわかる。道は記載されてはいないが、道をはさんで両側に家々が立ち並ぶ形態の集落である。このうち後者については、永仁2（1294）年の「和田茂連譲状案」[10]に、七日市のなかを道が通ることとともに「七日市之南町屋」という記述があることから、道の両側に町屋が形成されていたことを確認することができる。また、この道は境界にもされていることから、市が境界にあったということも同時に知ることができる。

一方、宿についてみると、日根野村荒野絵図には、「人宿本在家」と注記された、比較的密集した家々が熊野大道に沿って描かれている。この絵図では熊野大道までしか描かれていないために、家々は道の片側にしかないが、もう1つの日根野・井原両村荒野絵図をみると、道の両側に家々の立ち並ぶ集落として描かれている。つまり、この集落は、両村の境界である熊野大道の両側に密なまとまりをもって立地する集落なのである。また、鶴見寺尾絵図にも、宿という注記はないものの、境界の橋の近くに鶴見宿とされる集落があり、道おそらくは鎌倉街道の両側の10宇前後の家々として描かれている。このように、市や宿は、道の両側に家々が密集して立ち並ぶ景観をもち、境界付近に立地するものとして描かれているのである。

（2）萱津宿について

さて、富田荘絵図にも「萱津宿」が記載されているが、そこで描かれているのは、寺院や家々の密集する7つの方形ブロックが道の両側に立地するというものである。これらのブロックのそれぞれはたがいに離れており、それらのあいだは空白になっている。したがって、このようにみるかぎり、家々は道の両側に連続して立ち並んでいるわけではない。

そのため、萱津宿の景観は町屋が散在するものであるとする説もあった[11]。しかし、絵図のほかの部分をみればわかるように、この絵図では富田荘内のみが表現の対象となっており、地名表記をのぞけば荘外は原則として描かれていない。したがって、萱津宿についても、富田荘分のみが描かれたと考えなければなるまい。萱津宿のうち、道の東側にあるブロックに、「富田庄」などと注記のみえるのはそのことを示している。このように考えると、絵図では空白となっていた各ブロックのあいだにも、他領に属する家々が立ち並んでいた可能性があるとみなければならない。萱津宿も、これまで検討してきた市や宿と同様に、道の両側に家々が連続して立ち並ぶ景観を呈し、境界地帯にあったということになる。

ところで、萱津宿が水陸交通の結節点であったことは夙に知られている。つまり、萱津宿は、美濃道と伊勢道の新旧東海道の合流点で、かつ庄内川の渡河点に位置していた。しかも、この庄内川には河川交通もあって、これを下って伊勢湾に出れば海上交通ともつながっていた[12]。

このうち、道と渡し場については絵図からも読みとることができる。すなわち、萱津宿のな

かを通る道は、一方が北へ、もう一方が宿の南で直角に曲がって西へ向かっているが、これが美濃道と伊勢道なのである。また、絵図を詳細にみると、宿の道の東側、一番南の小さなブロックに接して、川へと延びる細長い区画があることに気づく。これはその形態や大きさからみて、寺院や家々の描かれたそのほかのブロックと同列に考えることはできない。むしろ、彩色はないものの、道の図像にきわめて近似している。これを道とみることが許されるのならば、これが川に向かっていることからみて、その先には渡し場があったと考えることができるのではあるまいか。

　　（3）　富田荘におけるもう1つの水陸交通の結節点

　弘安6（1283）年の「円覚寺米銭納下帳」[13]によると、富田荘の政所は横江郷のかつての名主屋敷にあった。横江郷とは絵図のほぼ中央に記載された「横江里」のことであり、そこにはひときわ大きな連棟の建物が描かれている。これがその政所であるにちがいない。さらに、この史料からは、年貢の政所直接収納がはじまったこと、年貢が米1428石8斗、銭1506貫868文であったことなどもわかる。このようにみてくると、この政所は年貢収納の場であって、実際に年貢が運び込まれていたこともあると考えることもできるのではあるまいか[14]。

　そこで、この政所の交通条件に注目して絵図をみると、すぐ東を流れる川には橋が架かり、川の両岸には道も通っている。しかも、富田荘の年貢米が鎌倉に向けて海上輸送されていたとすれば、この川は伊勢湾へ出るルートになったはずで、河川交通もあったことになる。この点で興味深いのは、この川の両岸の道の存在である。なぜなら、この両岸の道が曳船に利用された可能性も考えられるからである。この点については今後の検討にゆだねざるをえないが、いずれにしても、横江里の政所のある地は、富田荘のほぼ中央であるばかりか、荘内外の各地との通行に便利な位置にあって、もう1つの水陸交通の結節点であったのである。

　　（4）　道と非都市的集落

　これまでの検討によって、市や宿などの都市的集落が道の両側に立地していること、とりわけ宿については幹線道路に沿って形成されていることがわかった。これに対して、農村などの非都市的集落は、こうした幹線道路からはむしろ離れて位置するものとして描かれている。これは、日根野村荒野絵図の熊野大道、富田荘絵図の美濃道・伊勢道、鶴見寺尾絵図の鎌倉街道などの幹線道路が、それぞれの領域の周辺部分をかすめるように通過していることと関係している。

　しかし、こうしたことは、ほかの絵図でもみることができる。たとえば、荘園などの全域を描いた絵図にかぎれば、桛田荘絵図、葛川絵図、骨寺村絵図（在家絵図）などでも、非都市的集落は大道などの外部に通じる幹線道路から離れた位置にある。また、荘園の一部しか描かれてはいないが、日置北郷下地中分堺絵図でも、外部に通じる幹線道路は村のはずれを通過して

いる。つまり、これらの絵図をみるかぎり、農村などの非都市的集落は幹線道路から一定の距離をおいて立地しているのである。別の言い方をすれば、農村などの非都市的集落から離れた地点を通過する幹線道路に、市や宿などの都市的集落が成立している。

そして、日根野村荒野絵図、富田荘絵図、日置北郷下地中分堺絵図などにみるように、こうした非都市的集落は、集落内の道から延びる1～2本の比較的小さな道によって幹線道路とつながっている。これは、幹線道路と集落内の道との関係、すなわち道のネットワークとランクの問題にも関連することだろう。

以上、道と集落との関係について検討してきた。もちろん、すべてがこうした景観をもつわけではない。しかし、農村などの非都市的集落と市や宿などの都市的集落のありようについての、1つの空間的パターンを示しているとは考えられないだろうか。ただし、これは、あくまでも絵図の読解から引き出されたことにすぎない。リアル・ワールドにおける検証が必要である。

おわりに

以上、絵図や地図のなかの交通について、行基図と中世絵図をとりあげて、絵図論の立場から検討してきた。日本図である行基図と地域図である中世絵図という、表現レベルの異なる図であるため、それぞれの論点は必ずしも1点に収斂するものではない。前者の論点は巨視的・総論的となり、むしろ絵図論のなかで完結する傾向にある。一方、後者においては、交通の具体像も論点となりえたため、交通論との接点も見出せたように思う。絵図の表現を検討するなかからえられたここでの論点が、現実の交通の解明に何らかの寄与することを期待して報告を終える。なお、成稿にあたっては、講演要旨という性格上、注・参考文献などは最小限にとどめたことを付記する。

(国立歴史民俗博物館・総合研究大学院大学)

〔注〕
1) 中村拓監修・海野一隆・織田武雄・室賀信夫編『日本古地図大成』講談社、1972年、5～8頁。
2) 前掲1)、解説8頁。
3) 前掲1)、18頁。
4) 天理大学附属天理図書館編『天理ギャラリー第95回展 古地図の中の日本』天理ギャラリー、1993年、10頁。
5) 前掲1)、19頁。
6) 次の文献によれば、壺石踏は交通関連の施設だという。うんのかずたか『ちずのしわ』雄松堂出版、1985年、90～94頁。
7) 申叔舟（田中健夫訳注）『海東諸国紀―朝鮮人の見た中世の日本と琉球―』岩波書店、1991年、380～383頁。

8) 小山靖憲・下坂守・吉田敏弘編『中世荘園絵図大成 第1部』河出書房新社、1997年。
9) この図では、ほとんどの道の図像がfタイプであるが、1カ所だけdタイプになっている。これは塗りおとしの可能性もあり、意図的な描き分けとは考えにくい。
10) 『新潟県史 資料編4』新潟県、1983年、1895号文書。
11) 保立道久「宿と市町の景観」『自然と文化』13、1986年、22～31頁。
12) 新城常三『鎌倉時代の交通』吉川弘文館、1967年、220頁。綿貫友子『中世東国の太平洋海運』東京大学出版会、1998年、43・64～65頁。
13) 『神奈川県史 資料編2』神奈川県、1973年、960号文書。
14) 久留島典子「領主の倉・百姓の倉―収納の場と請負人―」(勝俣鎮夫・藤木久志編『家・村・領主―中世から近世へ―』朝日新聞社、1994年) 36～46頁。

多賀城方格地割と交通

山 中　　章

はじめに

　近年、宮都以外の古代遺跡においても、政庁や内院など政治的・軍事的中枢部の周辺に、方格地割の存在することが明らかになりつつある。既に大宰府については、金田章裕氏らによる歴史地理学的な研究が進められ【金田1989】【鬼塚1992】、考古学的には狭川真一氏による詳細な研究の成果が蓄積されている【狭川1990】。また、斎宮については、田阪仁・泉雄二氏らにより初めて方格地割の確認がなされ【田阪・泉1991】、大川勝宏氏がさらにこれを押し進め【大川1997】、今や揺るぎないものとなりつつある。最近、拙稿でも方格地割と交通の問題について検討を加えたことがあり【山中1999】、斎宮研究もいよいよ広範な都市遺跡としての研究に入りつつある。

　さて、多賀城の方格地割については、多賀城跡第37次調査で初めてその可能性が指摘され【年報1980】、以後データの蓄積が進められた。これを受けて千葉孝弥氏がその全体像を検討して以来【千葉1994】、最近では『多賀城市史』が現時点での方格地割の成果を手際よくまとめ【市史1】、平川南氏は、最新の論文でこれらの成果を地方都市論の立場から詳細に論じ、一定の到達点を示した【平川1999】。

　本稿は、こうした先人の優れた研究の驥尾に付して、極めて些末なテーマではあるが、方格地割交差点からみた多賀城の交通体系について、若干の検討を試みるものである。本稿では、かつて拙稿で用いた、交差

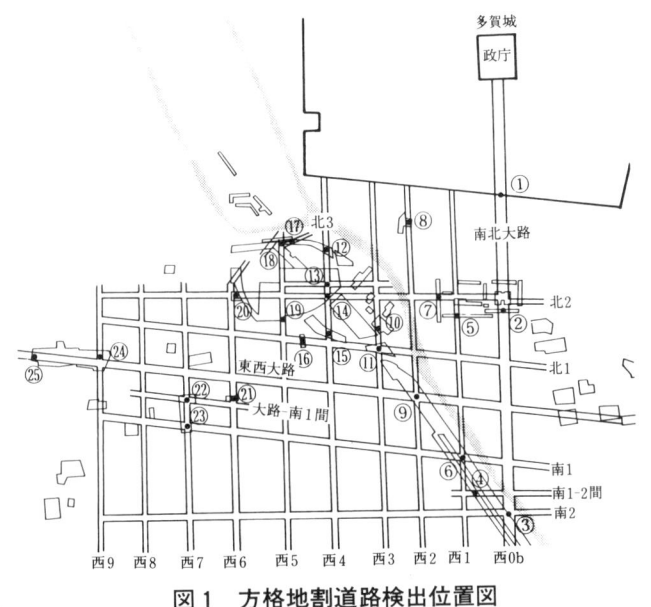

図1　方格地割道路検出位置図

表1　方格地割道路規模一覧表
（【宮城県171】より）

道　路　名		側溝心々幅(m)	地点	文献/備考
東西道路	北3小路	2.7～4.8	17	162
	北2・3間小路	6～8→3.5～4.5	13	141
	北2小路	2.5	7	市1994
		4～5.7	14	市30
		4～6.9	20	市29
	北1小路	7.5～10、4～7	11	171
		5.6	16	市34
	東西大路	9～13	9	171
		13～14.5	25	市22
	大路・南1間小路	5.9,3.5	22	千葉
	南1小路	3～4.5,4～6.5	6	171
		7.5,5.6	23	市1993
	南1・2間小路	7	4	171
	南2小路	1.6～4	3	171
南北道路	南北大路	12→23	1	研1986
		19→23	2	市1994
	西0小路	4～7（22～23）	3	171
	西1小路	3.9	5	市1994
		4.5～7,6～7	6	171
	西2小路	8.1	8	研1980
		3.5～10,4.5～8	9	171
	西3小路	4.5～5.4	11	171
	西3小路？	5～7.4	10	市4
	西4小路	3～4	12	162
		4	13	147
		4.6	14	市30
		6	15	千葉
	西5小路	6.8～8.8	18	162
		6.2	19	市27
	西6小路	―	20	市29
		4.1～4.5	21	市34
	西7小路	4.3～6.5	22	千葉
		4.3	23	市1993
	西9小路	4.5	24	市22

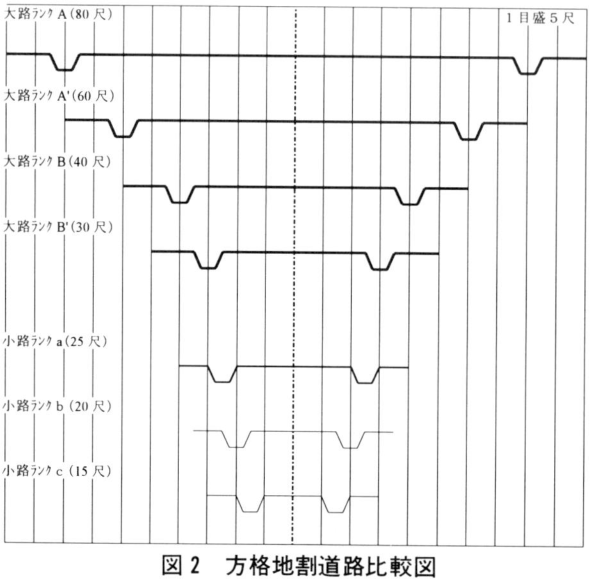

図2　方格地割道路比較図

点における道路側溝の掘削状況と、橋の架橋などから見た交通の優先関係を、道路設置者の交通政策の反映と解釈する手法をとる【山中1990】。但し交差点のあり方については【宮城県167】第20図に示された交差形式も参考に用いる。また、各道路の年代については、変遷のあり方がそれぞれで異なっており、全てを同じ変遷上に並べることは困難である。そこで、各調査で検出される灰白色火山灰を基準とし、この第一次堆積層の確認される遺構で年代を揃えて前後を比較することとする【白鳥1980・年報1991】。

I　多賀城方格地割の実態

1　道路の規格性

まず、多賀城方格地割を構成する各道路規模について検討しておこう。現在までに検出されている道路の規模（側溝心々距離）は、表1に示す通りである。側溝幅が不安定なため、必ずしも斉一性のあるデータには見えないが、大路に2（4）ランク、小路に3ランクある可能性があると考える。

大路のランクは創設初期と、方格地割が完成する時期とでは規模が異なっており、いずれもAはBの2倍の規模を有す。

創設時期の大路（以下、'をつけて区別する）は、大路ランクA'（南北大路）が60尺（17.76m　1尺＝29.6cmとして換算する。以下同じ。）、大路ランクB'（東西大路）が30尺（8.8m）である。これが、多賀城城外に方格地割が完成する9世紀初頭にはいると、

— 138 —

いずれも拡大され、大路ランクAが80尺（23.68m）、大路ランクBが40尺（11.84m）となる。但し、AとBとの比は、2：1のままである。

小路の規模は3ランクに分かれるが、これらの間に時期差が内在するのか否かについては明確でない[1]。小路ランクaが25尺（7.4m）、小路ランクbが20尺（5.92m）、小路ランクcが15尺（4.44m）である。小路の配置に規格性が認められることはなく、東西、南北共に無原則に配置されている。但し、小路ランクcに分類可能な小路が最も多く、単純に小路ランクaやbに属するものが少ない点は、当初の小路規模はランクcに統一されていた可能性がある。

大路ランクA'の規模は、政庁南面道路の第2期（8世紀末）の規模に一致する可能性が指摘されており[2]注目される。なお、後述するように、大路ランクAの規模は、同時期の宮都（長岡京・平安京）の大路規模に相当するが、小路規模に宮都の事例に一致するものはなく、いずれも宮都の小路より小規模である。

以上の道路規模の特徴は、南北大路と東西大路の卓越性である。中でも南北大路の80尺という規模は、宮都を除く地方官衙遺跡では、大宰府「朱雀大路」（37.7m（路面幅35.7m））に次ぐ規模を有し、地方官衙では例のない大規模なものである【狭川1994】。

2　方格地割と自然地形

方格地割の施工された地域は、砂押川が形成した氾濫原上に位置する。現地形の標高は、最も高い地点が地割西端の東西大路と西9小路の交差する付近で、標高5.4m前後を示す。現砂押川は、西2小路と北2小路の交差点付近から南東流し、南北大路と南2小路の交差点付近に向かって緩やかに流れる。微地形を検討しても、基本的にこの砂押川の流向に影響されており、わずかに北西から南東に向かって傾斜している。地割内の最も低い地点は、南北大路と東西大路の交差点付近で、標高2.9m前後を示す。南北大路より東はやや高く、500mほどで多賀城廃寺の乗る低位段丘（標高7～20m）に至る。方格地割では最も規模の大きい南北大路が、最も低い地点となり、東西の排水を受けることになる。従って、多賀城方格地割内部における基本的水流は、南北大路を境にして異なり、西側では北から南及び西から東へ、東側では北から南及び東から西へ流れ、側溝の水は旧砂押川へ流入していたものと推定できる。

3　交差点の状況

多賀城方格地割交差点の実例を確認しておこう。現在までに14例が知られる。東から順番に交差状況を確認する（図1・2）。なお、道路名称は『多賀城市史第1巻原始・古代・中世』（多賀城市1997年）に従う。

①南北大路・北2小路交差点

南北大路[3]と北2小路の交差点である。南北大路創設期であるⅠ期（8世紀末）には北2小路は未施工である。北2小路が施工されるⅡ期（9世紀前葉？）[4]になると、南北大路の東側溝が北2小路の北側溝と合流し、路面を横断して西へ流れる。この段階には南北大路の機能低下が著しいと解る。尚、北2小路は南北大路を挟んで東西で位置が道幅分ずれている。後述するように南北大路は、多賀城政庁中軸の延長線上に後に設けられたものであるため、最大級の道路でありながら立地は適当でない。立地問題が、南北大路の機能低下と関係している可能性は高い。同じ頃、宮都平安京でも朱雀大路の機能低下が深刻化しており[5]、実用性とは無縁な道路の維持管理の困難さを中央・地方において同時に示している。

②南2小路・西0b小路交差点

南2小路と西0b小路の交差点である。Ⅰ期には西0b小路の路面相当位置を南北流する小河川が流れ、交差状況は不明である。Ⅱ期以降、次第に河川が東へ移動し、西0b小路の路面が検出されるようになる。西0b小路の東肩は不明である。南2小路の南側溝は西0b小路の西側溝と連続し、いずれの通行も自由となる。北側溝は大きくカーブを描きながら西0b小路西側溝と連続する。尚、南2小路延長上には杭列が認められる。小規模な橋の架かっていた可能性がある。南2小路の通行に十分な配慮がなされていたことが解る。

③北2小路・西1小路交差点

北2小路の路面の大半を東西方向に流れる流路が削平しており、交差点そのものは確認できないが、北2小路以北に西1小路の側溝は認められないので、本道路はこの交差点が北限であったと解る。

④南1小路・西1小路交差点

Ⅰ・Ⅱ期にはいずれの側溝も道路面を横切らない開放型である。Ⅲ期以降にはいると西1小路の東側溝が南1小路の路面を横切り、南北路に優先権が生じる。ところがⅣ期になると南1小路の南側溝が西1小路の路面を横断し、いずれの道路にも優先権がなくなる。さらにⅤ期にはいると再び改変され、初めて東西路優先の交通体系が組み立てられる。本交差点は、開放型→南北路優先型→東西路優先型とめまぐるしく変わる。

⑤東西大路・西2小路交差点

Ⅰ期には西2小路はまだ完成しておらず、東西大路のみが存在する。東西大路の交通優先権は当初から廃絶時まで一貫している。後述する⑭事例も同様で、南北大路以上に東西大路の交通優先権に配慮がなされている。Ⅱ・Ⅲ期には新たに敷設された西2小路と交差し、開放型の交差点を形成する。しかし、Ⅳ期以降西2小路の路面を東西大路の南北両側溝が横断し、東西大路のみに優先権が生じた。東西大路は当初9mの規模を有すが、Ⅱ期以降13m前後と拡大する。

図3 方格地割交差点変遷図 （── 大路　── 小路b　── 小路c）

	交差点名 (東西／南北)	Ⅰ期	Ⅱ期	Ⅲ期 (灰白1次)	Ⅳ期 (灰白2次)	Ⅴ期	文献・備考
①	北2小路 南北大路	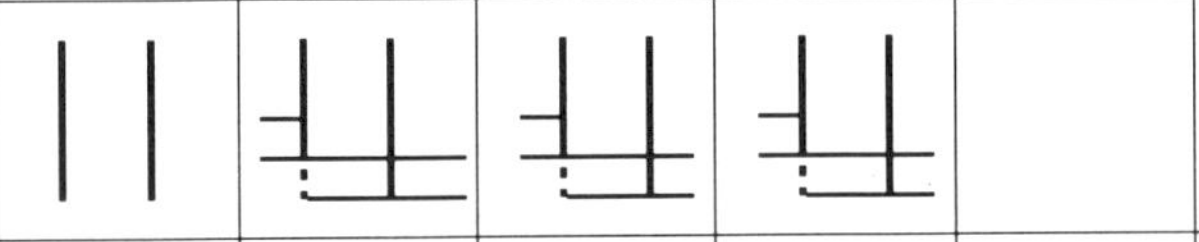					【多賀城市50】
②	南2小路 西0b小路	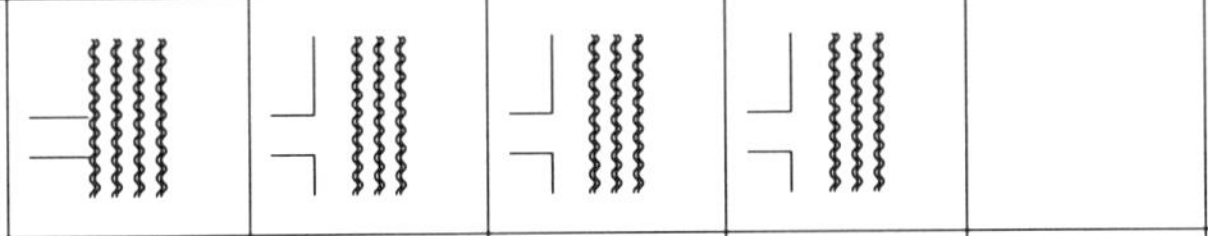					【宮城県167】
③	北2小路 西1小路	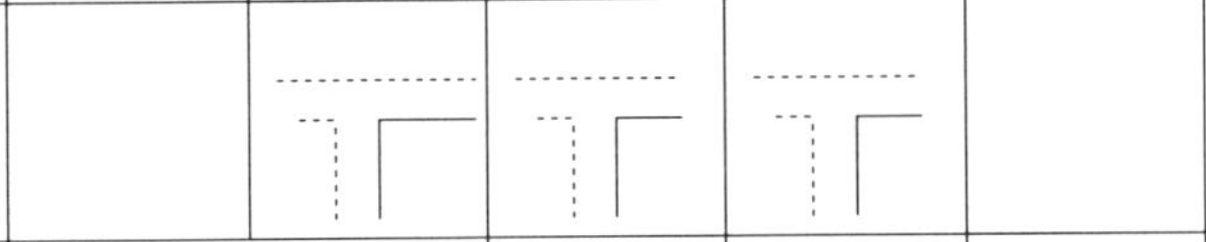					【多賀城市50】
④	南1小路 西1小路	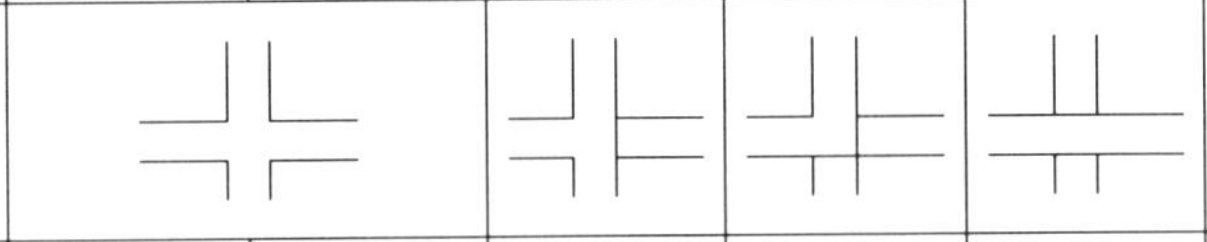					【宮城県167】
⑤	東西大路 西2小路	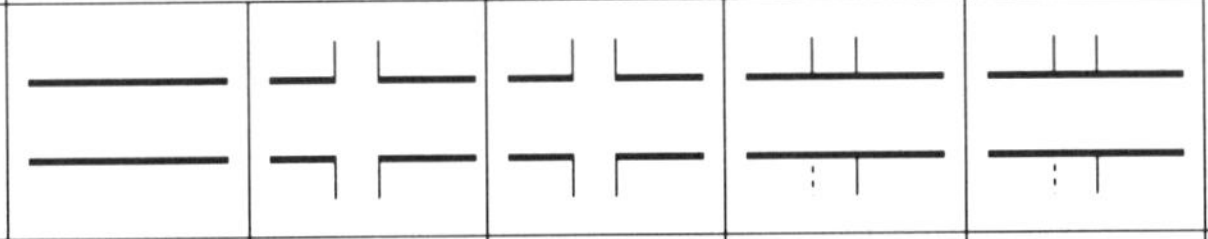					【宮城県167】
⑥	北1小路 西3小路	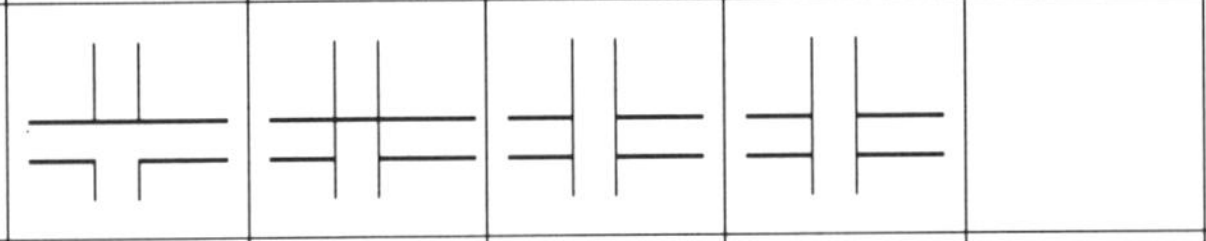					【宮城県167】
⑦ ⑧	北2・3間小路 西4小路 北2小路 西4小路	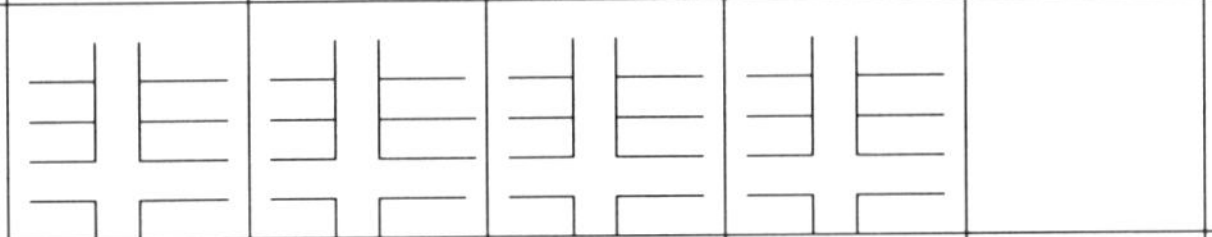					【多賀城市45】
⑨	北3小路 西5小路	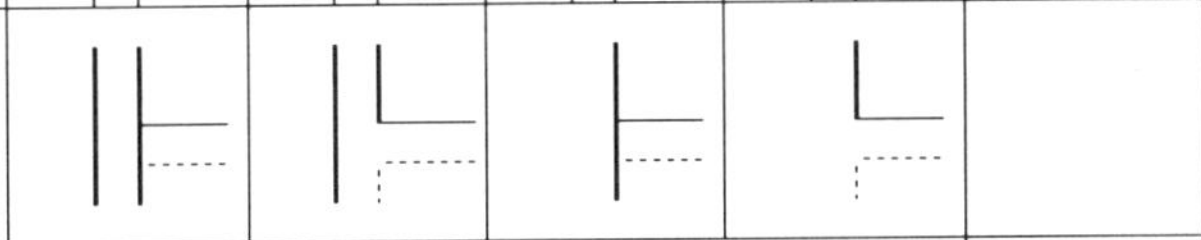					【宮城県162】
⑩ ⑪	北2・3間小路 西5小路 北2小路 西5小路	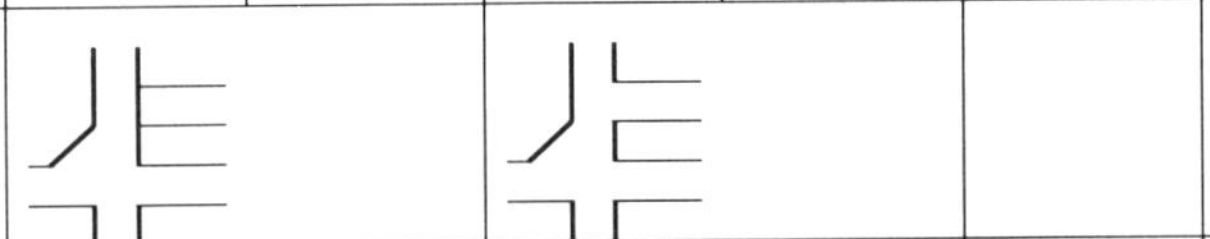					【多賀城市45】
⑫	北2小路 西6小路	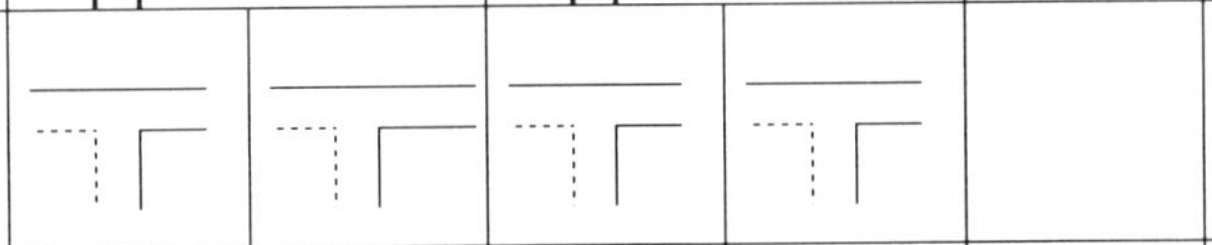					【宮城県174】
⑭	東西大路 西9小路	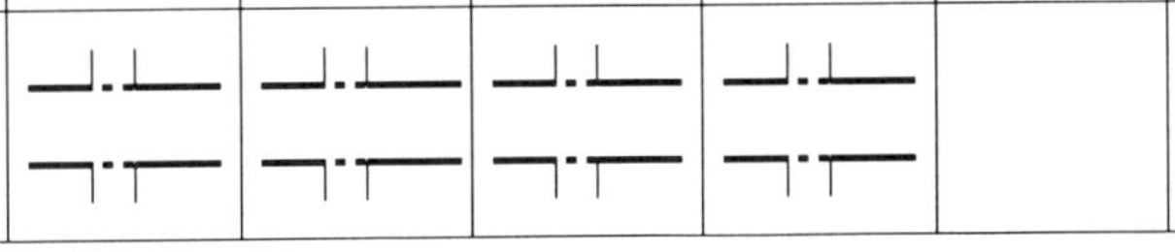					【多賀城市22】

⑥北1小路・西3小路交差点

　北1小路は、7m前後の規模を示す地点が多い。小路ランクbの道路である。本交差点は激しく変遷し、Ⅰ期には北1小路の優先権が明確であるが、Ⅱ期には完全に優先権が無くなり、Ⅲ期には西3小路が優先されることとなる。城外の空間利用の拡大に伴って北への通行の必要性が高まったのであろうか。

⑦北2・3間小路・西4小路交差点、⑧北2小路・西4小路交差点

　北2・3間小路との交差点では一貫して西4小路の通行が最優先され、北2小路では、いずれの小路側溝も横切らず、交通の障害はない。北2・3間小路が宅地内を分割する道路であることが起因していよう。同様の交差状況は、⑬東西大路・南1間小路と、西7小路交差点にも認められる可能性が高いが、未報告のため詳細は不明である。北2小路は①ではⅡ期以降に形成されるが、本交差点ではⅠ期から形成されていたらしい。同一道路が必ずしも一斉に造作されない点も多賀城方格地割の特徴の一つである。

⑨北3小路・西5小路交差点

　方格地割の北西部の境を示す西5小路と北3小路の交差点である。北3小路は以西には延びないが、次項で検討するように北2小路では延びており、方格地割が部分的に北に拡大していることがわかる。また、西5小路の東側溝は、Ⅲ期以降消滅しており、以西の土地利用が当初からそれほど本格的なものでなかったことが解る。交差状況も、一応南北道路が優先されているものの、側溝のあり方などから判断すると、通行量そのものがさほどのものではなかったことを示している。

⑩北2・3間小路・西5小路交差点、⑪北2小路・西5小路交差点

　本交差点でも、北2・3間小路は西に延びないことから、これが北2西5区の宅地内道路であることが判明する。Ⅰ期には、西4小路の交差点同様、北2・3間小路の側溝は南北小路路面には至らず、東側溝に流入して終わる。しかし、Ⅲ期以降には東側溝がこの路面上だけ撤去され、通行に障害はなくなる。

　北2小路と西5小路の交差点は複雑で、北2小路が交差点手前の西で拡大され、北側溝が大きくカーブを描いて西5小路の西側溝と連なる。このため交差点付近は北西に広がる広場風になる。両時期ともにいずれの側溝も路面を横切らず、通行に障害はない。両交差点を通じて確認できることは、西5小路の優先権であろう。本小路が一応の西を境する外周道路として認識されていたからではなかろうか。

⑫北2小路・西6小路交差点

　北2小路は、先の北3小路のある地域を除けば、基本的に方格地割の北限として設計されている。本交差点でも、西6小路は以北へは延びておらず、一応の北限であった。それぞれの南

側溝と西側溝は確認できていないが、いずれの通行も路面に障害のないものであった。

　⑭東西大路・西9小路交差点

　現状では、方格地割はこの西9小路で閉塞する。しかし、東西大路はさらに西へ延びている。方格地割を陸奥国府の所在域と考えれば、この交差点が東山道の終着点であったことになる。先の⑤事例同様、一貫して東西大路の優先権が認められている。詳細は不明であるが、北側溝の一部が西9小路の路面に及ぶ可能性が指摘されており、本来は、東西路を最優先する設計であったと推定できる。

　この他、トレンチが設定できなかったため、具体的な交差状況は判明していないが、南1小路と西7小路交差点近くの調査も実施されている【多賀城市33】。

II　地方官衙の道路と官道

　多賀城方格地割を構成する道路には5ランクあることを示した。中でも、興味深いのが、大路の2（4）ランクである。大路ランクAは宮都の一般大路の規模に一致し、大路ランクB'は宮都の小路、大路ランクBは宮都の小路の築地心々規模に一致する[6]。果たして多賀城で確認した道路ランクは、他の地方都市遺跡ではいかなる様相を示しているのであろうか。

1　国府・城柵の周辺道路

　国府や城柵の関連道路として、下野国府、城輪柵、胆沢城、志波城などが知られる。

　下野国府では、政庁南面から真っ直ぐ南に延びる道路（南大路）と政庁の北を東西に走る道路（北辺大路）が知られる【木村1994】。両大路の規模はいずれも側溝心々で12m、路面幅が9mを計り、多賀城の大路ランクBに相当する。これが国府の基準的道路であった可能性がある。

　城輪柵では、政庁の中心から各外郭中門へ延びる道路跡が確認（想定）されており、その規模は6〜9mとされている。多賀城の大路ランクB'、小路ランクbに相当する。城輪柵では、さらに周辺部に延びる方格地割の存在が指摘されており、調査の進展が待たれる【佐藤1994】。

　胆沢城では、外郭南門からさらに南へ延びる南大路の存在が指摘されており、その規模は側溝心々で12mであるという[7]。大路ランクBである。

　志波城についても政庁中軸線上に南北の大路が配置されているが、さらに外郭南門以南にも、南外大路とする道路が延びている。その規模はいずれも側溝心々で19mを計り、多賀城の大路ランクA'に近い規模を有している。志波城と多賀城方格地割設計者の近似性をここに見ることができる。南外大路は、多賀城南北大路をモデルとして設計され、それよりはやや規模を小さくして施工されたと考えたい。ここにも明確な都市の序列化を読みとることができる。

大路周辺の調査がまだ十分ではないが、鎮守府の置かれた施設であるだけに、多賀城との比較をする上で注目すべき事実である。

　事例は乏しいものの、国府や多賀城に匹敵する城柵の多くが、中軸線上に多賀城東西大路と同規模の道路を配していたことを確認した。多賀城にはこれらを凌ぐ南北大路が配置されている。通行者はその違いを実感したに違いない。

　　2　官道の規模

　全国の官道と推定される道路跡の資料は、東国を中心に増加の一途を辿っている。これらを集成した近江俊秀氏の業績を参考に、官道の規模と多賀城道路とを比較検討してみよう【近江1997・1998】。

　【東海道】　東海道そのものと推定できる遺構は、静岡県の曲金北遺跡や坂尻遺跡で発見されているだけで事例は少なく、側溝心々規模（以下同じ）は9mを計る。以外は東海道支道と呼称される道路で、大半が6m前後の規模である。

　【東山道】　東山道本道の検出例は多く、西は近江国から東は上野国まで数多くの事例が報告されている。にもかかわらずその大半が12mの規模を有している。異なるのは、近江国内での15m、上野国内での5～6m（時期の異なる別ルートの道路跡）などに認められるだけである。多賀城前面の東西大路が東山道の末という認識で間違いないとすれば、東山道は、出発国である近江を除き12mで設計されたと評価できる。東山道敷設の時期が一定しているかどうかは現状では明らかではないが、東北の支配拠点である陸奥国府へ至る道路が一貫して幅12mの規模であったとしたら、都と東北を繋ぐ軍事道路としての側面も十分考慮する必要がある。拙稿で検討した壺Gの分布が、東山道や北陸道、東海道の北部に集中するという事実もこうした可能性を補強する【山中1997】。

　【北陸道】　大半が6m前後の小規模な道路であるが、越前に一例だけだが、8世紀末までは9m規模であったという事例がある。

　【山陰道】　最大10mから、最小1mまで、様々で一定しない。

　【山陽道】　最大12m、最小5mの道路が確認されているが、事例が少なく確定できない。

　【南海道】　讃岐国で12mから6mへと縮小する道路跡が確認されているほか、伊予国では4.5～6mの小規模な伝路が確認されている。

　【西海道】　11m前後の規模の道路が最も多く、6～8m前後のものがこれに次ぐ。

III 多賀城方格地割と交通

1 地方諸道と多賀城方格地割

　多賀城や大宰府を除く地方官衙遺跡の道路や官道の規模は、最大でも、志波城の19mにすぎなかった。大半が12mであり、これが当時の官道の標準的サイズであったと考えられる【木下1991】。

　すると、多賀城南北大路は、当時（大宰府「朱雀大路」が現状では10世紀を遡らないとすれば）、地方都市では最大の道路であったことになる。そして東西大路は、多賀城と宮都とを連結する役割を担った[8]。国府南面の大路が官道の規模そのままに南門から政庁へと至るのに対し、多賀城のみが、これに倍する道路でもって同施設に導いた。

　南北大路は、全国の国府中最大の道路として設計、施工された。しかし、政庁中軸線上という制約のため、最悪の土地条件下に設置せざるを得なかった。早くもⅡ期の段階には道路の維持管理が困難となったらしく、東西道路の側溝を路面上へ通し、東側から来る水流を西へ逃さざるを得ない事態に立ち至り、通行は寸断された。通行を確保するには、平城京二条大路と東一坊大路の交差点のような、大規模な架橋以外にないが【山中1991】、現在のところ、その存在を示す遺構はない。荘厳装置としての役割は、既に失われつつあった。

　東西大路は、多賀城外では比較的安定した微高地上を東西送し、通行に支障が少ないように設計されていた。後述するように東西大路の規模12mは、東山道と一致しており、その延長上、或いは一部と認識されて施工された道路であると推定できる。他の国府では、官道の規模と同じ道路が、そのまま政所や外郭南門に至るよう設計されている。ところが多賀城では、さらに大きな南北道路を敷設することによって、より大きな権力の存在を、都市構造を通して、視覚的にも表現しようとしたのである。

　このような道路規模の差異は、同じ時期に方格地割を完成させた斎宮にはなく、地方官衙においては際だった存在であるといえる。

2 開放型（非優先型）交差点の多用

　多賀城交差点の最大の特徴は、側溝同士が「L」字形に交差する開放型が極めて多いことである。42例中19例（45％）にも達する。一般的には、開放型だけで側溝を組み合わせると、側溝内排水の行き場が無くなり、側溝を溢れた水の処理が問題となるが、多賀城では時期を越えてこの交差方法が踏襲される。多賀城方画地割路面と宅地との間には段差が認められる。仮に側溝から水が溢れても、路面が排水溝の役割を果たしたのかもしれない。他の都市遺跡では殆ど見られない構造である。わずかに平安京右京八条二坊二町の西靱負小路が、遷都当初、運河として利用されていた事実がこれに近い事例であろう。ローマ時代の都市遺跡ポンペイでは、

路面全体が排水溝の機能を果たす。ポンペイでは、馬車を多用するため、路面が石で舗装されている。舗装道路ならば路面を排水しても通行に支障はない【辻村1993】。しかし、多賀城のようなシルト質の路面では、雨後の通行は極めて困難となる。また、宅地と道路との段差にも課題が残る。この様な交差点の様態は、道路通行機能にとって決して相応しいものではなかった。

多賀城方格地割交差点に橋が無い点も特徴的である。これまでに報告されている橋は②のわずか1例しかない。板などを渡すだけの簡易な橋しか架橋されていなかったものと推定せざるを得ない[9]。簡易な構造の橋により通行可能な交通手段は歩行であろう。多賀城方格地割内通行の質は、かなり低いものであったと推定したい。

多賀城の道路網の配置間隔もまた、不規則で一定していないことが指摘されている【千葉1994】。各道路交差点を検討した結果も、宮都とは全く異なる一貫性の少ない道路網であることが判明した。形態的には宮都の条坊制に似せて造営されたものの、その技術や思想は似て非なるものであった。既に指摘があるように、東西大路に面して、国司の館など大規模邸宅や、池などを伴う高級宅地が広がる【平川1999】。東西大路が常に優先されていたことからも解るとおり、東西大路周辺の通行規制だけは計画的になされていた。しかしそれ以外の通行や、道路の維持管理は一貫性に欠けている。度々変更される交差状況や、簡単に消失してしまう側溝などの実態は、方格地割の管理を、国司が十分行っていたとは考えにくい。宅地利用者により、造作、改修されていたのではなかろうか。交差点から見る限り、多賀城の方格地割内交通は実に稚拙な段階であった。

斎宮の方格地割内道路の規制が、自然地形の傾斜に抗してまで東西方向の交通を最優先させるという一貫性のあるものであったのと異なり【山中1999】、実に非計画的なものであったと言わざるを得ない。8世紀末から9世紀初頭という、ほぼ同じ時期、軍事的拠点の要としての多賀城と祭祀のシンボル的施設としての斎宮に出現した方格地割であるが、その内実は、意外にも質的な差の激しいものであった。この点にも多賀城方格地割形成の動機が見え隠れする。

おわりに

宮都の朱雀大路がそうであったように、多賀城の南北大路もまた、荘厳装置としての意味を際だせさせるに十分な施設であった。多賀城に方格地割が形成されるのは、8世紀末から9世紀初頭であった。この政策を実行したのは、桓武政権である。桓武政権の重要な政策の柱は「造都」と「征夷」であった。とすると、対蝦夷への威圧政策の一環として、両大路の建設がもくろまれたのではなかろうか。但し、計画者が意図したほどには、多賀城の都市性は十分には整備されていなかった。宮都ほどの整然とした分業体制や、居住階層の序列化は、未だ十分に進

んでいなかったのではなかろうか。国府政庁の瓦葺きへの転換、山陽道駅家の瓦葺き化など、桓武政権は次々と地方の公的施設を根本から変える諸施策を打ち出す。その目的は、東では対蝦夷への威圧、西では対外関係の維持発展、そして内へは新しい王権の威厳の誇示にあった。

道路遺構を注意深く観察することによって、王権の東北支配の姿を読みとることができた。今後は、都市的景観を示す方格地割内部の都市性について、時期毎に、詳細なデータを比較検討することによって、解明していく必要があろう。

最後に本稿で明らかにし得た点をまとめておきたい。

第一に、南北大路と東西大路が他を圧倒する大規模な道路として造られたことを確認した。

第二に、東西大路は一貫して優先権を維持したのに対し、南北大路は、設計者の意図とは別に、早くに機能を低下させた事実を指摘した。

第三に、方格地割内部交差点の交差方法の激しい変遷と、交差点に橋を多用しない「L」型交差点の活用のあり方を見た。多賀城独特のこの様な交差状況は、多賀城の都市性を反映していると解釈した。

第四に、多賀城に止まらず、全国の地方官衙の道路規模が、宮都の条坊制を参考にして組み立てられ、官衙の重要度や、官道に必要な交通量、軍事的必要性などを考慮して決定されていたことを明らかにした。

第五に、多賀城方格地割は、一見すると障害の少ない通行を重視した道路網であるかのように見えるが、排水機能に劣り、通行に不便なものであったことを示した。内部の交通量は意外と少なかったのである。

交差点という限られた材料でしか検討し得なかった本稿で論じ残した点は多い。特に、方格地割の骨格（設計方法）については全く触れることができなかった。宅地利用の解明と共に機会を改めて論じてみたい。

本稿は、1999年度古代交通研究会大会（1999年6月26・27日立正大学）においておこなった講演「都城の道路と交通」の一部である。講演のテーマである「都城の交通」は、かって拙稿で述べた条坊交差点の優先関係から見た古代都城内交通の復原に関するもので、旧説を補強する資料は提示し得たものの、特に新しい指摘はなしえなかった。また、講演では他に斎宮と多賀城の交通について、都城の交通と比較しながら述べた。しかし、大会講演では両遺跡とも十分触れることができなかったので、本稿では、多賀城の方格地割交差点と都市交通について若干の指摘をおこなった。勿論本来なら、斎宮も含めた総合的な検討をなすべきであるが、紙幅の都合で検討成果を同一紙面に載せることができなかった。斎宮については別稿【山中1999】に示したので、併せて検討いただきたい。尚、当日、松原弘宣氏、舘野和巳氏他多くの方々から報告内容についてご意見を頂いたが、先の事情により十分活かすことができなかった。紙面

を借りてお詫びしておきたい。　　　　　　　　　　　　　　　　　　　　　　　　　　（三重大学）

〔註〕
1) 小路ランクｃが最も多いが、9世紀前半以降に付加されたとされる北2小路や南2小路（南北大路と直行する方位を持つ道路）には規模のばらつきがある。
2) 【多賀城市50】において、千葉孝弥氏が触れるとおり、南門―政庁間道路の規模については、多賀城跡調査研究所年報でも見解に揺れがあり、10→18→22ｍの三段階に変遷した可能性も残る。特に、18ｍの時期があったとする【年報1983】では、同時期が、城外南北大路創出の時期と一致する点で興味深い。今後の調査資料の増加で確定することが期待される。
3) 方格地割を構成する各道路には交差点毎に遺構番号が定められ、これに伴う側溝も、その時期毎に遺構番号がある。これらを標記しつつ述べると極めて煩雑になるので、以下本稿では、【市史1】に示す道路名を用いて論述する。
4) 多賀城方格地割の創設時期については現時点で必ずしも一致しているわけではなく、報告書、報告者によってかなりのばらつきがある。たとえば、『多賀城市史』では、東西大路に平行する小路の時期と、南北大路に直行する小路の時期を別と捉え、前者から後者へと拡大したと捉えるが、【宮城県171】では、陸奥国大地震のあった貞観11（869）年5月前後に一斉に形成されたとする。
5) 平安京朱雀大路については、『類聚三代格』貞観4（862）年3月8日条太政官符が指摘するように、「左右帯垣人居相隔東西分坊門衛無置因茲昼為馬牛之蘭巷夜為盗賊之淵」の状態であった。このため、左（右）京職では坊門毎に兵士12人の配置を要望する始末であった。都においてこの状態であるから、況や地方官衙における維持管理はより困難になっていたものと推定できる。
6) 道路規模は宮都では本来築地心々規模で表現するのが正式である。しかし、道路側溝は検出し得ても、宅地内部を区画する築地塀などの塀跡を確認するのは困難が伴う。このため、側溝心々規模を検討材料とせざるを得ない。
7) 近年の調査によれば胆沢城の外港（水上交通の拠点）推定地の仙人東遺跡からこの南大路と連絡する可能性のある道路跡（側溝心々2.2ｍ前後）も発見されており、東北古代城柵の全体像が徐々に明らかになりつつある【伊藤・川村1994】。
8) 既に【宮城県162】では、北3小路一帯から8世紀代の道路跡の一部を検出している。8世紀末以前の東山道がどこを通過していたのか明確ではないが、斎宮における伊勢道の存在を見れば、いずれ方格地割を斜行する古道が発見されるのではなかろうか
9) 多賀城市埋蔵文化財センターの千葉孝弥氏によれば、1999年9月末現在発掘調査中の南北大路と東西大路の交差点のやや北を東西に流れる川跡に橋が確認されたという。南北大路の機能変遷を考える上でも貴重な成果として注目されるが、その評価についてはいずれ報告を待って再検討したい。

〔文献註Ａ―報告書―〕
市史1　多賀城市『多賀城市史第1巻　原始・古代・中世』（1997）
市史4　多賀城市『多賀城市史第4巻　考古資料』（1991）
多賀城市8　多賀城市教育委員会『多賀城市文化財調査報告書第8集　市川橋遺跡―昭和59年度発掘調査報告書―』（1985）：水田
多賀城市22　多賀城市教育委員会『多賀城市文化財調査報告書第22集　山王遺跡―第8次発掘調査報告書―』（1990）：東西大路・西9小路交差
多賀城市30　多賀城市教育委員会『多賀城市文化財調査報告書第30集　山王遺跡―第12次調査概報

（仙塩道路建設に伴う八幡地区調査―』(1992)：北3小路他
多賀城市 33　多賀城市教育委員会『多賀城市文化財調査報告書第33集　年報6』(1993)：南1西5小路交差
多賀城市 34　多賀城市教育委員会『多賀城市文化財調査報告書第34集　山王遺跡ほか―発掘調査報告書―』(1993)：国守館
多賀城市 45　多賀城市教育委員会『多賀城市文化財調査報告書第45集　山王遺跡Ⅰ―仙塩道路建設に係る発掘調査報告書―』(1997)
多賀城市 50　多賀城市教育委員会『多賀城市文化財調査報告書第50集　市川橋遺跡―第11次調査報告書―』(1998)：南北大路
多賀城市 55　多賀城市教育委員会『多賀城市文化財調査報告書第55集　市川橋遺跡―第23・24次調査報告書―』(1999)：南北道路東長大建物
年報 1980　宮城県多賀城跡調査研究所　『宮城県多賀城跡調査研究年報1980』(1981)：第37次調査・運河
年報 1991　宮城県多賀城跡調査研究所　『宮城県多賀城跡調査研究年報 1991』(1992)：灰白色火山灰年代9世紀前葉
宮城県 153　宮城県教育委員会『宮城県文化財調査報告書第153集　山王遺跡―多賀前地区第一次調査―仙塩道路建設関係遺跡平成4年度調査概報』(1993)：庭園跡
宮城県 162　宮城県教育委員会『宮城県文化財調査報告書第162集　山王遺跡八幡地区の調査―県道塩釜線関連調査報告書Ⅰ―』(1994)：北3西5小路交差
宮城県 167　宮城県教育委員会『宮城県文化財調査報告書第167集　山王遺跡Ⅱ―多賀前地区遺構編―』(1995)
宮城県 170　宮城県教育委員会『宮城県文化財調査報告書第170集　山王遺跡Ⅲ―仙塩道路建設関係遺跡発掘調査報告書―多賀前地区遺物編』(1996)
宮城県 171　宮城県教育委員会『宮城県文化財調査報告書第171集　山王遺跡Ⅳ―多賀前地区考察編―』(1996)
宮城県 174　宮城県教育委員会『宮城県文化財調査報告書第174集　山王遺跡Ⅴ―第1分冊（八幡地区）・第2分冊（伏石地区・考察）―』(1997)

〔文献註B―論文―〕
伊藤・川村 1994　伊藤博幸・川村均「胆沢城跡と道路遺構」（古代城柵官衙遺跡検討会『第20回　古代城柵官衙遺跡検討会資料』1994年）
近江 1997　近江秀俊「道路跡一覧（1997年4月現在）」（『古代交通研究』第7号 1997年）
近江 1998　近江秀俊「道路跡一覧（1998年4月現在）」（『古代交通研究』第8号1998年）
大川 1997　大川勝宏「光仁・桓武朝の斎宮―方格地割形成にみる斎宮の変革―」（『古代文化』第49巻第11号 1997年）
鬼塚 1992　鬼塚久美子「8世紀大宰府の計画地割について」（『人文地理』第44巻第2号 1992年）
木下 1991　木下良「近年における古代官道の研究成果について」（『国史学』第145号 1991年
木村 1994　木村等「下野国府跡及び周辺の地割り」（古代城柵官衙遺跡検討会『第20回古代城柵官衙遺跡検討会資料』1994年）
金田 1989　金田章裕「大宰府条坊プランについて」（『人文地理』第41巻第5号 1989年）
狭川 1990　狭川真一「大宰府条坊の復原―発掘調査成果からの試案―」（『条里制研究』第6号 1990年）
狭川 1994　狭川真一「大宰府の朱雀大路」（『文化財学論集』1994年）
佐藤 1994　佐藤庄一「城輪柵跡と周辺の地割り」（古代城柵官衙遺跡検討会『第20回古代城柵官衙遺

跡検討会資料』1994年）
白鳥 1980　白鳥良一「多賀城跡出土土器の変遷」（宮城県多賀城跡調査研究所『研究紀要』Ⅶ(1980)：灰白色火山灰年代9世紀前半
田阪・泉 1991　田阪仁・泉雄二「国史跡斎宮跡調査の最新成果から―史跡東部の区画造営プランをめぐって―」（『古代文化』第43巻第4号 1991年）
千葉 1994　千葉孝弥「多賀城周辺遺跡の様相―山王遺跡・市川橋遺跡・高崎遺跡―」古代城柵官衙遺跡検討会『第20回古代城柵官衙遺跡検討会資料』1994年
辻村 1993　辻村純代「ポンペイの道路」（『古代學研究所紀要』第3号 1993年）
平川 1999　平川南「古代地方都市論　多賀城とその周辺」（国立歴史民俗博物館『国立歴史民俗博物館研究報告』第78集 1999年
山中 1990　山中章「古代都城の交通―交差点からみた条坊の機能―」（考古学研究会『考古学研究』第37巻第1号（通巻145号）1990年）
山中 1991　山中章「古代都城の橋と道路」（ニューサイエンス社『考古学ジャーナル』No.332 1991年）
山中 1992　山中章「古代条坊制論」（考古学研究会『考古学研究』第38巻第4号（通巻152号）1992年）
山中 1997　山中章「桓武朝の新流通構造―壺Gの生産と流通―」（『古代文化』第49巻11号 1997年）
山中 1997　山中章『日本古代都城の研究』（柏書房 1997年）
山中 1999　山中章「斎宮の交通体系～方格地割交差点の優先関係～」（(財)向日市埋蔵文化財センター年報『都城　10　設立10周年記念論集』1999年刊行予定）

神奈川東海道ルネッサンス推進協議会
(書評) 神奈川の東海道(上)
——時空を越えた道への旅——

山 近 久美子

　本書は、2001年に東海道に宿駅伝馬制度が制定されて400年を迎えることから、国・県・沿線の自治体が協力し行っている活動「神奈川東海道ルネッサンス」の一環として刊行されたものである。執筆者も教育委員会、博物館、文書館、資料館、大学などに属する、多岐にわたる人々で構成されており、カラー図版や写真が盛り込まれた、美しく興味深い一冊である。

　内容は大きく四部にわけられ、第一部は東海道を歩く、第二部「うみつみち」と「もののふの道」、第三部東海道と神奈川の宿場（近世）、第四部が東海道の変貌と道の近代化という構成である。特定の時代のみを取り上げるのではなく、神奈川県の東海道について通史的にもとらえられ、沿線の歴史的地域像に触れることができる。

　第一部は、川崎から箱根峠まで、現在に残る東海道を歩く道筋に沿って記述する形式がとられる。写真やルートマップを参照することにより、読者が体感できるよう、また実際に歩いてみる際のガイドになり得るよう工夫がなされている。

　第二部の第一章が古代を扱った部分にあたり（本会会員、荒井秀規氏担当）、東国への道、「うみつみち」と題されている。以下、本章については詳しくみてみたい。第一節が「ヤマトタケルの道」であり、『古事記』や『日本書紀』に記されるヤマトタケルの東征伝承に関わる東海道について書かれている。まず東征伝承のルートを図示する方法で、『古事記』と『日本書紀』の違いを比較する。説話の理解については、本書の性格上諸説の紹介はなされていないが、『古事記』の説話の方が、『日本書紀』のものより古いという立場に立つ。両者とも伝承の道が相模から海路で上総に向かうという点では共通しており、これはより古い東海道の道順をあらわしている。他に相模から上総への途中、海神を鎮めるため走水で入水した弟橘姫とタチバナについても触れられている。またヤマトタケル説話の帰路における「アヅマはや」の叫びの場は、ヤマトの勢力の支配がおよぶ東の端の認識を示し、『万葉集』に残された歌からも、足柄峠や碓日峠に関わる地域観について示唆を得る。さらに今に伝わるヤマトタケルとして、現在もヤマトタケルを祀る神社を紹介している。

　第二節は「律令国家と東海道」であり、官道としての東海道や国府との関係、道路遺構の発

掘を中心に書かれている。古代における「東海道」は、江戸時代の東海道とは意味や範囲が異なること、駅伝制において東海道最大の難所である足柄峠をひかえる相模国の特殊性が説明される。官道としての東海道は、各国の国府を結ぶ情報や命令の伝達路であり、税や役人、軍隊が通過する機能を与えられていた。奈良時代の相模国府の所在地にはいくつかの説があり、確定されていない。本書では三説それぞれの場合に想定される駅路のルートを示す。武蔵国府に関わる支線の存在や、武蔵国の東海道編入にともなう駅路の変遷、『延喜式』ルートも図示される。駅の比定地については課題も残されている。また『更級日記』の道から平安時代における交通の状況を考察する他、甦る古代道として、発掘により出土した東海道に関わる道路遺構が写真でも紹介されている。

　第二章は「もののふの道」と題し、鎌倉・室町・戦国各時代の東海道を取り上げる。鎌倉時代には、京と鎌倉を結ぶ二元化された東西交通の幹線道路として、東海道は重要性を増した。政治的な公用の旅や経済活動、信仰に関わる旅などがみられ、人々の往来は街道の整備と宿の繁栄をもたらした。鎌倉幕府により駅制も整備され、足柄路と箱根路は関門として、軍事上、警備上重要な意味を持つ。しかし東海道以外にも関東各地と鎌倉とを結んだ「鎌倉道」もあり、東海道との比較として興味深い。他に絵図の中に描かれた橋・渡し・関なども取り上げられ、東国行脚の旅に出た僧たちの道も扱っている。戦国時代になると、鎌倉を中心として扇形に張られていた要道の体系に変化がみられ、小田原を本城として、北条氏の支城体制を支える交通網の整備が行われた。この時の北条氏の伝馬制度は江戸幕府のそれへと引き継がれた。

　第三部「東海道と神奈川の宿場」第一章は「近世の東海道」である。政権確立期における街道が軍事を最優先したなかでも、東海道は江戸幕府の道として重要視されていた。交通路の整備、発達には参勤交代が大きな役割を果たし、また旅行の庶民への波及なども要因となった。第二章「神奈川の九宿」では、幕末の天保改革にあわせて調査された『東海道宿村大概帳』からわかる宿の概観が、表にまとめられている。第三章以下は各宿についての各論の形式をとり、順番は第一部の記載と対応する。それぞれ東海道分間延絵図や名所図会を引用しつつ、各宿の特徴を紹介している。宿という機能面でみれば共通性はあるものの、立地条件や歴史的背景により、その性格や構成は異なる。なかには、地域における東海道とそれ以外の道路との関係など、より詳しい説明が望まれる部分もあったが、さまざまな史料が用いられ、名物や興味深い歴史的エピソードなども盛り込まれ、引き込まれた。

　第四部は「東海道の変貌と道の近代化」であり、第一章は「近代道路への道程」、第二章は「現代の道路」として、鉄道との関係や戦争などによって整備が遅れた道路が、現在バイパスなどもつくられ、ネットワークとして整備されつつあることが記される。しかし最後に触れられている人と自然にやさしい環境の形成という点では、自動車道路についてはむしろ課題が多

く、問題点の指摘やその解決の方向性について、もっと言及されてよかったように思う。

　全体を通して、東海道という道が地域に残した歴史を考える時、それは単に交通路にとどまらず、沿線の地域そのものを性格づける役割を果たしたのではないか、と感じられた。本書はそれぞれの時代における特徴を史料に基づいて押さえており、また冒頭で述べたように、全体としては時代による変化もつかむことができる。古代交通について改めて広い視点からとらえることができる意味でもお薦めしたい。

　来春には下巻の発刊も予定されており、東海道の文化的な側面からまとめられるということで、期待される。　　（B 5版、260頁、1999年10月、神奈川新聞社／かなしん出版、1,800円）

(書評)木下 良 著『道 と 駅』

佐 藤 美知男

　本書は「日本を知る―過去から未来に向けて」シリーズの1冊であり、歴史地理学から見た日本の陸上交通史の一般教養書を目途としている。会長の著書を"書評"するのは畏れ多いが、内容紹介と感想を述べさせていただく。全体の構成は大きな8章と、序章・終章から成っている。

　第1章「奈良時代の交通制度と道路」では、古代国家に於ける道路の形成過程とその実態を論述している。著者自身の豊富な研究の蓄積と近年の発掘成果を踏まえ、古代の道路がかつて考えられていたような自然道を利用した狭隘で曲折した道ではなく、計画的でかつ大規模であったことを実証している。大規模計画道路は中央集権国家に共通することであった。さらに駅制・伝馬制・水駅を解説している。第2章「平安時代の制度と道路の変化」では、古代の道路が計画的・人為的であったがゆえに、かえって政治体制の盛衰に連動して変転・衰退し、地域の実情に応じた道路に変化してゆく状況を、『延喜式』記載の駅名の変転を例に挙げて解説している。

　第3章「宿と鎌倉街道」では、政治中枢が鎌倉と京都に二極化した中世にあって、交通の状況が変化してゆき、公的な交通だけでなく、私的な交通の増大による宿泊施設や交通援助集落としての"宿"の成立と、東国の軍用道路である鎌倉街道の形成を述べている。

　第4章「江戸時代の街道」では、戦国期からはじまる近世交通制度の成立と、橋や関所を含む道路状況を解説し、五街道や脇街道が当時の交通事情においては充分に整備された道路であったことを、外国人の紀行記録によって示している。第5章「諸街道の宿場」では前章を受けて、交通制度の要であった宿場の諸施設と機能について詳述している。

　第6章「明治の国道と駅」では、近代初期の運輸政策と交通の実態にふれ、近代的な輸送業・輸送システムの成立と、明治政府による道路整備と建設の経緯を解説している。この時代、一部地域ではあるが近代的な道路の建設が行われていた。第7章「鉄道と駅」では、近代になって出現した軌道による輸送手段である鉄道を取り上げ、日本の鉄道の地勢的・構造的な特徴とその社会的な影響力を解説し、文明開化から新幹線にいたる鉄道史全体を略述している。

第8章「道路の復権」では、陸上交通の主役が鉄道から自動車へ大きく移行しつつあり、その状況の中での道路の改良と高速道路網の拡大について述べている。古代道路と現代の高速道路のルート、そして古代の烽と現代のマイクロウエーブ施設の所在位置との共通性を指摘しているのが特色である。

　本書の特徴は陸上交通の通史、主として道路史であり、しかも一般教養書・入門書となっていることである。既刊の交通史は内容的に詳細であるが、多くは分担執筆のため通史的把握がやや困難であり、また著者も指摘されているように近代以降の記述が希薄であった。さらに鉄道史・自動車史の図書は多く存在するが、道路史についての一般書はなかなか適切な図書が見当らない。道路史はまだ未開拓の分野であるようだ。

　近年、古代道路の考古学的な発掘成果により、古代交通の通説が大きく転換し、ひいては中世以降の道路史及び陸上交通史も見直さざるを得なくなっている。従来"悪い"とされてきた日本の道路を、歴史的に再点検・再評価する意図を本書は有している。著者は古代交通が専門であり、古代以外は不得手と謙遜されているが、現代から古代を見通す史眼を有するという点で、適切な著者だったと思う。私の仕事の範囲は近現代交通が主であるため、近代道路史をもう少し詳細に知りたいという感はあるが、全体的にはバランスがとれており、まとまった内容となっている。必要充分な参考図・地図等は掲載されているが、一部の写真にはもう一工夫はしいものがある。なお鉄道史の記述が比較的少ないのは事実だが、出版予告によれば別に独立した1冊の刊行が予定されており、また陸上交通史の中で鉄道が占める時間量は少ないので、妥当であろう。

　過去を学んで現代を見つめ、未来を見通すという歴史の役割を、著者は本書の中で常に意識し強調されており、平易な記述の中にも著者自身の感想や提言が直截に表現されている。ハンディな体裁でありながら索引も付されており、身近に置く手引書としての利用価値は高い。

　　　　　　　　　　　　　　　（B6判、211頁、1998年9月、大巧社、1200円）

（書評）筑紫野市教育委員会編『岡田地区遺跡群II』

近江俊秀

　古代交通に関する研究は、近年、目覚しい進展を見せた分野のひとつであろう。この研究の進展に大きく寄与しているのが、考古学の発掘調査の成果であることは言うまでもない。かつて、古代交通に関する研究は、文献史学や歴史地理学の分野からのみ進められていたものが、考古学の参入によって、遺構というより具体的な形の研究材料が呈示されることによって、路線の確定が行われるとともに、その規模や構築方法にまで踏み込むことができるようになってきた。特に、道路の構築方法については、ここ数年より詳細な分析が行われるようになってきた。今回、紹介させていただく『岡田地区遺跡群』の発掘調査報告書も検出された道路遺構について、詳細な観察が行われている報告書のひとつである。

　この遺跡で検出された古代道路は、両側に側溝を持つ幅約9mのもので、その規模や路線の方向、位置などから、「西海道」の中でも大宰府と豊後とを結ぶ路線と考えられている。また、路面では波板状凹凸面（報告書では、遺構の状況から波板状圧痕という名称を用いている）が検出されており、この痕跡をはじめとする路面の状況について詳細な観察結果の提示と分析を掲載しているのが本報告書の大きな特徴のひとつである。

　報告書中、これら路面に関わる観察、分析について報告している項は、

　　III　調査の概要　　6　道路（SF）　P77～80
　　IV　分析　　1　SD120床面および官道の硬化土壌の分析について　P47～159
　　V　まとめ　　2　波板状圧痕について　P163～165

である。報告書をご覧になられた方は、お気づきかと思うが、事実報告や考察部分を見ると、調査担当者が、この遺構の構築方法等について他の事例との比較検討を行いながら発掘調査を進めていったことがうかがわれるとともに、従来、調査担当者の主観が入りがちであった路面の土壌の状況報告にあたって、より客観的なデータを呈示するために、自然科学的な分析を行うなど新たな試みもなされていることが注目される。1992年に刊行された『群馬県新田町下新田遺跡発掘調査報告書』では、硬度計による土壌硬度の水平分布測定が実施され、感覚的に捉えられていた硬化面を客観的な形で示したという事例があるが、これらのような客観的データ

の蓄積は、今後の道路遺構研究において重要な意味を持つものとなろう。

　波板状圧痕の評価については、筆者がもっとも興味を持って拝見させていただいた項である。この道路遺構に伴う痕跡について、さまざまな説が出されていることは周知のとおりであるが、報告書中でも触れているように、現在までに大別して以下の見方がある。

　1　道路築造時に路床として意図的に計画されたもの（飯田1989他）
　2　枕木等の痕跡（早川1991他）
　3　形態や検出位置などから分別して考えるべきという見方（近江1995）

　また、1の見方と内容的に一部重複する見方として、排水ピット説があり、さらには長期の使用により発生した路面の凹凸を補修した痕跡などの見方もある。本報告書で行われている検討結果について触れる前に筆者の考えをここで改めて触れておきたい。

　筆者は一般に波板状凹凸面等の名称で報告される道路遺構に伴う凹凸面の検出例を全国的に集成した。報告書の文中で見る限り、これらの痕跡は、形状が多様であるのみならず、明らかに路面に伴って検出されたものもあれば、路面以下で検出されたものもあり、また、埋土も硬化したものもあれば軟質の土壌のものもあるなど、全てが同一の成因によるものではないという考えを示した。つまり、これら波板状凹凸面と呼ばれるものの中には枕木状のものを敷きならべた痕跡もあるだろうし、路面強化のための処置として造られたものもあるという結論に達したのである。筆者が、このような考えに到達するに至ったのは、これら全国的な類例の集成結果によるところが大きいが、それ以上に、自らが発掘調査を担当した奈良県御所市に所在する鴨神遺跡で検出されたそれぞれ状況の異なる2種類の波板状凹凸面が確認できたことにある。鴨神遺跡では古墳時代の道路遺構が長さ130mにわたって検出された。波板状凹凸面は、検出された道路の中央部分と北端部分でそれぞれ検出された。中央部分の凹凸面は明らかに路面と考えられる硬化した砂層を切り込んでおり、平面形態は細長い楕円形で、埋土は軟質の粘土であった。このため、この部分の凹凸面に関しては、路面に並行して埋められた細長い棒状のものを除去した痕跡と考えた。つまり枕木の痕跡である。一方、北端のものは、路面の砂層を除去すると現れた。凹凸面はすべて硬く叩き締められており、小石が塡圧されていた。平面形態は不整形の部分もあれば、楕円形に近いところもあり、また中央は溝状となっていた。この2つの痕跡は、いずれも波板状凹凸面（圧痕）と報告されるものであろうが、その形状などから全く異なる成因によるものであることは明らかである。つまり、現在の波板状凹凸面（圧痕）という呼称は、道路に伴って認められる凹凸面を総称しているだけであり、質的に全く異なるものを包括してしまっているということである。将来的には、それぞれの成因や性格から呼称を変えるべきと考えているが、明確な分類を行うに足る考古学的な資料が現状では不足しているのである。そして、資料の蓄積のためには、このような遺構が検出された場合、従前の

評価にとらわれすぎず、さまざまな角度から分析を行い、その検討結果を具体的な資料として公表する必要があると考えている。そういった意味で、本報告書における検討は、今後の道路遺構に関する研究の進展に大きく寄与するものと考える。

　ここで、報告書中で記されている検討項目とその結果について列記してみたい。
　１．検出場所　官道から建物区への進入付近や湿地に至る直前付近、井戸への通路。
　２．形状と方向　圧痕下にレキを含んだ締め固め痕があり、方向は官道主軸に規制されない。
　３．埋土　しまりのない淡黄褐色粘質土で人為的に埋められている。
　４．その他　圧痕は棒状のものを半規則的に交差させ、交互に組み合わせたように検出され、圧痕下部には直交する溝がある場合がある。

以上の、検討とその結果を踏まえ、従前の波板状凹凸面の研究成果や古代の土木工法とを照らし合わせた結果、この圧痕は「通行頻度が高く軟弱になりやすい箇所に二次的に行われた補強痕跡」であり、枕木状の補強材の痕跡である可能性が高いとの結論を導きだされている。この結論に関しては、報告者も文末に記しているようにあくまでも岡田遺跡群における一例であり、この結果をもって波板状凹凸面の性格や成因が判明したわけではない。しかし、このような検討を行いその結果を報告することにより、他遺跡で検出される同様の遺構との比較が行えるようになるのである。また、波板状凹凸面が検出された道路遺構の一部にのみ限って認められる事例がいくつかある。中には、道路そのものが傾斜地にさしかかった部分から、認められているものもあれば、地盤が軟弱な部分に限って認められるもの、また、掘立柱建物へ向かう枝道でも検出された事例があるなど、この凹凸面が認められる場所と認められない場所との違いにある程度の傾向が認められるとするならば、この痕跡の性格を考える上で重要な意味を持つ。さらに、締め固めの有無や、同じ締め固めでも意図的なものか通行の結果、自然に固められたかの区別も必要であろうし、埋土が軟質か硬質であるのかも、分類、検討を行う上では注目される点である。

　なお、近年刊行された報告書の中で波板状凹凸面をはじめとする道路遺構の構築法に関する詳細な報告を行っているものとして、西国分寺地区遺跡調査会『武蔵国分寺跡北西地区の遺跡発掘調査報告書』1996、西国分寺地区遺跡調査会『日陰山遺跡・東山道武蔵路』1999、（財）横浜市ふるさと歴史財団『中ノ宮北遺跡発掘調査報告書』1999、仙台市教育委員会『陸奥国分尼寺跡ほか発掘調査報告書』1999などがある。このような資料の蓄積により、今後、同分野の研究が益々発展することとなろう。

　岡田地区遺跡群で検出された道路遺構は、検出面が浅かったこともあって、道路遺構の構造面を考える上では必ずしも良好な資料とは言えない。しかし、限られた条件の中、これだけ多

くの貴重な情報を引き出した上に、短期間の間に充実した内容を持つ報告書を刊行なされた調査担当者をはじめとする方々に深く敬意を表します。

(A4版、本文188頁、図版49頁、1998年3月31日、筑紫野市教育委員会)

道路跡一覧（1999年8月現在）

1 本表は、昨年本誌第8号に掲載した道路跡一覧表作成後に、集成した道路遺構の一覧表である。
2 道路の分類基準や凡例については、本誌第7号掲載の道路跡一覧を参照願いたい。
3 本集成は、筆者が報告書等の記載から作成したものであり、筆者の誤読等により誤った記載をしているものがあるかもしれない。また、表現を極力簡略化しているために、報告者の意図を十分反映したものとは言えない。そのため、引用にあたっては原典を参照願いたい。

（作成　近江俊秀）

整理番号	遺跡名	所在地	遺構名	幅(m)	形状	深さ/高さ	波板状凹凸面	側溝規模・形状	性格	時期	その他	関連文献
D 04 61	府中町2丁目	東京都府中市	−	6	−	−	−	②0.5-0.5-0.6	武蔵国府町割関連	8世紀前半～11世紀	数回の整備	東京新聞98・8・26記事
D 04 62	宇治市街遺跡	京都府宇治市	−	6以上	−	−	0	②?1-0.3	−	12～13世紀	−	朝日新聞南京都98・7・1記事
D 04 63	小八木志志貝戸遺跡	群馬県高崎市	−	1.8～3.2	−	−	0	②	あづま道	鎌倉～江戸	路面硬化。3度の修復。最終的に幅1.5mに縮小	上毛新聞9812・3記事
D 04 64	塔の腰遺跡	山形県鶴岡市	−	4～5	−	−	0	②1～2.5-0.5	−	12～13世紀以降	−	山口博之「出羽南半の中世古道について」『発掘された中世の古道 Part1』1998
D 04 65	高瀬山遺跡	山形県寒河江市	−	2～5(5→2か)	−	−	0	②1～1.5	−	12～15世紀	−	山口博之「出羽南半の中世古道について」『発掘された中世の古道 Part1』1998
D 04 66	四ツ塚遺跡	山形県河北町	−	4.2	C	−	0	②	不明	古代	−	(財)山形県埋蔵文化財センター「四ツ塚遺跡調査説明資料」1998
D 04 67	辻字宮地第二遺跡	埼玉県鳩ヶ谷市	−	12	−	−	0	②1	−	奈良～平安	路面中央に客土。	読売新聞埼玉県95・7・4記事
D 01 71	岡田地区遺跡	福岡県筑紫野市	道路	9, 2	A-1	−	3-B・C	②2－10.4-0.4	西海道豊後道	8世紀	補修痕と考えられる波板状圧痕あり。	筑紫野市教育委員会『岡田地区遺跡群』1998
D 01 10	尼子西遺跡	滋賀県甲良町	−	15	−	−	−	②1.5～3-0.1～10.05～0.6	東山道	7世紀後半か	12世紀に廃絶。路面削平。	滋賀県教育委員会『尼子西遺跡』1998
D 00 71	東山道武蔵路	東京都国分寺市	SF−1	12→9	C	−	C(4期路面に対応。)	②0.4-0.8-0.56 0.45～1	東山道	10世紀中頃までは、機能。	4期の変遷。	西国分寺地区遺跡調査会『日隂山遺跡・東山道武蔵路』1999
D 04 68	東山道武蔵路	東京都国分寺市	ＳＦ−3	4.4	B-1	0.3	0	0	−	平安末か	全体に凹凸著しい。	西国分寺地区遺跡調査会『日隂山遺跡・東山道武蔵路』1999
D 04 69	東山道武蔵路	東京都国分寺市	SF−4	1.3～2.6	B-1	0.14～0.2	0	0	−	−	硬化面あり。	西国分寺地区遺跡調査会『日隂山遺跡・東山道武蔵路』1999
D 04 70	東山道武蔵路	東京都国分寺市	SF−5	0.7～2.7	B-1	0.12	0	0	−	−	分岐部分あり。	西国分寺地区遺跡調査会『日隂山遺跡・東山道武蔵路』1999
D 04 71	東山道武蔵路	東京都国分寺市	SF−6	0.3	C	−	0	0	−	−	硬化面のみ。	西国分寺地区遺跡調査会『日隂山遺跡・東山道武蔵路』1999
D 04 72	実毅古墳群	茨城県稲敷郡阿見町	1号道路跡	0.56～0.88	B-4	0.14～0.22	0	0	不明	不明	−	(財)茨城県教育財団『荒川本郷地区特定土地区画整理事業地内埋蔵文化財調査報告書Ⅰ』1999
D 04 73	寺山遺跡	茨城県西茨城郡友部町	1号道路跡	2.8～3.2	C	−	0	②	不明	不明	−	(財)茨城県教育財団『北関東自動車道(友部～水戸)建設工事地内埋蔵文化財調査報告書Ⅲ』1999
D 04 74	寺山遺跡	茨城県西茨城郡友部町	2号道路跡	0.4～0.8	B-2	0.4～0.6	0	0	不明	不明	硬化面あり。	(財)茨城県教育財団『北関東自動車道(友部～水戸)建設工事地内埋蔵文化財調査報告書Ⅲ』1999
D 04 75	赤浜天神沢遺跡	埼玉県寄居町	−	−	B	−	0	0	不明	不明	原資料にあたっていないため、詳細不明。	寄居町教育委員会『町内遺跡5』1997

ID	遺跡名	所在地									備考	出典
D 04 76	金森・高ヶ坂遺跡	東京都町田市	—	—	—	—	—	0	—	—	原資料にあたっていないため、詳細不明。	町田市金森高ヶ坂遺跡調査会『金森・高ヶ坂遺跡調査報告書』1998
D 04 77	野津田上ノ原遺跡	東京都町田市	—	12	B-3	4.5	3-A	0	—	—	原資料にあたっていないため、詳細不明。	野津田上の原遺跡調査会『野津田上の原遺跡』1998
D 04 78	砂町遺跡	群馬県玉村町	—	7（路面幅）	—	—	0	②	東山道	7世紀後半	路面を固めるために砂を入れる。	上毛新聞99.4.12記事
D 04 79	下総国府台遺跡	千葉県市川市	SF-1	7～7.8	C	—	0	②0.6～1-0.4 0.6～0.75-0.3	不明	古代	2時期の変遷	和洋学園『下総国分台Ⅰ』1997
D 04 80	粟田遺跡	石川県野々市市	道路状遺構	4.2→2.8	C	—	0	②0.5-0.25 0.7-0.35	—	8世紀	ある時期幅員縮小。	(社)石川県埋蔵文化財保存協会『粟田遺跡発掘調査報告書』1991
D 04 81	大津ロクベエ遺跡	石川県田鶴浜町	SF-1	1.2	B-1	—	3-A・B	0	—	中世？	硬化面認められず。	石川県埋蔵文化財センター『大津ロクベエ遺跡』1993
D 04 82	大津ロクベエ遺跡	石川県田鶴浜町	SD01	0.7	B-2	0.16	3-B	0	—	中世以降	硬化面認められず。	石川県埋蔵文化財センター『大津ロクベエ遺跡Ⅱ』1994
D 04 83	南八王子地区NO5遺跡	東京都八王子市	道状遺構	1.3	B-2	0.5	—	0	—	近世以降	4層の硬化面。	八王子市南地区遺跡調査会『南八王子地区遺跡調査報告』Ⅱ 1997
D 04 84	綾部原遺跡	東京都町田市	1号道路状遺構	1.5～2	B-1	—	0	0	—	中世	硬化面あり。	都内遺跡調査会綾部原遺跡調査団『綾部原遺跡』1998
D 04 85	東の上遺跡第62次	埼玉県所沢市	道路跡	6.5	B-2	—	0	②?1.15-0.45	—	古代	路床に硬化面	所沢市教育委員会『市内遺跡群調査報告Ⅰ』1995
D 04 86	東の上遺跡第71次	埼玉県所沢市	第1号道路跡	9, 5	C	—	0	②1～1.5-0.4～0.6	—	古代	硬化ブロックあり	所沢市教育委員会『市内遺跡群調査報告3』1997
D 04 87	十文字原遺跡	埼玉県入間市	道状遺構	2.4～2.5	B-4?	—	—	②	—	近世	—	(財)埼玉県埋蔵文化財調査事業団『丸山/青梅道南/十文字原/東武蔵野/西武蔵野』1996
D 04 88	八日市遺跡	埼玉県深谷市	第1号道路跡	4.8(路面幅)	C	—	3-C	②	東山道支道か	古代	踏み締めにより路面硬化。	(財)埼玉県埋蔵文化財調査事業団『宮ヶ谷戸/根岸/八日市/城西』1995
D 04 89	八日市遺跡	埼玉県深谷市	第2号道路跡	6.7	C	—	—	②	東山道支道か	7世紀後半前後	路肩に砂利、路面中央に粘土を充填。下層硬化面に柵が伴う。	(財)埼玉県埋蔵文化財調査事業団『宮ヶ谷戸/根岸/八日市/城西』1995
D 04 90	上津・藤光遺跡群	福岡県久留米市	道路遺構	—	—	—	—	—	西海道	古代		久留米市教育委員会『上津・藤光遺跡群Ⅱ』1998
D 04 91	五万堀古道	茨城県友部町	—	10	—	—	—	—	東海道	8～9世紀	台地部で切通し、平地部で盛土。轍痕等。	茨城新聞1999・3・11記事
D 04 92	上ノ蔵遺跡	愛知県豊川市	—	19	A-2	1.5	0	—	幹線道路	奈良時代	路面バラス敷・版築	朝日新聞三河1999・3・5記事
D 04 93	曲り田遺跡	福岡県二丈町	—	6	B-1	—	—	①?	西海道の一部か	9～13世紀	路面に硬化面。周辺に製鉄遺構。	読売新聞西部1999・3・6記事
D 04 94	高浜広神遺跡	群馬県榛名町	1号道	2	B-3	—	0	0	集落内道路	中近世	踏み締めにより路面硬化。	群馬県教育委員会他『高浜広神遺跡』1999
D 04 95	高浜広神遺跡	群馬県榛名町	2号道	2.5	B-2	—	0	0	集落内道路	中近世	踏み締めにより路面硬化。	群馬県教育委員会他『高浜広神遺跡』1999
D 04 96	高浜広神遺跡	群馬県榛名町	4号道	3.5	B-2	—	0	0	集落内道路	中近世	踏み締めにより路面硬化。	群馬県教育委員会他『高浜広神遺跡』1999

No.	遺跡名	所在地	遺構名	幅	断面形	深さ	轍	側溝	備考	時代	所見	文献
D0497	西下井出遺跡	群馬県群馬町	道路状遺構	7	—	—	0	②1.3〜1.5-0.55〜0.651.6〜2-0.2〜0.4	熊野堂遺跡の道路と一連のものか。	—	硬化面2面。	群馬県教育委員会他『芦田貝戸遺跡・御布呂遺跡・餅井貝戸遺跡・西下井出遺跡』1999
D0498	鵜篭田(築地)遺跡	長野県上田市	道路状遺構	4.5	路面削平	—	0	②0.8-0.1	東山道?	奈良時代	土が硬化しており、小石を含む。	上小地方事務所・上田市教育委員会『鵜篭田(築地)遺跡』1999
D0499	矢頭遺跡	神奈川県足柄上郡	1号道	1.8	B-2	1.15	0	0	—	近世	階段状の掘り込みあり	(財)かながわ考古学財団『宮畑遺跡 矢頭遺跡 大久保遺跡』1997
D0500	矢頭遺跡	神奈川県足柄上郡	2号道	1.46	B-2	0.85	0	0	—	近世	残存状況不良	(財)かながわ考古学財団『宮畑遺跡 矢頭遺跡 大久保遺跡』1997
D0501	長津田遺跡群	神奈川県横浜市	SR001	0.4〜0.5	—	—	0	0	—	近世	—	(財)かながわ考古学財団『長津田遺跡群II』1996
D0502	長津田遺跡群	神奈川県横浜市	SR002	0.1〜0.28	B-2	—	0	0	—	近世	—	(財)かながわ考古学財団『長津田遺跡群II』1996
D0503	西谷戸の上遺跡	神奈川県横浜市	1号道路遺構	1〜1.5(上面)	B-2	—	0	0	—	近世以降	5面の硬化面	(財)横浜市ふるさと歴史財団『畳屋の上遺跡 西谷戸の上遺跡 北川貝塚南遺跡』1997
D0504	下大槻峯遺跡	神奈川県秦野市	SR001	1.04	A-1	—	0	0	—	古代	4面の硬化面	(財)かながわ考古学財団『下大槻峯遺跡(NO30)III』1999
D0505	下大槻峯遺跡	神奈川県秦野市	SR002	9(複数の路面が重複)	—	—	0	0	—	古代	複数の帯状の硬化面が重複。	(財)かながわ考古学財団『下大槻峯遺跡(NO30)III』1999
D0506	下大槻峯遺跡	神奈川県秦野市	SR003	0.7	A-1	—	0	0	—	古代	硬化面1面	(財)かながわ考古学財団『下大槻峯遺跡(NO30)III』1999
D0507	下大槻峯遺跡	神奈川県秦野市	SR004	1.03	A-1	—	0	0	—	古代	硬化面2面	(財)かながわ考古学財団『下大槻峯遺跡(NO30)III』1999
D0508	下大槻峯遺跡	神奈川県秦野市	SR005	1.08	C	—	0	0	—	古代	硬化面1面	(財)かながわ考古学財団『下大槻峯遺跡(NO30)III』1999
D0509	下大槻峯遺跡	神奈川県秦野市	SR006	0.9	A-1	—	0	0	—	古代	硬化面数面	(財)かながわ考古学財団『下大槻峯遺跡(NO30)III』1999
D0510	鉾ノ木遺跡	神奈川県秦野市	SR001	0.8	A-1	—	0	0	—	中世以降	硬化面1面	(財)かながわ考古学財団『鉾ノ木遺跡(NO27)』1999
D0511	鉾ノ木遺跡	神奈川県秦野市	SR002	2.1	イ	—	0	0	—	中世以降	硬化面1面	(財)かながわ考古学財団『鉾ノ木遺跡(NO27)』1999
D0512	不弓引遺跡	神奈川県秦野市	H1号道状遺構	2.1	B-1	—	0	0	—	平安	幅30〜70cmの硬化面が6本以上重複。	(財)かながわ考古学財団『不弓引遺跡 鶴巻大椿遺跡 鶴巻上ノ窪遺跡 北矢名南蛇久保遺跡 北矢名矢際遺跡』1998
D0513	不弓引遺跡	神奈川県秦野市	H2号道状遺構	0.65	B-1	—	0	0	—	平安	硬化面の両側に溝状の窪み。	(財)かながわ考古学財団『不弓引遺跡 鶴巻大椿遺跡 鶴巻上ノ窪遺跡 北矢名南蛇久保遺跡 北矢名矢際遺跡』1998

ID	遺跡名	所在地	遺構	幅(m)	型式	深さ(m)	側溝	施設	他	時期	備考	出典
D05 14	不弓引遺跡	神奈川県秦野市	H3号道状遺構	0.8	C	—	0	0	—	平安	硬化面のみ検出	(財)かながわ考古学財団『不弓引遺跡 鶴巻大椿遺跡 鶴巻上ノ窪遺跡 北矢名南蛇久保遺跡 北矢名矢際遺跡』1998
D05 15	不弓引遺跡	神奈川県秦野市	H4号道状遺構	0.4	A-1	—	0	0	—	平安	硬化面2面。	(財)かながわ考古学財団『不弓引遺跡 鶴巻大椿遺跡 鶴巻上ノ窪遺跡 北矢名南蛇久保遺跡 北矢名矢際遺跡』1998
D05 16	不弓引遺跡	神奈川県秦野市	K1号道状遺構	0.5~0.85	B-1	—	0	0	—	近世	—	(財)かながわ考古学財団『不弓引遺跡 鶴巻大椿遺跡 鶴巻上ノ窪遺跡 北矢名南蛇久保遺跡 北矢名矢際遺跡』1998
D05 17	不弓引遺跡	神奈川県秦野市	K2号道状遺構	0.4~1.1	B-2	0.4	0	0	—	近世	—	(財)かながわ考古学財団『不弓引遺跡 鶴巻大椿遺跡 鶴巻上ノ窪遺跡 北矢名南蛇久保遺跡 北矢名矢際遺跡』1998
D05 18	不弓引遺跡	神奈川県秦野市	K3号道状遺構	0.4~1.1	—	—	0	0	—	近世	—	(財)かながわ考古学財団『不弓引遺跡 鶴巻大椿遺跡 鶴巻上ノ窪遺跡 北矢名南蛇久保遺跡 北矢名矢際遺跡』1998
D05 19	鶴巻上ノ窪遺跡	神奈川県秦野市	H1号道状遺構	2.4~3	B-2	0.205	0	0	—	古墳時代以降	硬化面は中央部分のみ。	(財)かながわ考古学財団『不弓引遺跡 鶴巻大椿遺跡 鶴巻上ノ窪遺跡 北矢名南蛇久保遺跡 北矢名矢際遺跡』1998
D05 20	鶴巻上ノ窪遺跡	神奈川県秦野市	H2号道状遺構	0.57	B-1	0.125	0	0	—	古墳時代以降	硬化面のみ	(財)かながわ考古学財団『不弓引遺跡 鶴巻大椿遺跡 鶴巻上ノ窪遺跡 北矢名南蛇久保遺跡 北矢名矢際遺跡』1998
D05 21	鶴巻上ノ窪遺跡	神奈川県秦野市	H3号道状遺構	0.5	B-1	0.05~0.1	0	0	—	古墳時代以降	硬化面のみ	(財)かながわ考古学財団『不弓引遺跡 鶴巻大椿遺跡 鶴巻上ノ窪遺跡 北矢名南蛇久保遺跡 北矢名矢際遺跡』1998
D05 22	鶴巻上ノ窪遺跡	神奈川県秦野市	K1号道状遺構	0.3~1.1	C	—	0	0	—	近世	硬化面のみ	(財)かながわ考古学財団『不弓引遺跡 鶴巻大椿遺跡 鶴巻上ノ窪遺跡 北矢名南蛇久保遺跡 北矢名矢際遺跡』1998
D05 23	北矢名南蛇久保遺跡	神奈川県秦野市	K1号道状遺構	0.8~1	B-2	1.2(最大)	0	0	—	近世	—	(財)かながわ考古学財団『不弓引遺跡 鶴巻大椿遺跡 鶴巻上ノ窪遺跡 北矢名南蛇久保遺跡 北矢名矢際遺跡』1998
D05 24	北矢名南蛇久保遺跡	神奈川県秦野市	K2号道状遺構	1~1.5	B-2	—	1-B(階段状)	①0.3~0.4-0.1~0.25	—	近世	階段状の施設あり。	(財)かながわ考古学財団『不弓引遺跡 鶴巻大椿遺跡 鶴巻上ノ窪遺跡 北矢名南蛇久保遺跡 北矢名矢際遺跡』1998

D05 25	北矢名矢際遺跡	神奈川県秦野市	C1号道状遺構	－	A-1	－	0	0	－	中世	最大4面の硬化面が重複	(財)かながわ考古学財団『不弓引遺跡 鶴巻大椿遺跡 鶴巻上ノ窪遺跡 北矢名南蛇久保遺跡 北矢名矢際遺跡』1998
D05 26	中ノ宮北遺跡	神奈川県横浜市	道路状遺構	15(最大)	B-1	－	3-B・C	①?時期が異なる溝3条検出。	鎌倉街道か	古代か	複数の硬化面	(財)横浜市ふるさと歴史財団『中ノ宮北遺跡発掘調査報告書』1999

本会評議員足利健亮氏の逝去を悼む

木 下 良

　去る8月6日本会評議員京都大学大学院人間・環境学研究科教授足利健亮氏は、急性循環器不全のため62歳で死去された。氏は筆者が最も親しくしていた京都大学地理学教室の後輩なので、以下足利君と呼ばせて頂く。もっとも、足利君は大学の卒業年次では私の後輩であるが、歴史地理学に関しても古代交通路の研究においても彼の方が先輩であった。足利君は1936年北海道で生れ、京都大学文学部史学科に進み地理学を専攻したが、教養部時代から指導を受けた藤岡謙二郎教授のいわば直系の門下生として歴史地理学研究に専念された。大学院修了後は恩師の藤岡教授の下で助手を勤めた後、追手門大学講師・大阪府立大学助教授などを経て、京都大学教養部に助教授として戻り、教授に昇任の後に中心となって取り組んだ大学改組の結果、大学院人間・環境学研究科の所属となり、まさに本年定年を迎えるところであった。

　足利君の歴史地理学研究はその学位論文『日本古代地理研究』（1985）に見られるように、先ず畿内を中心とした古代律令国家の地理を明確にしたが、近年はNHK人間大学『景観から歴史を読む』で取り上げたように中世・近世にも及んでおり、さらにローマ道を中心にした「古代ローマ地理研究」をも考えていたと聞いている。

　既に足利君は1969年に恭仁京の右京の中軸となる「作り道」の存在を、70年には和泉と近江の駅路が直線の路線をとる計画道路であったことを指摘している。72年に藤岡教授を代表として行なわれた「古代日本の交通路」調査では、足利君は山陽道の備前・備中・備後・美作4国を担当したが、地形図の中から直線古道の痕跡を拾いだし、地名の考察をもとに駅家の位置を考定した。この調査に当たっては、藤岡教授も古代計画道路が畿内以外に拡がることは予想しておられず、金坂清則君や私もこの調査によって始めて計画的な直線道路の存在を知ったのであるが、当初からこのことを予測していたのは足利君ただ一人ではなかったろうか。

　去る6月5日の歴史地理学会大会で私が尾張の駅路について発表した際に、富田荘古図に示される道路から草津の渡り以西の駅路が推定されるとしたことについて、足利君は具体的にその路線を復原すべきことを要望された。それが私の目に残る足利君の最後の姿であるが、僅かその2カ月の後に幽明境を異にすることになるとは思いもよらなかったことである。足利君は人文地理学会や条里制・古代都市研究会の会長として学界をリードする立場にあり、さらに今後の活躍が望まれていただけに、本会にとってもその急逝が惜しまれてならない。

入　会　案　内

【個人会員・機関会員】
1)　葉書に、
　　①氏名・ふりがな、②郵便番号・住所、③電話番号、④所属、
　　⑤専攻(「日本史」「考古学」等の大分類)
　を明記のうえ、下記宛に郵送して下さい（整理の都合上、必ず官製葉書、もしくは、それに準ずるものにして下さい）。
2)　会費4,000円を、下記の郵便振替口座に振り込んで下さい。

【家族会員】
1)　葉書に、
　　①氏名・ふりがな、②郵便番号・住所、③電話番号、④所属、
　　⑤専攻(「日本史」「考古学」等の大分類)
　　⑥個人会員の氏名（誰の家族会員であるかということ）
　を明記のうえ、下記宛に郵送して下さい（整理の都合上、必ず官製葉書、もしくは、それに準ずるものにして下さい）。
2)　会費1,000円を、下記の郵便振替口座に振り込んで下さい。

```
〒 150-8440　東京都渋谷区東4―10―28
　　　　　　　国学院大学文学部　地理学研究室気付
　　　　　　　古代交通研究会
　　振込先　　郵便振替00100―7―705792
```

【家族会員の概要】
1)　家族会員は、登録されている個人会員の家族とする（家族中の誰を個人会員とし、家族会員とするかは会員の希望に従う）。
2)　家族会員の会費は1,000円とする。
3)　家族会員には、会誌・大会案内などの配布は行わない。
4)　家族会員の投票権・議決権などは、個人会員と同じく1票とする。
5)　名簿などの作成・掲載時においては、個人会員と家族会員を区別しない。

バックナンバー案内

【1〜6号】

1) 販売価格：1〜4号＝品切れ、5〜6号＝各4,000円。

2) 販売機関：次の2つの機関で取り扱っています。

```
┌─《古代交通研究会》─────────────────┐
│ 〒150-8440  東京都渋谷区東4―10―28          │
│         国学院大学文学部  地理学研究室気付   │
└────────────────────────────┘
```

```
┌─《六一書房》─────────────────────┐
│ 〒101-0051  東京都千代田区神田神保町3―17―11  │
│       TEL：03-3262-3889  FAX：03-5276-0136   │
└────────────────────────────┘
```

【7号以降】

1) 販売価格：4,500円＋消費税

4) 販売機関：八木書店

```
┌─《八木書店出版部》────────────────┐
│ 〒101-0052  東京都千代田区神田小川町3―8      │
│       TEL：03-3291-2961  FAX：03-3291-2962   │
└────────────────────────────┘
```

『古代交通研究』投稿規定

1. **資格・著作権**
   1) 投稿は、古代交通研究会会員に限る。但し、運営委員会による依頼原稿は、この限りではない。
   2) 掲載論文等の著作権は、著者に帰属する。但し、本会事業として重版・復刻する場合は、投稿時点であらかじめ著者の承諾を得ているものとする。
   3) 掲載論文等の編集著作権は、古代交通研究会に帰属する（版面をそのまま利用した形式の転載はできない）。

2. **原　稿**
   1) 日本文・横書きとし、新字体・現代仮名遣いを用いる。
   2) 原稿は、原則としてワードプロセッサーを使用する。手書きの場合は、黒か青のインクを使用し、楷書する。
   3) 完全原稿で投稿する。
   4) その他、原稿の執筆方法は、別掲の「執筆要領」による。
   5) 原稿の種別と分量は、図表等を含めた刷り上がり頁数（1頁は42字×32行）で、原則として次の通りとする。
      ① 論文・研究ノート―20頁以内
      ② 事例報告・調査報告等―6頁以内
      ③ 書評―4頁以内
   6) 原稿の末尾に所属を明記する。

3. **投稿要領**
   1) 投稿者は、題目、原稿の種類、予定の分量を、3月末日までに、事務局宛にハガキで連絡する。但し、運営委員会による依頼原稿は、この限りではない。
   2) 投稿者は、オリジナル1部とコピー1部の計2部の原稿を、6月末日までに、八木書店出版部宛に送付する。
   3) 論文・研究ノートの投稿者は、要旨（1,200字以内）を添付する。但し、運営委員会による依頼原稿は、この限りではない。
   4) ワードプロセッサー使用の場合は、MS-DOSテキストファイル形式のフロッピーディスクを原稿に添付する。テキストファイル形式に変換できない場合は、使用した機種名を明記する。

5) 投稿の際は、封筒表に「『古代交通研究』原稿」と朱書し、書留郵便か宅配便で送付する。

4．編　集
1) 原稿の採否は、運営委員会が決定する。
2) 採用原稿でも、送りがなや句読点などの細部の表現や注の記載方法などについて、運営委員会が適宜手を加えることがある。
3) 校正は、初校のみ著者校正とし、それ以降の校正は運営委員会が行う。
4) 掲載された原稿・図版等は、原則として返却しない。

5．抜　刷
1) 抜刷は、論文・研究ノートの場合のみ50部を作成し、本会が著者に進呈する。
2) 50部以上の抜刷は作成しない。

連絡・問い合わせ先

〒 150-8440　渋谷区東 4—10—28　国学院大学文学部　地理学研究室気付
　　　古代交通研究会　事務局
　　※電話はありません。必ず郵便にてお問い合わせ下さい。

原稿送付先

〒 101-0052　千代田区神田小川町 3—8　八木書店出版部気付
　　　古代交通研究会
　　※執筆・編集に関するお問い合わせはできません。

『古代交通研究』執筆要項

1. 用紙・印字
   1) ワードプロセッサー使用の場合、Ａ４縦の用紙に、横書き42字×32行で印字する。
   2) ワードプロセッサー使用の場合、明朝体で印字する。
   3) 手書き原稿の場合、Ａ４判の400字詰横書き原稿用紙を使用する。
2. 本文・注
   1) 章・節などの見出し番号は、次のように統一する。
      ① 章―Ⅰ、Ⅱ、Ⅲ……
      ② 節―1、2、3、……
      ③ 項―(1)、(2)、(3)、……
   2) 注は、本文中の当該箇所の右肩に1)、2)……のように付け、本文末尾に一括する。
   3) 注等の引用文献の発行年は、西暦を用いる。
   4) 注等の引用文献の頁数は、原則として引用箇所のものを記載する。
   5) その他、引用文献の記載方法は、次の例による。
      ① 雑誌論文の場合
         木下良「古代交通研究上の諸問題」『古代交通研究』1、1992年、4頁。
      ② 書籍の場合
         木下良『国府―その変遷を主として―』教育社、1988年、122～126頁。
      ③ 編著・共著内の論文の場合
         木下良「東海道―海・川を渡って―」（木下良編『古代を考える　古代道路』吉川弘文館、1996年）63～68頁。
      ④ 同一文献を再度引用する場合
         前掲1)、木下論文、18頁。
3. 史料
   1) 活字に翻刻し、本文中に引用する史料は、横組みとする。その際、割書は〈　〉で示すなど、特殊な組版を必要としないよう留意する。
   2) 写真・実測図などは図版として扱う。
   3) 特別に縦組みや割書組版などを必要とする史料は、図版として著者自身が作成する。但し、組版しやすいもので少量の場合は、印刷段階で組み直す場合がある。
   4) 入手・閲覧しやすい史料は、当該部分と出典のみを引用し、できるだけ全文掲載を避け

る。
5) 漢文体の史料は、返り点を右下に付す。その際、数字の返り点は、1、2、3など算用数字を使用する。
6) 漢文体の史料は、送りがなを付さない。特別な読み方で、送りがなを必要とする場合は、原文に訓読文を添える。

4．図・表・写真

1) 図は黒インクを使用し、そのまま製版できるものとする。
2) 図版は、13cm×20cm（横×縦）以内とし、折り込みはできない。
3) 原図の大きさは、最大でもA3判までとする。
4) 原図には、希望する縮小率・拡大率を明記する。
5) レタリングセットやタイプ・ワープロ文字を用いて、著者自身で図中に文字を貼り込む場合は、縮少率・拡大率を考慮する。
6) 印刷段階での文字貼り込みを希望する場合は、原図に鉛筆で書き込むか、原図の他に見本等を添付する。
7) 表は、横組みとし、折り込みはできない。
8) 写真は、ポジフィルム（マウント付）か光沢紙焼で投稿する。但し、本文中の写真は、全てモノクロ印刷となる。
9) 図・表・写真の挿入位置を、本文に明記する。
10) ワードプロセッサー使用の場合、図・表・写真を配置したレイアウト原稿を作成、ないし添付する。
11) 図・表・写真のキャプションには、図1、図2、図3、…（表1、…、写真1、…）という形式で、図・表・写真ごとの通し番号をつける。

99年度役員

会　長　： 木下　良
副会長 ： 岡田茂弘
監　査　： 佐々木虔一
　　　　　 吉村武彦
評議員 ： 青木和夫　　足利健亮　　阿部義平　　荒木敏夫
　　　　　 伊藤寿和　　岡田茂弘　　加藤友康　　木下　良
　　　　　 金田章裕　　黒坂周平　　坂詰秀一　　栄原永遠男
　　　　　 佐々木虔一　新川登亀男　佐藤　信　　杉山　宏
　　　　　 鈴木靖民　　関　和彦　　千田　稔　　高橋美久二
　　　　　 武部健一　　虎尾俊哉　　直木孝次郎　永峯光一
　　　　　 原　秀三郎　日野尚志　　平川　南　　松原弘宣
　　　　　 村山光一　　森田　悌　　山田宗睦　　山中敏史
　　　　　 渡辺正気　　吉村武彦　　和田　萃

運営委員： 関　和彦（委員長）
　　　　　 荒木志伸　　上野恵司　　江口　桂　　鐘江宏之
　　　　　 亀谷弘明　　黒瀬之恵　　坂爪久純　　高島英之
　　　　　 辻　史郎　　中嶋宏子　　中村太一　　平澤加奈子
　　　　　 道上　文　　蓑島栄紀　　山路直充　　山田千里
　　　　　 山近久美子　吉田敏弘

第8回　古代交通研究会大会　記録

会場：立正大学大崎校舎　石橋湛山記念講堂

6／26（土）

調査報告	東京都国分寺市出土の湿地帯の道路遺構	上村　昌男　氏
	群馬県砂町遺跡の古代道路遺構	中里　正憲　氏
研究報告	阿波国吉野川下流域の条里と交通路	木原　克司　氏
	日向峠越えルートについて	瓜生　秀文　氏
特別報告	新潟県岩船郡朝日村元屋敷遺跡の道	滝沢　規朗　氏
評議員会・総会	98年度事業報告	
	98年度会計報告	
	98年度監査報告	
	99年度役員人事	
	99年度事業計画	
	99年度予算案	
	10周年記念事業について	

6／27（日）

講演会「古代交通研究の新視点」

	絵図・地図のなかの交通	青山　宏夫　氏
	都城の道路と交通	山中　章　氏

編 集 後 記

『古代交通研究』第9号をお届けします。今号は、例年になく刊行が遅れ、原稿をお寄せいただいた執筆者の方々および会員並びに読者の皆様方、さらには発売元にまで多大なる御迷惑をお掛けしましたことを、まずもってお詫び申し上げます。

また、多忙な日常業務の中、貴重な事例報告をお寄せくださいました各地の発掘調査担当者のご尽力に、また各調査機関関係各位の格別のご理解とご協力に、篤く御礼申し上げる次第です。

刊行が大幅に遅れたことにつきましては、まず第一に編集担当の不手際が責められるべきではありますが、一部執筆者の入稿が遅れたこともまた原因の一つでした。6月の大会での報告を、11月中に刊行される本誌に掲載するシステムそのものにも全く無理がないとは申せず、委員会としましても会誌のより円滑な編集・刊行にむけて、今後の反省材料にしていきたいと存じますので、各位におかれましては、どうかご寛恕たまわりますよう宜しくお願い申しあげます。

さて、今号には去る6月に開催された大会の講演2本をはじめ、例年以上に多くの力作が寄せられ、刊行こそ遅れましたものの、充実した内容をお届けすることができたと自負しております。特に近年、大会での報告以外にも、会員の方々からの積極的な投稿や、情報提供がなされるようになり、本誌の、古代道路・交通関係遺跡の資料集としての位置が確立できたように見受けられます。このような形で、最新の調査成果をいち早く学界の共有財産にできることは悦ばしい限りで、会員各位におかれましても、最新情報の窓口として大いにご活用頂きたいと存じます。

なお、来年度に開催される第9回大会は、「共同研究　道路遺跡へのアプローチ」と題しまして、2日間に亘り、古代道路遺跡の調査方法を多角的に論議するという従来にない趣向で開催する予定です。これに伴いまして、次号第10号は第9回大会の共同研究特集号になる予定で、来年度の投稿原稿は、次々号―2001年刊行の11号への掲載ということにさせていただきます。誠に恐縮ではございますが、宜しくご了承下さい。

最後に、本会及び本誌のさらなる発展のために、今後とも会員各位の益々のご助力・ご高配を賜りますようお願い申しあげます。（高島英之）

（編集委員）荒木志伸・上野恵司・高島英之・道上文・簑島栄紀・山田千里・山近久美子

古代交通研究　第9号　　　　　定価：本体価格 4,500円 ＊消費税を別途お預かりします。
2000年1月15日　初版発行

　　　　　　　編集・発行　古代交通研究会
　　　　　　　　　　　　　東京都渋谷区東4-10-28
　　　　　　　　　　　　　国学院大学文学部地理学研究室気付
　　　　　　　　　　　　　振替　00100-7-705792

　　　　　　　発　　売　（株）八木書店
　　　　　　　　　　　　　東京都千代田区神田小川町3-8
　　　　　　　　　　　　　　　　　電話　03-3291-2969
　　　　　　　　　　　　　　　　　FAX　03-3291-2962

　　　　　　　　　　　　　　印刷・製本　（株）ディグ

ISBN4-8406-2065-2　　　　　　　　　©2000　KODAIKOTU-KENKYUKAI

日本近現代史研究事典

鳥海 靖・松尾正人・小風秀雄編 日本近現代史の重要事項について一四四項を選んで、概要・研究史・研究の現状・今後の研究課題・基本史料・主要参考文献など多岐にわたり解説を加える。付録に日本近現代史関係史料所蔵機関一覧など。

本体五〇〇〇円

日本史小百科 宿 場

児玉幸多編 江戸時代の宿場の制度、人々の生活など五街道を中心に、基本的な一〇〇項目を選んで宿場について総合的に解説を加える。「古代・中世の交通と宿駅」「近世宿場町の発展」「宿場の構造」「宿場の施設と暮らし」「さまざまな宿場町」の五章。

本体二八〇〇円

二色刷影印 紅葉山文庫本令義解

水本浩典編 「令義解」のなかでも最善本である紅葉山文庫本を二色刷の影印で収録する。収録は、全編にわたり、裏書きも完全収録する。朱と墨の二色刷によって、朱筆による書き入れや訓点などが、区別され、日本古代史・国語学の分野にも貴重な資料を提供する。

本体三八〇〇〇円

東京都千代田区神田錦町三―七
（電）〇三―三二三三―三七四一

東京堂出版

古代研究の基本史料を精緻に影印！様々な文書を満載

正倉院古文書影印集成

宮内庁正倉院事務所編 A4判横大／平均三二〇頁／平均予価二〇,〇〇〇円

第二期【続修後集・続修別集】全六冊 定期予約募集！

【既刊】⑨～⑪続修後集 巻一～四三（表・裏） 発売中（分売不可）
第4回配本 ⑫続修別集 巻一～二二二（表） 発売！ 二〇,〇〇〇円

● 第一期【正集・続修】全八冊 完結！ 揃一六〇,〇〇〇円 好評発売中（分売不可）

和漢語の熟成を跡付ける至宝の古辞書を精緻に影印！

尊経閣善本影印集成

前田育徳会尊経閣文庫編

第三輯全八冊 定期予約募集！（分売不可） 平均予価二八,五〇〇円

【所収】色葉字類抄（二巻本・三巻本）・節用集（黒本本）・字鏡集（二十巻本）
第4回配本 ⑲色葉字類抄 二 二〇〇〇年一月刊行 三〇,〇〇〇円
● 第一輯全十二冊 西宮記・北山抄・江次第 揃二六〇,一九四円
● 第二輯全 五冊 秘府略・二中歴・拾芥抄 揃一二五,〇〇〇円 【解説】山田俊雄・築島裕・峰岸明

各地の発掘報告を踏まえた最新の研究成果を逐次刊行！

古代交通研究

【編集・発行】古代交通研究会 ● 定期予約募集！ B5判／各四,五〇〇円

第七・八号 発売中！
※既刊分第一号～第六号は品切れです。

八木書店 出版部 〒101-0052 東京都千代田区神田小川町3-8 Tel 03-3291-2961 Fax 03-3291-2962
【呈内容見本】 E-mail pub@books-yagi.co.jp http://www.books-yagi.co.jp ＊消費税を別途お預かりします